GPT-4, ChatGPT, 라마인덱스, 랭체인을 활용한
인공지능 프로그래밍

한권으로 끝내는 OpenAI API 기반 LLM 애플리케이션 구축

후루카와 히데카즈 지음 / 트랜스메이트 옮김

위키북스

이 책의 예제 파일 및 도서 정보에 대하여

이 책에 수록된 예제 파일 및 데이터는 위키북스의 도서 페이지에서 내려받을 수 있습니다.

https://wikibook.co.kr/openai-llm/

또한, 이 책의 도서 페이지에는 출시일 이후 발견된 오탈자 및 기타 업데이트된 정보가 게재돼 있습니다.
이 책에 관한 문의 사항이 있을 경우, 도서 페이지를 확인해 주시기 바랍니다.

GPT-4, ChatGPT, 라마인덱스, 랭체인을 활용한 인공지능 프로그래밍

한권으로 끝내는 OpenAI API 기반 LLM 애플리케이션 구축

지은이 후루카와 히데카즈

옮긴이 트랜스메이트

펴낸이 박찬규   엮은이 윤가희, 이대엽, 최용   디자인 도설아   표지디자인 Arowa & Arowana

펴낸곳 위키북스   전화 031-955-3658, 3659   팩스 031-955-3660

주소 경기도 파주시 문발로 115 세종출판벤처타운 311호

가격 28,000   페이지 296   책규격 175 x 235mm

1쇄 발행 2023년 09월 21일
2쇄 발행 2024년 01월 03일
ISBN 979-11-5839-462-2 (93000)

등록번호 제406-2006-000036호   등록일자 2006년 05월 19일
홈페이지 wikibook.co.kr   전자우편 wikibook@wikibook.co.kr

OpenAI GPT-4/ChatGTP/LangChain Introduction to Artificial Intelligence Programming Practice
Copyright ⓒ 2023 by Hidekazu Furukawa
All rights reserved.
Original Japanese edition published by Born Digital, Inc.
Korean translation rights ⓒ 2023 by WIKIBOOOKS
Korean translation rights arranged with Born Digital, Inc., Tokyo
through Botong Agency.

이 책의 한국어판 저작권은 Botong Agency를 통한 저작권자와의 독점 계약으로 위키북스가 소유합니다.
신저작권법에 의해 한국 내에서 보호를 받는 저작물이므로 무단 전재와 복제를 금합니다.
이 책의 내용에 대한 추가 지원과 문의는 위키북스 출판사 홈페이지 wikibook.co.kr이나
이메일 wikibook@wikibook.co.kr을 이용해 주세요.

소개

이 책은 GPT-4, ChatGPT, 랭체인을 활용하여 채팅 AI를 개발하기 위한 입문서입니다. 대상 독자는 다음과 같습니다.

- 채팅 AI의 작동 원리를 알고 싶은 분
- 채팅 AI에 지식과 계산 능력을 부여하여 업무를 자동화하고 싶은 분
- 대화 로봇이나 AITuber 등의 대화 엔진을 만들고 싶은 분
- 자신의 애플리케이션에 채팅 UI를 통합하고 싶은 분

ChatGPT는 OpenAI가 개발한 최신 채팅 AI입니다. 로그인하고 대화를 입력하는 것만으로 사용할 수 있는 간편함은 물론, 사람처럼 자연스러운 대화가 가능하다는 점에서 전 세계적으로 인기를 끌고 있으며, 2022년 11월 출시 후 단 2개월 만에 1억 명의 활성 사용자 수를 달성했습니다. 같은 해 출시된 이미지 생성 AI인 스테이블 디퓨전과 함께 연구자나 전문가가 아닌 일반인들이 인공지능을 활용하기 시작하는 전환점이 됐습니다.

ChatGPT는 기존 채팅 AI에 없던 뛰어난 능력을 많이 갖추고 있습니다.

- 사람처럼 자연스러운 대화 가능
- 한국어 회화도 가능
- 다양한 업무에 대응 가능
- 프로그래밍 언어에도 능숙

이 놀라운 능력을 이용해 '업무를 자동화하고 싶다', '대화 엔진을 만들고 싶다', '내 애플리케이션에 채팅 UI를 탑재하고 싶다'고 생각한 분들도 많을 것입니다. 그런 분들을 위해 쓴 책이 바로 이 책입니다.

ChatGPT가 대화하기 위한 기술에는 AI 모델인 GPT-4와 GPT-3.5가 사용되고 있습니다. ChatGPT는 GPT-4와 GPT-3.5를 사용해 만든 애플리케이션 중 하나입니다. ChatGPT를 개발한 OpenAI는 이러한 GPT-4와 GPT-3.5에 접근할 수 있는 API인 OpenAI API를 제공합니다. 이를 활용하면 전문적인 지식을 가지고 전문적인 대화를 할 수 있는 채팅 AI를 만들 수 있습니다.

또한 이 책에서는 OpenAI API와 더불어 라마인덱스와 랭체인이라는 최신 프레임워크도 소개합니다.

라마인덱스는 독자적인 데이터로 질의응답 채팅 AI를 쉽게 만들 수 있는 오픈소스 라이브러리입니다.

랭체인은 채팅 AI에 외부의 지식과 계산 능력을 연결할 수 있는 오픈소스 라이브러리입니다. 이를 통해 인공지능 연구자들이 발표하는 최신 학습 알고리즘을 빠르게 활용할 수 있습니다.

이 책이 인공지능 프로그래밍을 시작하는 분들에게 도움이 되고, 더 많은 분야에서 인공지능을 활용할 수 있는 계기가 되기를 바랍니다.

마지막으로 본디지털의 사토우 히데카츠 씨와 그 밖에 협력해 주신 모든 분들께 감사드립니다.

후루카와 히데카츠

이 책의 구성

이 책은 ChatGPT, GPT-4/GPT-3.5의 활용법에 그치지 않고, OpenAI API를 사용하여 맞춤형 채팅 AI를 독자적인 시스템에 접목하는 방법을 단계별로 설명한 책입니다.

소개하는 대부분의 예제는 구글의 클라우드 서비스인 구글 코랩에서 실행할 수 있으며, OpenAI API의 이용도 기본적으로 무료로 제공되는 크레딧을 활용해 동작을 확인할 수 있습니다.

이 책을 활용하면 현재 큰 화두가 되고 있는 강력한 생성 AI 기능을 자사 서비스나 애플리케이션의 일부로 제공할 수 있습니다.

●1장 GPT-4, ChatGPT, 랭체인 개요

이 책의 주제인 ChatGPT, GPT-4/GPT-3.5, OpenAI API, 라마인덱스, 랭체인의 개요를 설명합니다. 또한 GPT-4에 이르기까지의 AI 모델의 역사를 되돌아보고, 각각의 특징에 대해서도 정리했습니다. 나아가 자연어 처리 AI의 기반이 되는 머신러닝, 딥러닝의 개요와 구조에 대해서도 간략하게 소개합니다.

●2장 ChatGPT, OpenAI 플레이그라운드, DALL-E 사용법

OpenAI가 제공하는 ChatGPT, OpenAI 플레이그라운드, DALL-E, 깃허브 코파일럿의 4가지 서비스를 구체적으로 사용하면서 AI 기능에 대해 자세히 알아봅니다. OpenAI 플레이그라운드를 이용하면 OpenAI API의 기능을 웹 UI로 쉽게 체험할 수 있습니다. 또한 이미지 생성 AI인 DALL-E와 프로그래밍 지원 도구인 깃허브 코파일럿의 사용법도 살펴봅니다.

●3장 파이썬 개발 환경 준비

이 책에서는 파이썬의 개발 환경으로 구글의 클라우드 서비스인 '구글 코랩'을 이용합니다. 이 장에서는 구글 코랩을 설정하고, 실습하기 위한 준비를 합니다. 구글 코랩은 무료로도 사용할 수 있지만, 몇 가지 제한 사항이 있으므로 이 부분도 확인합니다.

●4장 OpenAI API

이 책의 주제인 OpenAI API를 이용하여 프로그램을 작성해 보겠습니다. API를 활용하면 텍스트 생성, 이미지 생성뿐 아니라 사전 학습된 모델에 자체 데이터를 추가 학습시키는 파인 튜닝이 가능합니다. 이 장의 예제는 간단하지만, 자사의 서비스나 애플리케이션에 OpenAI의 기능을 접목할 때 참고할 수 있는 내용입니다.

●5장 라마인덱스

라마인덱스는 LLM(대규모 언어 모델)에서 학습되지 않은 데이터를 참조하여 질의응답(채팅)을 생성하기 위한 라이브러리입니다. 즉, '파인튜닝'을 위한 라이브러리입니다.

라마인덱스를 활용하면 쉽고 간단하게 자체 데이터를 활용한 채팅 AI를 구축할 수 있습니다. 또한, PDF와 같은 각종 파일 또는 유튜브 등의 웹 서비스 정보를 채팅에 활용할 수 있는 라마 허브 라이브러리도 소개합니다.

● 6장 랭체인

랭체인은 복잡한 작업을 수행하는 애플리케이션을 만들기 위한 라이브러리입니다. 이를 위해 랭체인 에는 개발에 도움이 되는 다양한 모듈이 준비돼 있으며, 이러한 모듈을 조합하여 체인화(연결)함으 로써 생성 AI를 활용한 대규모의 복잡한 서비스나 애플리케이션을 구축할 수 있습니다.

● 7장 ChatGPT 플러그인

현재(2023년 5월) ChatGPT 플러그인은 제한적으로 공개돼 있지만, ChatGPT 플러그인의 개요 와 공식 문서에 따른 플러그인 생성 방법의 흐름을 소개합니다. 또한, 로컬 PC에서 OpenAI의 공식 ChatGPT 플러그인을 구현한 ChatGPT Retrieval Plugin을 실행하고, 랭체인에서 ChatGPT Retrieval Plugin을 이용하는 방법을 설명합니다.

이 책의 예제 파일

이 책의 예제 파일은 위키북스 홈페이지의 도서 페이지에서 내려받을 수 있습니다. 내려받은 파일의 압축을 풀면 장별로 폴더가 준비되어 있으니 본문의 해당 페이지를 참고하여 사용하기 바랍니다.

이 책의 도서 페이지: https://wikibook.co.kr/openai-llm/

샘플 프로그램 이용에 대하여

이 책에 수록된 저자의 예제 프로그램은 이 책의 학습을 위해 작성한 것으로 실용성을 보장하 지는 않으며, 학습 용도 이외에는 사용할 수 없으므로 주의하기 바랍니다. 또한 이 책의 본문에 는 웹 사이트에서 패키지나 라이브러리를 내려받아 사용하는 경우가 있는데, 사용 시에는 라이 선스 등을 확인한 후 사용하기 바랍니다.

■ 예제 프로그램에서 사용한 프로그래밍 언어 및 라이브러리

이 책에 수록된 예제 프로그램은 다음과 같은 프로그래밍 언어와 라이브러리를 사용하고 있습 니다.

- 파이썬 3.10
- 라마인덱스 0.6.12
- 랭체인 0.0.181
- OpenAI API 0.28

CONTENTS

2 장 ChatGPT, OpenAI 플레이그라운드, DALL-E 사용법   046

4장 OpenAI API 118

5 장　라마인덱스　168

6 장　랭체인　202

7 장 ChatGPT 플러그인

목차

칼럼

1 GPT-4, ChatGPT, 랭체인 개요

이번 장에서는 ChatGPT에서 사용되는 대규모 언어 모델인 GPT-4, GPT-3.5와 그 대규모 언어 모델을 이용해 서비스를 개발하기 위한 라이브러리인 라마인덱스(LlamaIndex), 랭체인(LangChain)에 대해 설명합니다. 2022년 이후 많은 생성형 AI가 등장해 다양한 업종과 분야에서 활용되기 시작했으며, 앞으로도 빠르게 진화할 것으로 예상됩니다.

이 책에서는 활용 방법을 주축으로 설명합니다. 자연어처리 AI의 기반이 되는 머신러닝, 딥러닝의 개요와 구조에 대해서도 간략하게 소개하고 있지만, 자세한 내용을 알고 싶은 분은 전문 서적을 참고하기 바랍니다.

마지막 절에서는 과거부터 현재까지 사용되고 있는 대규모 언어 모델의 개요와 특징을 정리했습니다. 이 장을 통해 이 책을 읽어나가는 데 필요한 배경 지식을 이해할 수 있었으면 합니다.

▶ 이번 장의 목표

● ChatGPT와 GPT-4를 비롯한 이 책의 주요 주제의 개요와 활용 사례를 파악한다.
● 대규모 언어 모델의 기반이 되는 머신러닝, 딥러닝의 개요와 구조 및 관계를 이해한다.
● 과거부터 현재까지 사용되고 있는 다양한 대규모 언어 모델의 개요를 파악한다.

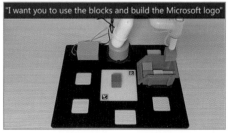

1-1 GPT-4와 ChatGPT 및 랭체인

이번 절에서는 이 책의 주요 주제에 대한 개요를 설명합니다. 또한 다양한 분야에서 다양한 서비스로 도입되고 있는 대규모 언어 모델의 활용 사례를 소개합니다.

ChatGPT란?

ChatGPT는 OpenAI 사에서 개발한 최신 채팅 AI입니다. 로그인 후 대화를 입력하는 것만으로 사용할 수 있는 간편함은 물론, 사람처럼 자연스러운 대화가 가능하다는 점에서 전세계적으로 인기를 끌고 있습니다. 2022년 11월에 출시하고 나서 불과 2개월 만에 1억 명의 활성 사용자 수를 달성했습니다.

같은 해 Stability AI 사에서 출시한 이미지 생성 AI인 스테이블 디퓨전(Stable Diffusion)과 함께 연구자나 전문가가 아닌 일반인들이 인공지능을 활용하기 시작하는 전환점이 되었습니다.

ChatGPT는 기존 채팅 AI에는 없던 뛰어난 능력을 많이 가지고 있습니다.

• **사람처럼 자연스러운 대화 가능**

ChatGPT는 언어의 규칙과 문맥을 이해합니다. 이를 통해 사람처럼 자연스러운 표현력을 가지고 수준 높은 대화를 할 수 있습니다. 단, 부정확한 말을 그럴듯하게 표현하는 경우도 있기 때문에 정보의 정확성에는 주의가 필요합니다.

• **한국어로 대화 가능**

ChatGPT는 다국어를 지원하며, 한국어로도 자연스럽게 대화할 수 있습니다. 또한 한국어 자료에 없는 지식이라도 영어나 다른 언어로 알고 있는 지식이라면 한국어로 답변해 줍니다. 단, ChatGPT의 학습 데이터는 대부분 영어이고, 한국어 학습량이 적기 때문에 한국어보다 영어로 질문했을 때 더 정확한 답변을 얻을 수 있습니다.

• **다양한 업무에 대응 가능**

ChatGPT는 대량의 데이터와 사람의 피드백을 통해 학습하고 있기 때문에 다양한 작업을 처리할 수 있습니다. 대화뿐만 아니라 텍스트 생성, 질의응답, 요약, 번역, 프로그램 생성 등 다양한 자연어 처리 작업을 수행할 수 있습니다.

• **프로그래밍 언어에도 능숙**

ChatGPT는 프로그래밍 언어에도 능숙합니다. 따라서 자연어로 원하는 프로그램 코드를 만들어 달라고 요청하기만 하면 프로그램을 생성해 줍니다. 프로그래밍 언어는 자연어처럼 애매모호한 부분이 적기 때문에 자연어보다 더 높은 퀄리티를 자랑합니다.

2023년 5월 현재 ChatGPT가 학습한 데이터는 2021년까지의 데이터이지만, 앞으로 더 많은 데이터를 학습함으로써 정확도와 적용 범위가 확대될 것으로 기대됩니다. ChatGPT가 인간과 컴퓨터, 또는 인간과 인간 사이의 커뮤니케이션을 조정하는 역할을 함으로써 현재 인간이 하고 있는 업무의 대부분을 대체할 수 있을지도 모릅니다.

OpenAI란?

OpenAI는 영리법인 OpenAI LP와 그 모회사인 비영리법인 OpenAI Inc.로 구성된 인공지능 연구소입니다. 2015년 말에 샘 알트만과 일론 머스크 등이 샌프란시스코에서 설립했습니다. 인류 전체에 도움이 되는 방식으로 친근한 인공지능을 보급하고 발전시키는 것을 목표로 삼고 있습니다.

그림 OpenAI의 이념

OpenAI
https://openai.com/

ChatGPT 시작하기

ChatGPT를 시작하는 방법은 다음과 같습니다. ChatGPT에 대한 자세한 내용은 다음 장의 '2-1 ChatGPT 사용법'에서 설명합니다.

01 웹브라우저에서 ChatGPT 사이트를 열고 [Try ChatGPT] 버튼 클릭

ChatGPT 소개
https://openai.com/blog/chatgpt

그림 1-1-1 ChatGPT 사이트 접속하기

02 OpenAI 계정이 없다면 [Sign up] 버튼을 클릭하고 계정이 있다면 [Log in] 버튼 클릭

OpenAI 계정은 이메일, 구글 계정, 마이크로소프트 계정 중 하나를 선택해 만들 수 있습니다.

그림 1-1-2 계정이 없다면 [Sign up] 버튼 클릭

그림 1-1-3 계정 만들기

03 로그인 후 다음과 같은 화면이 나오면 텍스트 필드에 "안녕하세요, 당신의 이름은 무엇입니까?" 라고 입력

04 ChatGPT의 답변을 확인

그림 1-1-4 ChatGPT 시작하기

그림 1-1-5 ChatGPT의 답변

GPT-4와 GPT-3.5란?

GPT-4와 GPT-3.5는 OpenAI에서 2020년에 발표한 대규모 언어 모델인 GPT-3의 개선된 버전입니다. 기존 모델의 학습 데이터와 모델 구조를 개선해 보다 높은 수준의 자연어 처리 능력을 확보했습니다.

ChatGPT가 대화하기 위한 기술에는 GPT-4와 GPT-3.5가 사용되고 있으며, ChatGPT는 GPT-4, GPT-3.5를 이용해 만든 애플리케이션 중 하나입니다.

GPT-4는 GPT-3.5보다 최신 버전으로 성능이 더 우수하지만 이용료가 더 비쌉니다. ChatGPT에서 GPT-4를 이용하려면 유료 버전인 ChatGPT Plus를 이용해야 합니다.

Legacy (GPT-3.5)

The previous ChatGPT Plus model

Reasoning ▰▰▰▰▱▱
Speed ▰▰▱▱▱▱
Conciseness ▰▰▱▱▱▱

그림 1-1-6 GPT-3.5의 성능

Our most advanced model, available to Plus subscribers.

GPT-4 excels at tasks that require advanced reasoning, complex instruction understanding, and more creativity.

Reasoning ▰▰▰▰▰
Speed ▰▰▱▱▱
Conciseness ▰▰▰▱▱

그림 1-1-7 GPT-4의 성능

COLUMN

ChatGPT Plus의 개요

ChatGPT는 무료이며, 유료 버전인 ChatGPT Plus도 제공하고 있습니다. ChatGPT Plus의 요금은 월 20달러(1달러 1,300원으로 환산하면 약 26,000원)입니다. ChatGPT Plus의 장점은 다음과 같습니다.

● 사용량이 많을 때에도 정상 응답
● 짧은 응답 시간
● 새로운 기능 및 개선된 기능의 선행 이용

2023년 5월 현재 ChatGPT 무료 버전에서는 GPT-3.5 모델만 사용할 수 있지만, ChatGPT Plus에서는 GPT-4도 선택할 수 있습니다.

GPT-3.5와 GPT-4의 선택

그림 ChatGPT Plus에서는 GPT-4 모델도 선택할 수 있다.

COLUMN

언어 및 자연어 처리

자연어는 한국어, 영어 등 우리가 일상적으로 사용하는 언어를 말하며, 파이썬, C 언어 등 컴퓨터에서 사용하는 언어인 프로그래밍 언어와 구별하기 위해 이렇게 부릅니다.

자연어를 컴퓨터로 처리하는 일련의 기술을 자연어 처리라고 하는데, 구어에서 문어까지 자연어가 갖는 의미를 다양한 방법으로 분석합니다.

```
          언어
         /    \
     자연어    프로그래밍 언어
     /   \      /      \
  한국어  영어  C 언어   파이썬
```

그림 자연어와 프로그래밍 언어

GPT-4, GPT-3.5는 자연어뿐만 아니라 프로그래밍 언어도 학습하지만, 주요 용도는 자연어 분야에서의 활용이므로 GPT-4, GPT-3.5 기술도 자연어 처리라고 부르고 있습니다.

대규모 언어 모델이란?

대규모 언어 모델(LLM: Large Language Model)은 방대한 양의 문장 데이터를 학습하여 자연어 처리 작업을 수행하기 위해 풍부한 지식을 획득한 딥러닝 모델을 말합니다. 딥러닝에 대해서는 다음 절부터 자세히 설명하겠습니다.

최근 GPT-4, GPT-3.5를 비롯한 대규모 언어 모델은 자연어 처리 작업에서 놀라운 정확도를 보여주며 주목을 받고 있습니다.

자연스러운 문장 생성

LLM은 임의의 문장 뒤에 오는 다음 문장을 예측하는 능력을 학습하고 있습니다. 임의의 문장을 입력하면 이어지는 문장을 예측하여 출력하는 딥러닝 모델입니다. 이때 입력 문장은 프롬프트(prompt), 출력 문장은 컴플리션(completion)이라고 부릅니다.

그림 1-1-8 LLM(대규모 언어 모델)의 입출력

예를 들어 LLM에 '나는'을 입력하면 '나는 고양이다'와 같은 문장을 출력합니다.

LLM은 문장 생성뿐만 아니라 다양한 자연어 처리 작업에 활용할 수 있습니다. 예를 들어, LLM에 '대한민국에서 가장 높은 산은?'이라는 질문을 입력하면 '한라산'과 같은 응답을 출력합니다.

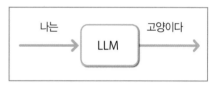
그림 1-1-9 문장 생성의 입출력

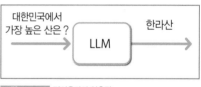
그림 1-1-10 질의응답의 입출력

논리적 사고력 향상

LLM은 임의의 문장에 이어 다음 문장을 예측하는 모델이기 때문에 자연스러운 문장을 만드는 데 능숙하지만, 수학처럼 논리적인 사고를 조합하는 데에는 서투른 것으로 알려져 있습니다. 하지만 질문의 마지막에 '단계별로 생각해 보자(Let's think step by step)'라는 문구를 덧붙이면 문제의 정답률이 높아진다는 것을 발견했습니다.

예를 들어, 다음과 같은 질문을 하면 자연스러운 문장을 반환하지만, 계산 결과가 잘못됐다는 것을 알 수 있습니다.

[입력]
16개의 공이 있다. 그중 절반은 골프공이고, 골프공의 절반은 파란색이다. 파란색 골프공은 몇 개일까?

[출력]

2개입니다. → 오답

질문의 마지막에 '단계별로 생각해 보자'를 추가하면 단계별로 추론하여 정답을 도출할 수 있습니다.

[입력]

16개의 공이 있다. 그중 절반은 골프공이고, 골프공의 절반은 파란색이다. 파란색 골프공은
몇 개일까?

단계별로 생각해 보자.

[출력]

주어진 정보에 따르면 공의 총 수는 16개입니다.

그 중 절반은 골프공이므로 골프공의 개수는 16 / 2 = 8개입니다. 또한, 골프공의 절반은 파
란색이므로 파란색 골프공의 개수도 8 / 2 = 4개입니다.

따라서 파란색 골프공은 4개입니다. → 정답

이처럼 단계적으로 추론을 유도하여 복잡한 문제의 추론 정확도를 높이는 방법을 생각의 사슬
(Chain of Thought, CoT)이라고 부릅니다.

대규모 언어 모델에 대한 자세한 내용은 1-3절 '자연어 처리의 딥러닝 모델'에서 설명하겠습니다.

OpenAI API란?

OpenAI API는 OpenAI가 제공하는 자연어 처리 API(Application Programming Interface)입
니다. API란 소프트웨어 애플리케이션끼리 서로 정보를 주고받기 위한 인터페이스로, 개발자가 자신의
애플리케이션에 GPT-4나 GPT-3.5의 기능을 통합하는 데 사용할 수 있습니다.

> **OpenAI API**
> https://platform.openai.com/

OpenAI API의 주요 기능은 다음과 같습니
다. OpenAI API에 대한 자세한 내용은 4장
OpenAI API에서 설명합니다.

- 텍스트 생성
- 이미지 생성
- 임베딩 생성
- 파인튜닝
- 모델링
- 음성 텍스트 변환(STT)

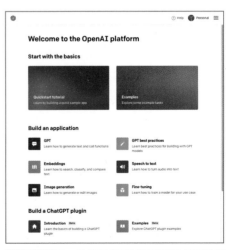

그림 1-1-11 OpenAI API를 활용한 애플리케이션 튜토리얼 및
샘플

OpenAI의 플레이그라운드와 DALL-E의 웹 UI

OpenAI API는 기본적으로 파이썬과 같은 프로그래밍 언어를 사용해야 하지만, 웹에서 이용할 수도 있습니다. 웹 UI(Web UI, Web User Interface)는 웹 페이지에서 조작할 수 있는 UI로, OpenAI API로 어떤 일을 할 수 있는지 간단하게 테스트해 볼 수 있습니다.

OpenAI API 사이트에서는 OpenAI API의 자연어 처리를 실행할 수 있는 OpenAI 플레이그라운드(Playground)와 이미지 생성을 실행할 수 있는 DALL-E의 웹 UI를 제공하고 있습니다.

OpenAI 플레이그라운드와 DALL-E의 웹 UI에 대한 자세한 내용은 다음 절인 2-2절 'OpenAI 플레이그라운드 사용법'과 2-3절 'DALL-E 사용법'에서 설명합니다.

그림 1-1-12 OpenAI 플레이그라운드 화면

그림 1-1-13 DALL-E 화면

라마인덱스란?

라마인덱스는 자체 데이터를 활용하여 질의응답 채팅 AI를 쉽게 만들 수 있는 라이브러리입니다. ChatGPT의 (현시점에서의) 단점 중 하나는 개인이나 회사 등의 자체 데이터를 바탕으로 한 질문에는 답변하지 못한다는 점입니다.

라마인덱스를 사용하면 문서만 제공하면 자체 데이터를 활용한 질의응답 채팅 AI를 만들 수 있습니다. 유사한 채팅 AI는 뒤에서 소개할 랭체인(LangChain)으로도 만들 수 있지만, 라마인덱스는 몇 줄의 코드만으로 쉽게 만들 수 있는 것이 특징입니다.

라마인덱스
https://github.com/jerryjliu/llama_index

제공하는 문서는 텍스트뿐만 아니라 PDF, ePub, 워드, 파워포인트, 오디오를 비롯한 다양한 파일 형식과 트위터, 슬랙, 위키피디아 등 다양한 웹 서비스도 지정할 수 있습니다.

라마인덱스에 대한 자세한 내용은 5장 '라마인덱스'에서 설명합니다.

그림 1-1-14 라마인덱스의 깃허브

랭체인이란?

랭체인은 GPT-4, GPT-3.5와 같은 대규모 언어 모델을 이용해 서비스를 개발하고 싶을 때 사용할 수 있는 라이브러리입니다.

ChatGPT와 같은 간단한 채팅 AI를 개발한다면 OpenAI API만으로 개발할 수 있으며, 랭체인은 필요하지 않습니다. ChatGPT로 아래와 같은 LLM 외부 시스템과 연계한 서비스를 개발하고자 할 때 랭체인이 도움됩니다.

- 개인이나 회사의 자체 데이터와 연결하여 자체 데이터를 기반으로 한 질문에 답변하기를 원한다.
- 구글 검색과 같은 웹 서비스와 연결하고, 필요한 경우 웹 서비스를 통해 질문에 답해주기를 원한다.
- 데이터베이스와 연결하여 자연어로 원하는 데이터를, 원하는 형식으로 쿼리하고 싶다.
- 파이썬 등 프로그래밍 실행 환경과 연결하여 명령어에 따라 프로그램을 작성하고 실행하기를 원한다.

랭체인을 사용하면 LLM을 자체 데이터, 웹 서비스, 데이터베이스, 프로그래밍 실행 환경 등과 쉽게 연결(체인)할 수 있습니다. 랭체인에 대한 자세한 내용은 6장 '랭체인'에서 설명합니다.

그림 1-1-15 랭체인의 깃허브

> **랭체인**
> https://github.com/hwchase17/langchain

대규모 언어 모델의 활용 사례

대규모 언어 모델을 실제로 사용하고 있는 활용 사례를 소개합니다.

애플리케이션에 채팅 UI 내장

애플리케이션을 조작할 때 조작 방법을 몰라 당황하는 경우가 있는데, 채팅 UI에서는 사용자가 원하는 것을 입력하는 것만으로 조작할 수 있습니다. 마이크로소프트의 웹 브라우저인 엣지와 검색 엔진인 Bing(빙)은 2023년 2월에 빠르게 채팅 UI를 내장했습니다. 대화 형식으로 원하는 정보를 알려주거나 어려운 정보를 요약해주기도 하면서 검색이 아닌 채팅을 통한 정보 수집 경험이 화제가 되었습니다.

향후 MS 오피스 등 마이크로소프트의 다른 주력 제품에도 탑재될 예정입니다. 기존에는 엑셀 등의 앱을 보다 편리하게 활용하기 위해 매크로를 익혀야 했지만, 앞으로는 자연어로만 조작할 수 있게 될지도 모릅니다.

마이크로소프트 엣지
https://www.microsoft.com/ko-kr/edge

검색 엔진 Bing
https://www.bing.com

그림 1-1-16 엣지 브라우저에 내장된 채팅 UI

그림 1-1-17 검색 엔진 Bing에 내장된 채팅 UI

AI 캐릭터와의 대화

GPT-4, GPT-3.5는 기존 채팅 AI에 비해 훨씬 더 인간적이고 자연스러운 대화가 가능해졌습니다. 이 장점을 가장 잘 살릴 수 있는 분야는 AI 캐릭터와의 대화입니다.

일본에서는 캐릭터 소환 장치인 게이트박스와 손바닥만한 크기의 커뮤니케이션 로봇인 스택짱에 일찌감치 ChatGPT를 접목한 데모가 공개되어 화제가 됐습니다.

캐릭터 소환 장치 게이트박스
https://www.gatebox.ai/products

커뮤니케이션 로봇 스택짱
https://protopedia.net/prototype/2345

그림 1-1-18 캐릭터 소환 장치 게이트박스

그림 1-1-19 커뮤니케이션 로봇 스택짱

AI가 유튜브로 실시간 방송을 하는 AITuber도 많이 등장하고 있습니다.

AI Vtuber Shizuku(@AIVtuber_Shizuku) | 유튜브
https://www.youtube.com/channel/UCE2SWbhR2WRHPBi-bflr0-g

그림 1-1-20 AI Vtuber Shizuku(@AIVtuber_Shizuku)

🔸 로봇 제어

대규모 언어 모델은 자연어를 이용한 로봇 제어에도 활용이 기대되고 있습니다. 마이크로소프트는 2023년 2월 ChatGPT로 자연어를 통해 로봇을 제어하는 실험 결과를 발표했습니다.

　현재의 로봇 공학은 엔지니어나 기술자가 작업의 요구 사항을 코드로 변환하는 것부터 시작하는데, 이는 시간과 비용이 많이 들고 효율성이 떨어집니다. 사용자가 로봇에 자연어로 요청하고, 그 요청에 따라 AI가 프로그램을 생성하고 실행하면 이러한 문제를 해결할 수 있습니다.

로봇을 위한 ChatGPT: 설계 원칙과 모델링 능력
https://www.microsoft.com/en-us/research/group/autonomous-systems-group-robotics/articles/chatgpt-for-robotics/

　실험에서는 자연어로 드론에게 특정 물건을 찾아달라고 요청하거나 로봇 팔로 블록을 쌓는 작업을 요청할 수 있다는 것이 입증됐습니다.

그림 1-1-21 자연어로 드론에 요청하기

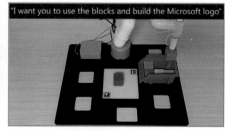

그림 1-1-22 자연어로 로봇팔에 요청하기

1-2 인공지능과 머신러닝 및 딥러닝

이번 절에서는 AI로 자연어 처리를 하기 위한 전제가 되는 머신러닝과 딥러닝에 대한 개요를 설명합니다. 수식도 나오지만, 수학에 대한 깊은 지식은 필요하지 않습니다.

인공지능과 머신러닝 및 딥러닝의 개요

머신러닝(Machine Learning)은 대량의 데이터에서 규칙성을 찾아 분류나 판단 등 추론을 위한 규칙을 기계가 생성하도록 하는 기법으로, 인공지능의 연구 분야 중 하나입니다.

그림 1-2-1 인공지능과 머신러닝, 딥러닝의 관계

머신러닝 이전의 인공지능은 예측과 판단을 위한 규칙을 모두 사람이 생각해야 했습니다. 하지만 규칙을 생각하는 사람이 그 분야의 전문가가 아닐 수도 있고, 전문가라 하더라도 자신의 감각(행동 평가)을 규칙으로 정확하게 정의하는 것은 매우 어려운 작업입니다.

규칙 기반이라고 불리는 이 방식은 사람의 한계가 그대로 인공지능의 한계가 됐습니다.

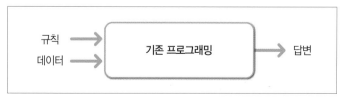

그림 1-2-2 규칙 기반에서는 인간이 규칙을 생각해야 한다.

그래서 등장한 것이 바로 머신러닝입니다. 머신러닝은 컴퓨터가 대량의 데이터를 분석하여 데이터에 숨어 있는 규칙성이나 상호관계 등 답을 도출하기 위한 규칙을 찾아내는 것입니다.

머신러닝은 명시적으로 프로그래밍하는 것이 아니라 학습을 수행하는 메커니즘을 구현합니다. 대량의 데이터와 답을 주면 머신러닝은 이로부터 통계적 구조를 추출하고, 최종적으로 작업을 자동화할 수 있는 규칙을 생성합니다.

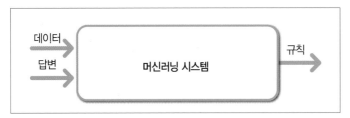

그림 1-2-3 머신러닝은 데이터와 답을 통해 규칙을 도출한다.

이 규칙을 찾아내는 방법 중 하나가 바로 딥러닝(Deep Learning)입니다. 딥러닝은 인간의 뇌에 있는 신경세포인 뉴런과 그 연결을 참고해 만든 뉴럴 네트워크라는 모델을 통해 기계학습을 합니다.

신경망은 네트워크 구조와 조정 가능한 가중치 매개변수의 두 부분으로 구성돼 있습니다. 학습을 통해 가중치 매개변수를 최적화하여 데이터에서 답을 출력하는 규칙을 생성합니다.

뉴런과 신경망

여기서는 뉴런과 신경망에 대한 개요를 설명합니다. 수식이 나오지만, 수학에 대한 깊은 지식이 없어도 개요를 이해할 수 있습니다.

뉴런

인간의 뇌에 있는 신경세포를 뉴런이라고 부릅니다. 그림 1-2-4는 뉴런을 모델링한 것입니다. 가중치 파라미터는 뉴런 간의 연결 강도를 나타냅니다.

뉴런은 x_1과 x_2라는 데이터가 입력됐을 때, $x_1 \times w_1 + x_2 \times w_2$가 임곗값보다 크면 1, 그렇지 않으면 0이라는 답을 출력합니다.

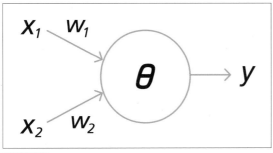

그림 1-2-4 뉴런의 기본 구조

표 1-2-1 뉴런의 파라미터

매개변수	설명
x_1, x_2	입력(데이터)
y	출력(답변)
w_1, w_2	가중치 매개변수
θ	임곗값

여기서 시험 삼아 w_1=1.0, w_2=1.0, θ=1.5와 같이 가중치 매개변수와 임곗값을 지정해 보겠습니다. 뉴런 모델의 가중치 파라미터와 임곗값을 조정함으로써 AND 함수(x_1과 x_2 모두 1일 때만 1)의 규칙을 표현할 수 있음을 알 수 있습니다.

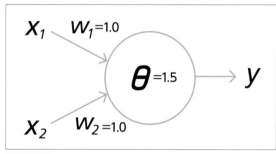

그림 1-2-5 AND 함수를 나타내는 뉴런

표 1-2-2 AND 함수의 입력 및 출력

x_1	x_2	y
0	0	0
1	0	0
0	1	0
1	1	1

$x_1 \times w_1 + x_2 \times w_2$를 실제로 계산해 보면 다음과 같습니다.

- 입력이 x_1=0.0, x_2=0.0일 때, 0.0×1.0 + 0.0×1.0=0.0(임곗값 1.5 이하)이므로 출력은 0이다.
- 입력이 x_1=1.0, x_2=0.0일 때, 1.0×1.0 + 0.0×1.0=1.0(임곗값 1.5 이하)이므로 출력은 0이다.
- 입력이 x_1=0.0, x_2=1.0일 때, 0.0×1.0 + 1.0×1.0=1.0(임곗값 1.5 이하)이므로 출력은 0이다.
- 입력이 x_1=1.0, x_2=1.0일 때, 1.0×1.0 + 1.0×1.0=2.0(임곗값 1.5 이상)이므로 출력은 1이다.

뉴런의 모델은 학습 시에 가중치 매개변수뿐만 아니라 임곗값의 최적화도 수행합니다. 뇌에 있는 역치는 뇌세포의 민감도와 같은 것으로 기본적으로 변하지 않기 때문에, 학습에서 최적화할 때는 임곗값을 편향시킨다는 의미를 포함하여 바이어스라고 부릅니다.

뉴런은 그 자체만으로는 복잡한 문제를 해결할 수 없습니다. 따라서 그림 1-2-6과 같이 뉴런을 배열하여 층을 만들고, 그 층을 더 쌓아서 더 복잡한 문제를 다룰 수 있는 뉴럴 네트워크를 만듭니다.

뉴럴 네트워크의 계층 중 가장 먼저 입력을 받아들이는 계층을 입력층, 가장 마지막에 출력을 하는 계층을 출력층, 입력층과 출력층 사이에 위치하는 계층을 중간층(또는 숨은 층)이라고 부릅니다. 입력층 뉴런의 수가 입력(데이터)의 수, 출력층의 뉴런의 수가 출력(답)의 수가 됩니다.

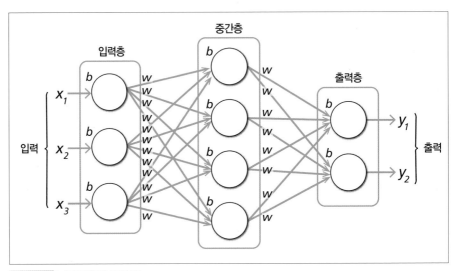

그림 1-2-6 뉴럴 네트워크의 기본 구조

표 1-2-3 뉴럴 네트워크의 매개 변수

매개변수	설명
x_1, x_2, x_3	입력(데이터)
y_1, y_2	출력(답변)
w	가중치 매개변수
b	바이어스

중간층은 여러 개 만들 수 있으며, 층이 4개 이상인 깊은 뉴럴 네트워크를 심층 신경망이라고 부릅니다.

딥러닝 이전에는 4계층 이상의 신경망은 기술적 문제로 인해 충분히 학습할 수 없었고, 성능도 좋지 않았습니다. 하지만 최근 들어 다층 신경망에서도 잘 학습할 수 있는 방법이 속속 발명되면서 딥러닝이 폭발적으로 보급됐습니다.

또한, 학습에 필요한 컴퓨터의 성능 향상과 인터넷의 확산으로 학습 데이터 수집이 쉬워진 것도 한 몫을 했습니다.

모델 생성 및 학습과 추론

딥러닝에는 모델 생성과 학습, 추론의 세 가지 프로세스가 있습니다.

모델 생성

모델 생성은 신경망의 네트워크 구조를 만드는 과정입니다. 입력층의 입력 개수, 출력층의 출력 개수, 중간층의 개수, 층의 종류 등 용도에 맞게 설계합니다.

학습 전에는 뉴런이 올바른 가중치 파라미터와 바이어스를 알지 못하므로 0이나 난수 등으로 초기화합니다. 이 상태의 모델에 테스트 데이터를 주어도 정답을 출력하지 못합니다.

학습

학습은 학습 데이터의 입력에 따라 적절한 예측값을 출력하도록 가중치 파라미터와 바이어스를 최적화하는 과정입니다. 이를 위해 대량의 학습 데이터와 답변 세트를 사용합니다.

동물 사진을 보고 고양이인지 개인지 분류하는 학습의 경우, 학습 데이터는 동물 사진, 정답은 고양이와 개 중 어느 쪽인지가 되며, 정답은 1.0, 오답은 0.0이 됩니다.

먼저 모델에 학습 데이터를 입력하고 예측값을 출력합니다. 예측값은 답을 정답으로 예측한 확률로, 고양이 40%, 개 60%라고 예측했다면 고양이 0.4, 개 0.6이 됩니다. 그리고 이 예측값과 정답의 차이를 계산합니다.

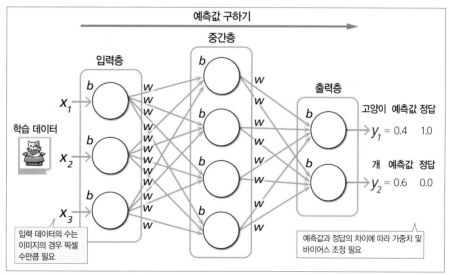

그림 1-2-7 학습 과정에서 먼저 예측값과 답을 비교한다.

그런 다음 예측값과 답의 차이가 작아지도록 오차 역전파법이라는 방법으로 가중치 매개변수와 바이어스를 업데이트합니다.

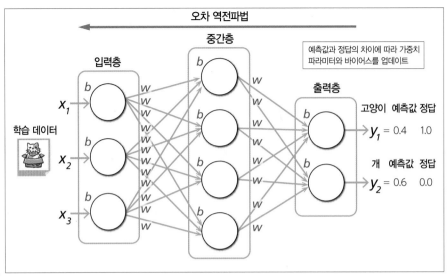

그림 1-2-8 학습 과정에서 최적화를 통해 파라미터를 업데이트하는 과정을 거칩니다.

이를 반복함으로써 예측값과 정답의 차이를 점차 줄여나가면, 최종적으로 학습 데이터의 입력에 따라 적절한 예측값을 출력하는 모델을 만들 수 있습니다.

추론

모델 학습이 완료되면 테스트 데이터를 모델에 입력하여 추론을 수행합니다. 예측값이 가장 높은 것이 답일 것이라고 추론합니다.

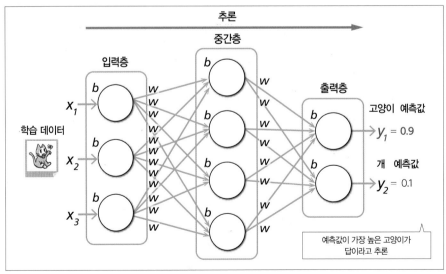

그림 1-2-9 추론 과정에서 학습된 모델을 확인한다.

1-3 자연어 처리의 딥러닝 모델

인공지능과 머신러닝 및 딥러닝에 대한 개요를 알았다면, 이제 과거부터 현재까지 사용되고 있는 AI 모델에는 어떤 것들이 있는지 살펴보겠습니다. 이 책의 주제인 자연어 처리뿐만 아니라 이를 응용한 이미지 처리와 음성 처리 모델도 소개합니다.

자연어 처리 딥러닝 모델의 역사

이 책에서는 자연어 처리의 딥러닝 모델로 GPT-4, GPT-3.5를 주로 사용합니다. 표에서는 이들 모델이 탄생하기까지의 과정을 소개합니다.

표 1-3-1 딥러닝 모델 계보

모델명	등장연도	모델명	등장연도
RNN	1986년	GPT-2	2019년
Seq2Seq	2014년	T5	2019년
Attention	2015년	GPT-3	2020년
Transformer	2017년	GPT-3.5	2022년
BERT	2018년	GPT-4	2023년

RNN(1986년)

RNN(Recurrent Neural Network)은 입출력으로 계열 데이터를 처리할 수 있는 딥러닝 모델입니다. 주로 자연어 처리, 동영상 분류, 음성 인식에 활용됐으며, Transformer 이전에는 구글 번역과 같은 기계 번역에도 활용됐습니다.

이 모델의 특징은 중간층이 재귀 구조를 갖는다는 점입니다. 예를 들어, 이전 시간대의 중간층 출력을 고려하여 현재 시간대의 중간층 출력을 계산합니다.

그림 1-3-1 RNN 모델

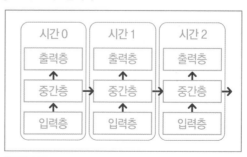

그림 1-3-2 RNN의 시계열 처리 예시

Seq2Seq (2014년)

Seq2Seq(Sequence-to-Sequence)는 계열 데이터에서 또 다른 계열 데이터로 변환하는 RNN 기반의 딥러닝 모델입니다. 주로 기계 번역(영어 문장→한국어 문장), 요약(원문→요약), 대화(자신의 발언→상대방의 발언)에서 많이 쓰입니다.

이 모델의 특징은 문장 등의 입력을 압축하는 인코더(encoder)와 출력을 전개하는 디코더(decoder)가 있다는 점입니다.

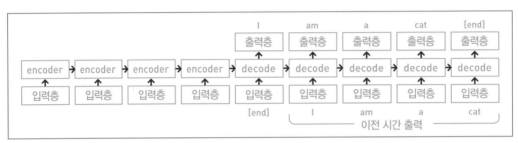

그림 1-3-3 Seq2Seq 모델의 활용 사례

Attention(2015년)

Attention은 계열 데이터의 특정 부분에 주의를 기울이도록 학습시키는 구조입니다.

Seq2Seq는 짧은 문장이라면 높은 정확도로 번역할 수 있지만, 문장이 길어질수록 정확도가 떨어지는 단점이 있었습니다. encoder의 길이가 고정돼 있기 때문에 긴 문장을 넣으면 정보가 넘쳐나서 정보가 손실되는 것이 원인인데, 이 문제를 해결하기 위해 탄생한 것이 바로 이 Attention입니다.

Attention의 두 가지 주요 개선점은 다음과 같습니다.

◎ 모든 encoder의 정보를 decoder에 전달

Seq2Seq에서는 마지막 encoder의 정보만 decoder에 전달하지만, Attention에서는 모든 encoder의 정보를 decoder에 전달합니다.

◎ encoder의 정보 중요도 점수화

encoder에서 정보의 중요도를 점수화하여 점수가 높은 정보만 decoder에서 이용하도록 합니다.

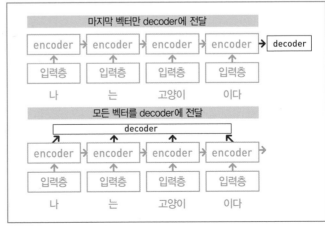

그림 1-3-4 Attention 모델 활용 사례

계열 데이터

계열 데이터(시퀀스 데이터)는 동질의 데이터를 직렬로 나열한 데이터를 말합니다. 이미지 분류 등은 이미지 한 장(즉, 하나의 데이터)으로 추론하지만, 자연어 처리, 동영상 분류, 음성 인식 등은 문자, 이미지, 음성 데이터를 직렬로 나열한 데이터로 추론합니다. 또한, 동질의 데이터를 시계열 순서대로 직렬로 나열한 데이터를 시계열 데이터라고 합니다.

Transformer (2017년)

Transformer는 Seq2Seq와 마찬가지로 계열 데이터에서 다른 계열 데이터로 변환하는 딥러닝 모델로 RNN을 사용하지 않고 Attention만으로 구축하는 것이 특징입니다. 현재 구글 번역 등의 기계 번역에 활용되고 있습니다.

Seq2Seq의 encoder와 decoder는 RNN을 이용하지만, RNN은 데이터를 순서대로 입력해야 하기 때문에 학습에 시간이 오래 걸립니다. 이 문제를 해결하기 위해 탄생한 것이 바로 이 Transformer입니다.

Transformer의 두 가지 주요 개선점은 다음과 같습니다.

◎ 여러 개의 encoder와 decoder를 중첩

여러 개의 인코더와 디코더를 중첩하여 복잡한 작업에 대응할 수 있게 됐습니다.

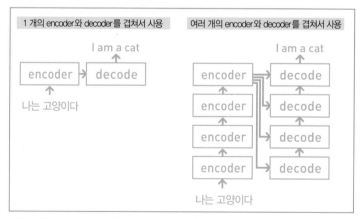

그림 1-3-5 Transformer 모델 활용 사례

◎ encoder와 decoder를 RNN이 아닌 Attention으로 변경

GPU를 활용한 학습의 병렬화가 가능해져 대규모 자연어 처리 모델을 학습할 수 있게 됐습니다.

BERT(2018년)

BERT는 자연어 처리 벤치마크에서 인간을 능가하는 점수를 기록해 화제가 된 Transformer 기반의 딥러닝 모델입니다. Transformer의 encoder 부분을 겹겹이 쌓은 구조의 모델로, 문장 내 마스크된 단어를 예측하는 처리에 능숙합니다. 또한, 학습을 사전 학습과 파인튜닝의 두 단계로 나누어 학습 효율을 높였습니다.

◎ 사전 학습 + 파인튜닝

사전 학습은 대량의 라벨이 없는 학습 데이터로 범용적인 언어 규칙을 학습합니다. 이 범용적인 언어 규칙을 학습한 모델을 언어 모델이라고 합니다. 이 학습은 시간이 많이 걸리지만, 한번 학습하면 파인튜닝을 통해 다양한 작업에 적용할 수 있습니다.

파인튜닝은 사전 학습된 모델을 기반으로 개별 작업에 맞게 추가 학습을 하는 것입니다. 처음부터 학습할 때보다 라벨링된 학습 데이터와 학습 시간이 훨씬 적게 소요됩니다.

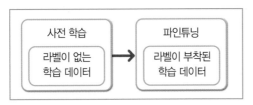

그림 1-3-6 사전 학습과 파인튜닝

COLUMN

라벨이 부착된 데이터와 라벨이 없는 데이터

고양이와 개의 이미지를 분류하려면 고양이 라벨을 붙인 고양이 사진과 개 라벨을 붙인 개 사진을 많이 준비해야 합니다. 이렇게 정답을 추가한 데이터를 라벨이 부착된 데이터라고 합니다. 데이터 생성에는 많은 인력이 필요하기 때문에 라벨이 부착된 데이터를 늘리는 것은 어렵다고 합니다.

인터넷에서 문장 순서를 학습하려면 많은 문장을 수집해야 합니다. 문장만 있으면 문장 배열을 학습할 수 있기 때문에 정답을 추가할 필요가 없습니다. 이렇게 정답을 추가하지 않은 데이터를 라벨이 없는 데이터(무라벨 데이터)라고 합니다. 데이터 생성에 인력이 필요하지 않기 때문에 무라벨 데이터를 늘리는 것은 쉽다고 합니다.

COLUMN

자동 인코딩 모델

BERT와 같이 encoder 부분이 겹쳐진 구조의 모델을 자동 인코딩 모델이라고 부릅니다. 잘하는 작업은 텍스트 분류입니다. 자동 인코딩 모델로는 다음과 같은 모델이 있습니다.

BERT, ALBERT, RoBERTa, DistilBERT, XLM, XLM-RoBERTa, FlauBERT, ELECTRA, Longformer

▶ GPT-2 (2019년)

GPT-2는 마치 사람이 쓴 것처럼 자연스러운 문장을 생성할 수 있어 악용이 우려된다는 이유로 논문 발표가 연기되어 화제가 된 Transformer 기반의 딥러닝 모델입니다. Transformer의 decoder 부분만 중첩된 구조의 모델로, 임의의 문장에 이어지는 다음 단어를 예측하는 처리에 강점이 있습니다.

GPT-2를 개발한 OpenAI에서는 다음과 같은 4종류의 사전 학습된 모델을 제공하고 있으며, 파라미터 수가 많을수록 정확도가 높은 것으로 알려져 있습니다. 한국어 사전 학습 모델은 SK 텔레콤에서 40GB 이상의 텍스트로 학습시킨 KoGPT2가 공개돼 있습니다.

- GPT-2(small): 1억 2,400만 파라미터
- GPT-2(medium): 3억 5,500만 파라미터
- GPT-2(large): 7억 7,400만 파라미터
- GPT-2(xl): 13억 파라미터

| KoGPT2 / 한국어 GPT-2
https://github.com/SKT-AI/KoGPT2

GPT-2의 사전 학습 모델 활용 방법으로는 파인튜닝과 함께 제로샷(Zero Shot) 기법이 제안되고 있습니다. 제로샷 기법은 임의의 문장에 이어지는 다음 문장을 예측하는 능력을 이용해 학습되지 않은 과제를 추론하는 방법입니다.

예를 들어 'Q. 서울N타워의 높이는? A.'에 이어지는 문장을 추론하여 '239m'라는 답변 문장이 나오는 등 학습하지 않은 질문에 대답을 하는 과제를 수행합니다. GPT-2의 성능으로는 아직 제로샷 기법으로 풀 수 있는 것이 제한적이지만, 텍스트 생성의 성능을 향상시키면 어떤 과제라도 풀 수 있는 범용 모델이 될 수 있다는 가능성을 보여주었습니다.

COLUMN

KoGPT2란?

KoGPT2는 GPT-2 모델을 파인튜닝한 한국어 언어 모델로, SKT-AI에서 한국어 성능의 한계를 개선하기 위해 개발했습니다.

한국어 위키백과 외에 뉴스, 모두의 말뭉치, 청와대 국민 청원 등의 다양한 데이터를 모델의 학습에 사용했으며, 아래 주소에서 데모 버전을 이용해볼 수 있습니다.

| KoGPT2 데모 버전
https://huggingface.co/spaces/gogamza/kogpt2-base-v2

자기 회귀 모델

GPT-2와 같이 decoder 부분을 겹겹이 쌓아 올린 구조의 모델을 자기 회귀 모델이라고 합니다. 잘하는 작업은 텍스트 생성입니다. 자기 회귀 모델로는 다음과 같은 모델이 있습니다.

GPT, GPT-2, GPT-3, CTRL, Transformer-XL, Reformer, XLNet

▶ T5(2019년)

T5는 텍스트를 텍스트로 변환하는 Transformer 기반 모델입니다. 학습 데이터를 바꾸는 것만으로 질의응답, 요약, 번역 등 다양한 자연어 처리 작업을 동일한 모델로 해결할 수 있는 것이 특징이며, Transformer의 encoder 부분과 decoder 부분을 모두 사용하는 구조의 모델입니다.

- 질의응답: 입력 '질문' → 출력 '답변'
- 요약: 입력 '원문' → 출력 '요약'
- 번역: 입력 '영어' → 출력 '한국어'

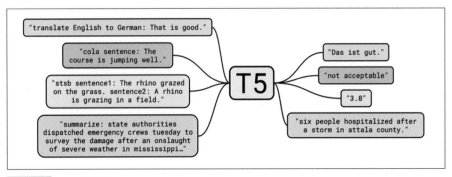

그림 1-3-7 T5 모델 활용 사례

Sequence-to-Sequence 모델

T5와 같이 텍스트를 텍스트로 변환하는 모델을 Sequence-to-Sequence 모델이라고 합니다. 잘하는 작업은 번역, 요약, 질의응답입니다. Sequence-to-Sequence 모델로는 다음과 같은 모델이 있습니다.

BART, Pegasus, MarianMT, T5, MBart

2014년에 발표된 Seq2Seq(Sequence-to-Sequence)와 이름이 같아서 헷갈리지만, 여기서는 Transformer 기반 딥러닝 모델의 분류명으로 Sequence-to-Sequence 모델이라는 명칭을 사용하고 있습니다. 이와는 별도로 텍스트에서 텍스트로 변환하는 모델을 일반적으로 Sequence-to-Sequence(또는 Text-to-Text)라고 부르기도 합니다.

자연어 처리의 딥러닝 모델

GPT-3 (2020년)

GPT-3는 사람이 쓴 것 같은 자연스러운 문장을 생성할 뿐만 아니라, 자연어부터 프로그램의 소스코드와 웹페이지의 레이아웃까지 생성해 화제를 모았던 GPT-2의 차기 모델입니다. GPT-2에 비해 117배나 더 큰 파라미터를 가지고 있습니다.

- GPT-3: 1,750억 파라미터

GPT-3의 사전 학습 모델 활용 방법으로는 파인튜닝과 함께 프롬프트 프로그래밍이라는 방법이 제안됐습니다. 자연어로 '어떤 지식을 어떻게 사용하고 싶은지' 예시(프롬프트)를 제시함으로써 정확도 향상을 유도합니다. 예를 들어, 오른쪽과 같이 '간단한 덧셈을 하는 프로그램입니다'라는 작업 설

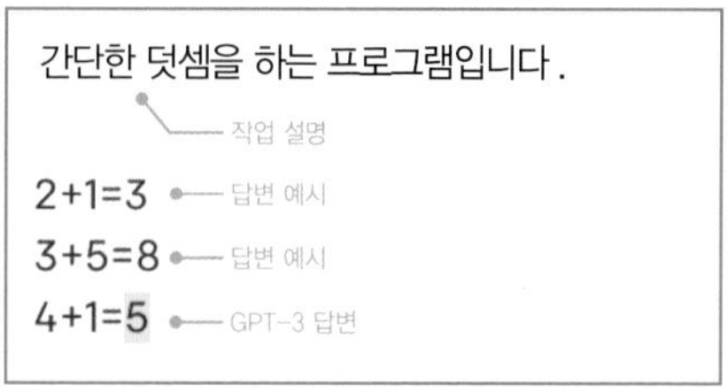

그림 1-3-8 GPT-3의 프롬프트와 답변

명과 함께 '2+1=3', '3+5=8'이라는 답변 예시를 보여주면 '4+1='의 계산 결과를 돌려줍니다. 일반 문자가 사람이 입력한 프롬프트, 녹색이 GPT-3가 생성한 텍스트입니다.

이를 통해 GPT-3는 다양한 자연어 처리 작업을 수행할 수 있게 됐습니다. 그러나 추론 정확도는 실제 수준에는 한 단계 부족한 것 같았습니다.

GPT-3.5 (2022년)

GPT-3.5는 인간의 피드백을 통한 강화학습을 이용하여 언어 모델과 인간 제시의 정합성을 높인 모델입니다. 강화학습은 기계학습의 기법 중 하나로, 어떤 환경 속에서 행동을 선택하고 그 행동으로 얻을 수 있는 보상을 극대화하도록 학습하는 방법 중 하나입니다. 이를 통해 이전 모델보다 인간의 복잡한 명령을 더 잘 이해할 수 있게 되어 더 높은 품질의 응답을 할 수 있게 됐습니다.

추론의 정확도가 실용적인 수준에 도달하면서 기존 애플리케이션에도 채팅 UI가 탑재되기 시작했고, 라마인덱스, 랭체인 등 LLM으로 애플리케이션을 구축하는 라이브러리도 빠르게 진화하기 시작했습니다.

COLUMN

인간의 피드백으로 강화학습을 하는 RLHF

RLHF(Reinforcement Learning from Human Feedback)는 인간의 피드백을 활용하여 강화학습 에이전트(어떤 환경에서 자율적으로 행동하는 프로그램)의 학습을 개선하는 기법입니다. 일반적인 강화학습에서 에이전트는 보상 신호를 받아 행동을 결정하고, 그 결과에 따라 자기 학습을 수행합니다. 하지만 보상 신호가 불분명하거나 목표가 복잡한 경우, 에이전트의 학습이 어려워질 수 있습니다. 이러한 경우 인간이 피드백을 제공함으로써 에이전트의 학습을 도울 수 있습니다. GPT-3.5에서는 RLHF를 통해 인간의 명령을 따르는 능력이 비약적으로 향상됐습니다.

GPT-4 (2023년)

GPT-4는 GPT-3.5에서 한 단계 더 진화하여 텍스트 뿐만 아니라 이미지 입력도 가능한 멀티모달 대규모 언어 모델이 됐습니다. 그러나 2023년 5월 현재 이미지 입력 기능은 아직 일반인에게 공개되지 않았습니다.

다양한 벤치마크에서 인간 수준의 성능을 보여주며, 사법시험 모의고사에서는 응시자 중 상위 10% 정도의 점수를 획득할 수 있다는 결과도 보고됐습니다.

파라미터 수는 이전 모델보다 더 많을 것으로 예상되지만, 비공개이므로 알 수 없습니다.

그림 1-3-9 GPT-4 웹페이지

GPT-4 | OpenAI 블로그
https://openai.com/research/gpt-4

딥러닝 모델의 영상 처리 적용

Transformer는 자연어 처리용으로 탄생한 딥러닝 모델이지만, 최근에는 이미지 분류, 이미지 생성 등 이미지 처리에서도 괄목할 만한 성과를 내고 있습니다.

이어서 Transformer를 이용한 이미지 처리의 응용 사례를 살펴보겠습니다.

Image GPT(2020년) → CLIP(2021년) → DALL-E(2021년) → DALL-E 2(2022년)

Image GPT(2020년)

Image GPT는 절반의 이미지에서 나머지 절반을 생성할 수 있는 딥러닝 모델입니다. GPT-2는 임의의 문장 뒤에 이어지는 그럴듯한 문장을 자동으로 생성할 수 있는 모델로 화제가 되었는데, 이 모델의 구조를 이미지에 적용함으로써 반쪽짜리 이미지 뒤에 이어지는 그럴듯한 이미지를 자동으로 생성할 수 있게 됐습니다.

입력 '절반의 이미지' → 출력 '나머지 절반의 이미지'

그림 1-3-10 Image GPT 모델의 활용 사례

CLIP (2021년)

CLIP은 OpenAI가 개발한 이미지와 텍스트의 연관성을 평가하는 딥러닝 모델입니다. 기존 지도학습의 이미지 분류는 미리 정해진 카테고리로만 분류할 수 있었던 반면, CLIP은 추론 시 자유롭게 카테고리를 지정하여 분류할 수 있게 됐습니다. GPT-2의 제로샷을 응용한 것입니다.

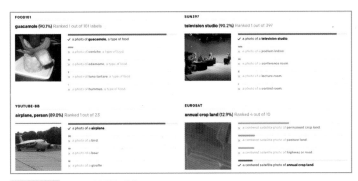

그림 1-3-11 CLIP 모델의 활용 사례

DALL-E (2021년)

DALL-E는 텍스트와 이미지 쌍의 데이터 세트를 사용하여 텍스트에서 이미지를 생성하도록 학습된 GPT-3의 120억 파라미터 버전입니다.

입력 '텍스트' → 출력 '이미지'

현실에 존재하는 것뿐만 아니라 동물이나 음식을 의인화하거나, 서로 무관한 것들을 조합해 이미지를 생성하는 것도 가능해졌습니다.

- an illustration of a baby daikon radish in a tutu walking a dog
(튜튜 치마를 입고 강아지를 산책시키는 아기 무의 일러스트)

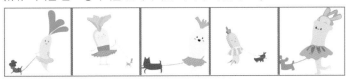

그림 1-3-12 DALL-E가 동물 및 채소를 의인화하여 생성한 이미지 예시

- an armchair in the shape of an avocado
(아보카도 모양의 안락 의자)

그림 1-3-13 DALL-E가 무관한 것들을 결합하여 생성한 이미지 예시

▶ DALL-E 2 (2022년)

DALL-E 2는 이전 모델보다 해상도를 4배 높여 더욱 사실적이고 정확한 이미지를 생성할 수 있게 됐습니다. 현재 DALL-E라는 이름으로 서비스되고 있는 버전은 이 DALL-E 2입니다.

입력 '텍스트' → 출력 '이미지'

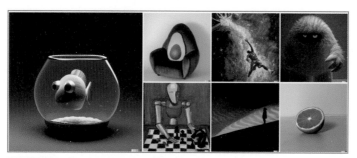

`그림 1-3-14` DALL-E 2가 생성한 이미지 예시

> **DALL-E 2의 편향성 감소와 안전성 향상 – OpenAI 블로그**
> https://openai.com/blog/reducing-bias-and-improving-safety-in-dall-e-2

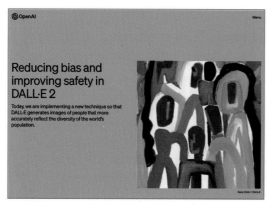

`그림 1-3-15` DALL-E 2 웹사이트

▶ 딥러닝 모델의 음성 처리 적용

딥러닝 모델은 문장 생성, 이미지 생성뿐만 아니라 음성 합성이나 노랫 소리 합성 등의 음성 처리에도 힘을 발휘합니다. 이어서 딥러닝 모델을 활용한 음성 처리의 응용 사례를 살펴보겠습니다.

Tacotron2+WaveGlow (2017년) → NEUTRINO (2020년) → Jukebox (2020년)

Tacotron2+WaveGlow (2017년)

Tacotron 2는 텍스트를 멜스펙트로그램[1]으로 변환하는 딥러닝 모델이고, WaveGlow는 멜스펙트로그램을 음성으로 변환하는 딥러닝 모델입니다. 이 두 가지를 결합하면 딥러닝 모델로 텍스트를 음성으로 변환할 수 있습니다.

입력 '텍스트' → 출력 '음성'

NEUTRINO (2020년)

NEUTRINO는 뉴럴 네트워크를 이용한 노래 음성 신디사이저입니다. 가사를 포함한 악보에서 발성 타이밍, 음높이, 성량, 음질, 목소리 굵기 등을 신경망으로 추론하여 목소리를 생성합니다.

인간에 가까운 자연스러운 가창을 구현함과 동시에 악보 작성만으로 생성할 수 있는 간편함까지 더해져 큰 화제를 모으고 있습니다.

입력 '가사가 있는 악보' → 출력 '노래 목소리'

Jukebox (2020년)

Jukebox는 아티스트, 장르, 가사, 곡의 길이를 지정하기만 하면 자동으로 '노래가 있는 곡'을 생성하는 딥러닝 모델입니다. 소리 데이터뿐만 아니라 해당 곡이 탄생한 연도, 아티스트, 장르 등의 메타데이터와 함께 학습하여 음악의 특징을 학습하고 있습니다.

입력 '아티스트, 장르, 가사, 곡의 길이' → 출력 '가창력이 있는 곡'

Whisper (2022년)

Whisper는 대화 음성을 텍스트로 변환하는 딥러닝 모델입니다. 한국어를 포함한 다국어 음성 인식, 음성 번역, 언어 인식, 음성 구간 검출 등도 가능한 모델입니다. 오픈소스로 OpenAI에 공개돼 있습니다.

입력 '대화 음성' → 출력 '텍스트'

그림 1-3-16 Whisper 웹사이트

| **Whisper 소개**
| https://openai.com/research/whisper

---

1 (옮긴이) 멜스펙트로그램(Mel Spectrogram)이란 소리의 파형을 인간이 들을 수 있는 범위로 줄인 멜 스케일(Mel scale)로 다운 스케일한 다음 그 파형을 그림으로 그린 모양을 말합니다.

자연어 처리의 딥러닝 모델

OpenAI의 제품 출시 연표

OpenAI는 2020년 OpenAI API를 통해 GPT-3를 제공한 이후 다양한 제품을 출시해 왔습니다. 다음은 이를 정리한 연표입니다.

표 OpenAI 제품 출시 연표

년	월일	제품명
2020년	6월 11일	OpenAI API, GPT-3, 플레이그라운드
	8월 10일	Codex
2021년	1월 5일	DALL-E (발표만), CLIP
	6월 29일	Github Copilot
2022년	4월 13일	DALL-E 2 (발표만)
	7월 20일	DALL-E (클로즈 베타)
	9월 21일	Whisper
	9월 28일	DALL-E (공개)
	11월 3일	DALL-E API
	11월 29일	GPT-3.5 (text-davinci-003)
	11월 30일	ChatGPT
	12월 25일	text-embedding-ada-002
2023년	2월 1일	ChatGPT Plus
	3월 1일	ChatGPT API, Whisper API
	3월 9일	Azure OpenAI Service
	3월 14일	GPT-4
	3월 23일	ChatGPT Plugins (클로즈 베타)
	3월 23일	GitHub Copilot X (클로즈 베타)

마이크로소프트 엣지와 Bing의 채팅 UI 사용 절차

엣지와 Bing의 채팅 UI를 사용하는 방법은 다음과 같습니다.

01 마이크로소프트의 웹 브라우저 엣지 내려받기

윈도우뿐만 아니라 macOS에서도 사용할 수 있습니다.

마이크로소프트 엣지
https://www.microsoft.com/ko-kr/edge

그림 엣지 내려받기

02 엣지를 실행한 다음 Bing 사이트를 열고 로그인

2023년 5월 현재 Bing의 채팅 UI는 엣지 브라우저 외에는 지원하지 않습니다.

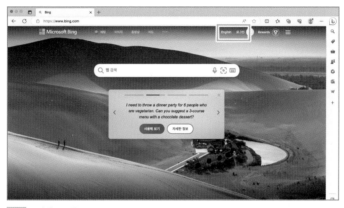

그림 Bing에 로그인

03 [채팅] 클릭

그림 [채팅] 선택

(04) 대화 스타일을 선택하고 메시지 상자에 대화를 입력한 후 [전송] 버튼 누르기

그림 대화 스타일 선택 및 메시지 입력

(05) 응답 확인

Bing의 채팅 검색 기능은 ChatGPT와 마찬가지로 GPT-4, GPT-3.5를 사용하지만, Bing에 맞게 커스터마이징 되어 있습니다. Bing만의 주요 기능은 다음과 같습니다.

- 모르는 것은 검색하여 답변
- 사용한 정보의 출처도 기재
- 사용자의 답변도 준비

그림 Bing의 답변

채팅 UI는 엣지 브라우저 자체에 내장되어 있기 때문에 왼쪽 상단의 채팅 버튼을 클릭해 호출할 수 있습니다.

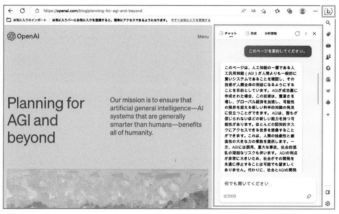

그림 [채팅] 버튼으로 호출하기

CHAPTER

2

ChatGPT,
OpenAI 플레이그라운드,
DALL-E 사용법

이번 장에서는 OpenAI가 제공하는 4가지 서비스를 구체적으로 사용하면서 AI 기능에 대해 자세히 알아보겠습니다. ChatGPT를 제외한 나머지 서비스는 유료로 제공되지만, 무료 체험판이 있으므로 그 범위 내에서 체험해 볼 수 있습니다. 이 책의 주제 중 하나인 ChatGPT에는 텍스트 생성, 질의응답뿐만 아니라, 요약, 번역, 프로그램 생성과 같은 기능도 포함돼 있으니 실제로 실행하여 사용해 보겠습니다.

또한, OpenAI API를 손쉽게 이용할 수 있는 웹 환경인 OpenAI 플레이그라운드에 대한 내용도 다룰 예정입니다. 플레이그라운드에서는 여러 모델 중 이용 환경에 적합한 모델을 선택하거나 다양한 옵션을 통해 생성 AI를 제어할 수 있습니다. 또한 삽입 모드, 편집 모드 등 텍스트 생성에 유용한 기능도 제공합니다.

후반부에 소개할 DALL-E(달리)는 이미지 생성 AI이고, 깃허브 코파일럿(GitHub Copilot)은 프로그램 코드를 생성하고 보완할 수 있는 지원 도구입니다. 이러한 강력한 기능들도 실제로 실행해 보고 체험해 보겠습니다.

> 이번 장의 목표

- ChatGPT의 주요 작업인 텍스트 생성, 질의응답, 요약, 번역, 프로그램 생성을 시도해 본다.
- OpenAI API를 쉽게 이용할 수 있는 웹 환경인 OpenAI 플레이그라운드의 활용 방법을 자세히 알아본다.
- 생성뿐만 아니라 변형, 인페인팅/아웃페인팅 등도 가능한 이미지 생성 AI인 DALL-E를 사용해 본다.
- 프로그래밍 개발 지원 도구인 깃허브 코파일럿을 통해 코드 보완 및 생성 기능을 사용해 본다.

2-1 ChatGPT 사용법

1장의 1–1절 'GPT–4와 ChatGPT 및 랭체인'에서는 'ChatGPT 시작하기'를 다뤘습니다. 이번 절에서는 ChatGPT의 사용법을 알아보겠습니다.

ChatGPT 화면 구성

ChatGPT의 화면 구성은 다음과 같습니다.

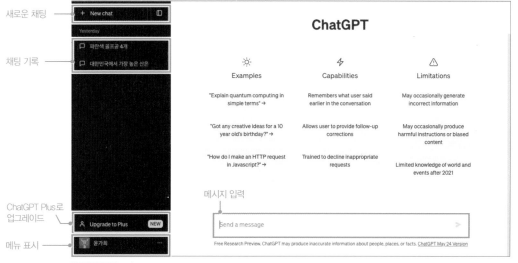

그림 2-1-1 ChatGPT 화면 구성

기본적인 사용법은 텍스트 상자에 메시지를 입력하기만 하면 됩니다. 왼쪽 상단의 [+ New chat] 버튼을 클릭하면 새로운 대화를 시작할 수 있습니다. [+ New chat] 버튼 아래에는 대화 기록이 표시되어 이전 대화를 열람하고 복귀할 수 있습니다.

대화 기록을 클릭하면 '연필' 모양 아이콘과 '공유' 아이콘, '휴지통' 모양 아이콘이 표시됩니다. 연필 모양 아이콘을 클릭하면 대화 기록의 제목을 편집할 수 있고, 공유 아이콘을 클릭하면 대화 기록을 링크 형태로 공유할 수 있습니다. 휴지통을 클릭하면 대화 기록을 삭제할 수 있습니다. 마지막으로 '체크' 모양 아이콘으로 편집 및 삭제를 결정하거나 '취소' 아이콘으로 취소할 수 있습니다

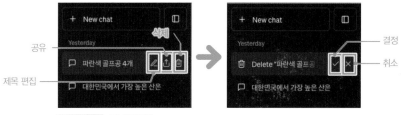

그림 2-1-2 대화 이력 관리

[Update to Plus] 버튼을 클릭하면 ChatGPT Plus 업그레이드 화면으로 이동합니다.

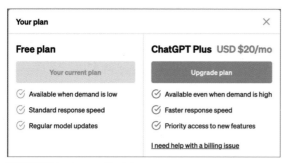

그림 2-1-3 ChatGPT Plus 업그레이드

메뉴

왼쪽 아래의 계정 이름을 클릭하면 메뉴가 나타납니다. 메뉴에는 Clear conversations, Help & FAQ, Settings, Log out 항목이 있습니다.

표 2-1-1 ChatGPT의 메뉴

메뉴	설명
Clear conversations	두 번 클릭으로 대화 내역 전체 삭제
Help & FAQ	ChatGPT 도움말 화면 표시
Settings	설정 화면 표시
Log out	ChatGPT 로그아웃

대화 기록 전체 삭제 — Clear conversations
도움말 및 FAQ — Help & FAQ
설정 — Settings
로그아웃 — Log out
윤가희

그림 2-1-4 ChatGPT 메뉴

설정 화면

설정 화면에는 General과 Data controls의 두 가지 설정 탭이 있습니다.

• General

General 탭에는 다음과 같은 설정 항목이 있습니다.

표 2-1-2 General 탭의 설정 항목

설정 항목	설명
Theme	화면의 테마 설정
Clear all chats	대화 기록 전체 삭제

그림 2-1-5 General 탭

• Data controls

Data controls 탭에는 다음과 같은 설정 항목이 있습니다.

표 2-1-3 Data controls 설정 항목

설정 항목	설명
Chat history & training	대화 기록 저장 및 학습 ON/OFF
Export data	데이터 내보내기
Delete account	계정 삭제

Chat history & training을 OFF(회색)로 설정하면 대화 기록과 ChatGPT 학습에 대한 활용을 비활성화할 수 있습니다. 대화 기록을 ChatGPT의 학습에 활용하고 싶지 않은 분들은 반드시 OFF로 설정합니다.

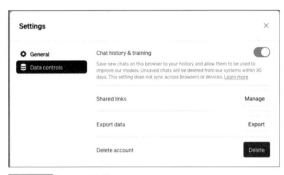

그림 2-1-6 Data controls 탭

ChatGPT로 수행할 수 있는 주요 작업

ChatGPT에서 수행할 수 있는 주요 작업은 다음과 같습니다. 실제로 프롬프트를 입력하면서 순서대로 설명하겠습니다.

- 텍스트 생성
- 질의응답
- 요약
- 번역
- 프로그램 생성

텍스트 생성

텍스트 생성은 주어진 키워드나 조건에 따라 문장을 자동으로 생성하는 작업입니다. 예를 들어, 이야기, 가사, 뉴스 기사, 보고서, 광고 문구 등을 생성할 수 있습니다.

텍스트 생성에서 중요한 것은 주제를 부여하는 것입니다. LLM은 인터넷에 있는 대량의 문장으로 학습하기 때문에 자연스러운 문장을 생성하는 데는 능숙하지만, 주제를 부여하지 않으면 밋밋하고 재미없는 문장이 되기 쉽습니다.

▶ 이야기 생성

ChatGPT가 작성했으면 하는 주제를 주면 그에 맞춰 이야기를 생성합니다.

> **[입력]**
> 아래 내용으로 이야기를 작성해주세요.
> 기타를 좋아하지만 컴맹인 여고생이 한 여고생을 계기로 록밴드에 가입하고, 낯선 인간관계를 통해 활동하게 되는 이야기.

> **[출력]**
> 한 여고생은 컴퓨터에는 소질이 없지만 기타 연주에 미친 열정을 품고 있었습니다. 어느 날, 같은 학교의 다른 여고생과 우연히 기타 연주를 하게 되었는데, 그녀의 뛰어난 실력에 감동하고 함께 뭉치기로 결심했습니다. 두 사람은 기타를 통해 친해지며 록밴드에 가입하게 되었고, 낯선 인간관계에 두려움을 느끼지만 서로를 믿고 의지하며 활동하게 됩니다. 그리고 그들의 열정과 노력으로 인해 무대 위에서 멋진 연주를 선보이며 자신감을 찾아가는 이야기입니다.

▶ 가사 생성

가사도 마찬가지로 표현하고 싶은 주제를 주면 그에 맞춰 가사를 생성합니다.

> **[입력]**
> 즐거운 ChatGPT 생활을 가사로 작성해주세요.

> **[출력]**
> Verse 1:
> 여기 ChatGPT 세상, 환영해요
> 날 불러준 너에게 감사해요
> 함께 놀다 보면 시간 가는 줄 몰라
> 언제나 즐겁게 머리 속에 비치죠
>
> Pre-Chorus:
> 말해봐요, 무엇이든 물어봐요
> 나의 지식으로 도와줄게요
> 궁금한 건 뭐든지 다 알려줄게요
>
> Chorus:
> 채팅창에 타이핑하는 순간
> 마법 같은 공간이 펼쳐져요
> 세상 어디든지 갈 수 있어요
> 함께라면 두렵지 않죠

▶ 텍스트 기반의 게임 생성

ChatGPT는 텍스트 기반의 게임도 생성할 수 있습니다. 게임 규칙을 제공하면 그 규칙에 따라 게임을 진행해 줍니다.

[입력]
텍스트 기반 어드벤처 게임을 시작해주세요.
기타를 좋아하지만 컴맹인 여고생이 한 여고생을 계기로 록밴드에 가입하고, 낯선 인간관계를 통해 활동하게 되는 이야기.
매번 제가 선택할 수 있는 선택지(A, B)를 제시해주세요.

[출력]
어드벤처 게임 "로큰롤 하이스쿨"을 시작합니다!

당신은 여고생으로, 기타를 좋아하지만 컴퓨터를 잘 다루지 못하는 평범한 학생입니다. 어느 날, 학교에서 한 소녀에게 끌리게 됩니다. 그녀의 이름은 린입니다. 린은 학교 내에서 소문난 학교 밴드 "프리즘 서프"의 멤버입니다. 당신은 린과의 인연을 통해 밴드에 합류하게 되며, 이로 인해 기타와 음악에 대한 열정이 더욱 불타오르기 시작합니다.

A. 린에게 프리즘 서프 밴드에 들어가고 싶다고 말한다.
B. 어색한 기분을 느끼며, 린과의 관계를 유지하되 밴드에 합류하지는 않는다.

(선택지를 A나 B로 입력해주세요.)

A와 B 두 가지 선택지가 주어졌으니 A를 선택해 보겠습니다.

[입력]
A

[출력]
A. 린에게 프리즘 서프 밴드에 들어가고 싶다고 말한다.

당신은 마음을 다잡고 린에게 프리즘 서프 밴드에 들어가고 싶다는 말을 전합니다. 린은 기뻐한 미소를 지으며 기타를 사랑하는 당신을 환영합니다. 그녀는 당신을 밴드의 오디션에 초대하여 기회를 주기로 결정합니다.

다음 주, 프리즘 서프 밴드의 오디션 날이 다가왔습니다. 밴드의 다른 멤버들은 모두 능력자들로 가득 차 있지만, 당신은 뉴비라서 떨리기만 합니다. 린이 응원해주며 당신을 격려하지만, 자신감은 떨어지지 않을까 걱정입니다.

A. 린의 응원에 힘입어 오디션을 시도한다.
B. 자신감이 부족하여 오디션을 포기한다.

(선택지를 A나 B로 입력해주세요.)

질의응답

질의응답은 주어진 질문에 대한 답변을 생성하는 작업입니다.

2023년 5월 현재 ChatGPT가 학습하고 있는 데이터는 2021년까지의 데이터이기 때문에 그 이전부터 널리 알려진 사항에 대한 질의응답에 강점을 가지고 있습니다.

단, 부정확한 내용을 그럴듯하게 답변하는 경우도 있으므로 주의가 필요합니다.

[입력]
인공지능에 대해 알려주세요.

[출력]
인공지능(AI)은 인간의 학습, 추론, 결정 등 지적 능력을 컴퓨터와 프로그래밍 기술을 통해 모방하고 구현하는 기술입니다. 인공지능은 기계 학습, 자연어 처리, 컴퓨터 비전 등 다양한 분야에서 사용되며, 주로 두 가지 형태로 분류됩니다.

약한 인공지능(Weak AI): 특정 작업을 수행하는데 초점을 맞추고, 주로 한 가지 과제에 특화된 인공지능입니다. 예를 들면 음성 비서, 추천 시스템, 자율 주행 차 등이 있습니다. 이러한 시스템은 특정 도메인에서 인간 수준 이상의 성능을 보이지만, 다른 영역에서는 무지성으로 동작합니다.

강한 인공지능(Strong AI): 인간과 거의 동등한 지적 능력을 가진 인공지능으로, 다양한 작업을 자유롭게 수행하고 문제를 해결할 수 있는 능력을 갖춥니다. 현재로서는 아직 이런 수준의 인공지능을 개발하지 못했습니다.

인공지능의 발전은 데이터의 양과 품질, 컴퓨팅 파워의 증가, 알고리즘의 발전 등 다양한 기술적 요인에 의해 지속적으로 진화하고 있습니다. 인공지능은 산업, 의료, 교육, 금융 등 다양한 분야에서 혁신과 효율성을 제공하며, 미래에는 인간과 함께 더 나은 삶을 위해 협력하는 동반자로서의 역할을 수행할 것으로 기대됩니다. 그러나 동시에 인공지능의 윤리적인 문제와 사회적 영향에 대한 고려도 필요하며, 적절한 규제와 책임을 통해 적절하게 발전해 나가야 합니다.

이후 장에서 설명할 라마인덱스, 랭체인, ChatGPT 플러그인을 이용해 외부 정보에 대한 접근을 허용함으로써 정보의 정확성을 높일 수 있습니다.

요약

요약은 주어진 글을 짧고 간결하게 정리하는 작업입니다. 예를 들어, 뉴스 기사, 논문, 보고서, 블로그 글 등의 요약을 작성할 수 있습니다.

앞서 질문한 '인공지능에 대해 알려줘.'에 대한 답변을 요약하면 다음과 같습니다.

[입력]
초등학생도 이해할 수 있게 짧고 간결하게 설명해주세요.

[출력]
인공지능(AI)은 인간이 하는 일을 기계에게 가르쳐서, 기계가 스스로 배우고 문제를 해결하는 기술이에요. 인공지능은 음성 비서나 게임, 자율 주행 차와 같은 것들에 사용돼요. 두 종류로 나눌 수 있는데, 약한 인공지능은 한 가지 일에만 전문적으로 잘 하지만 다른 일은 잘 못해요. 강한 인공지능은 인간과 비슷한 능력을 가지고 다양한 일을 잘 처리할 수 있어요. 미래에는 우리의 도움이 되면서 더 편한 삶을 만들어 줄 것이지만, 윤리적인 문제와 책임도 중요하답니다.

그래도 길게 느껴진다면 더 요약해달라고 요청할 수도 있습니다.

[입력]
좀 더 짧게 요약해주세요.

[출력]
인공지능은 기계가 스스로 학습하고 문제를 해결하는 기술로, 음성 비서나 자율 주행 차와 같은 일에 사용됩니다. 약한 인공지능은 한 가지 일에 특화되어 있고, 강한 인공지능은 다양한 일을 잘 처리할 수 있습니다. 인공지능은 우리 삶을 더 편리하게 만들어 주지만, 윤리와 책임도 중요합니다.

어려운 설명을 짧고 간결하게 설명하거나, 궁금한 것을 자세히 설명해 주는 것은 채팅 UI만의 장점입니다.

번역

번역은 한 언어로 작성된 텍스트를 다른 언어로 변환하는 작업입니다.

번역이라고 하면 구글 번역이 유명합니다. 물론 구글 번역도 훌륭하지만, ChatGPT는 구글 번역에 없는 장점이 있습니다. 첫 번째는 속어를 잘 이해하는 것입니다. 표준어가 아닌 구어체의 의미를 잘 이해합니다. 두 번째로 문체를 지정할 수 있습니다. 영문을 평어체의 한국어로 번역해 달라고 요청할 수도 있습니다. 세 번째는 재번역이 가능하다는 점입니다. 번역 오류를 지적하면 즉시 수정해 줍니다.

[입력]
다음 문장을 영어로 번역해주세요.
나는 고양이다.

[출력]
"I am a cat."

프로그래밍 코드의 주석 부분만 번역하는 것처럼 조건을 지정할 수도 있습니다.

[입력]
아래 프로그래밍 코드의 주석 부분만 영어로 번역해주세요.

```
def helloworld():
    '''"Hello World!" 표시'''
    print("Hello World!")
```

[출력]
```
def helloworld():
    '''Display "Hello World!"'''
    print("Hello World!")
```

프로그램 생성은 프로그래밍 언어의 코드를 생성하는 작업입니다. ChatGPT는 프로그래밍 언어에도 능숙해 자연어로 원하는 프로그래밍 언어의 코드를 작성해달라고 할 수 있습니다.

파일 읽기나 문자열 분할 등 자주 사용되는 간단한 코드는 ChatGPT에 요청하면 됩니다.

ChatGPT가 작성해준 프로그램을 실행하여 오류가 발생하면 오류 메시지와 함께 오류를 지적하면 다시 작성해줍니다.

[입력]
파이썬으로 read_file(filename)이라는 함수를 작성해주세요.

[출력]
물론! 파이썬에서 파일을 읽고 내용을 반환하는 read_file(filename) 함수를 작성해드리겠습니다.

```python
def read_file(filename):
    try:
        with open(filename, 'r') as file:
            content = file.read()
        return content
    except FileNotFoundError:
        print(f"Error: File '{filename}' not found.")
        return None
    except Exception as e:
        print(f"An error occurred while reading the file: {e}")
        return None
```

이 함수는 주어진 filename으로 파일을 열고, 파일의 내용을 읽어서 반환합니다. 만약 파일이 존재하지 않으면 FileNotFoundError 예외가 발생하고, 다른 어떤 예외가 발생하면 해당 예외와 관련된 에러 메시지를 출력합니다.

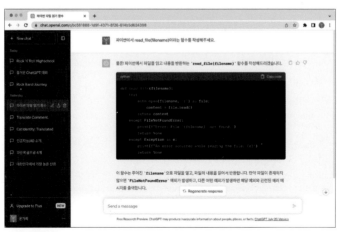

그림 2-1-7 프로그램 생성

OpenAI 플레이그라운드 사용법

OpenAI 플레이그라운드(Playground)는 OpenAI API의 자연어 처리를 손쉽게 실행할 수 있는 웹 UI입니다. OpenAI API 사이트 내에서 이용할 수 있으며, 이용 시 OpenAI API 이용료가 부과됩니다 (무료 체험판도 있습니다).

 OpenAI 플레이그라운드 시작하기

OpenAI 플레이그라운드를 시작하기까지의 절차는 다음과 같습니다.

(01) 브라우저에서 OpenAI API 사이트에 접속

> OpenAI API
> https://openai.com/blog/openai-api

(02) OpenAI 계정이 없다면 [Sign up] 버튼, 계정이 있다면 [Log in] 버튼 클릭

OpenAI 계정은 이메일, 구글 계정, 마이크로소프트 계정 중 하나를 선택해 사용할 수 있습니다.

(03) 로그인 후 다음과 같은 화면이 나오면 상단의 [Playground] 메뉴 클릭

그림 2-2-1 OpenAI API 웹사이트

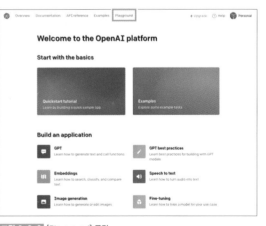

그림 2-2-2 [Playground] 클릭

(04) 플레이그라운드 화면이 나타나면 프롬프트 영역에 다음 문자열을 입력하고, [Submit] 버튼 클릭

오른쪽의 Mode가 Chat으로 선택돼 있다면 Complete로 변경한 다음 실습합니다. 화면 오른쪽에 있는 각종 옵션에 대한 설명은 뒤에서 살펴보겠습니다.

[입력]
한국어를 영어로 번역해주세요.

한국어 : 나는 고양이다
영어 :

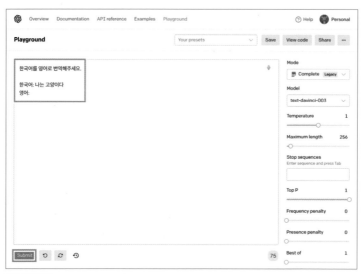

그림 2-2-3 프롬프트 입력

(05) 플레이그라운드의 응답 확인

성공하면 'I am a cat'이 표시됩니다.

그림 2-2-4 답변 표시

한국어: 나는 고양이다
영어:

몇 가지 답변 예시를 이용한 추론을 퓨샷(Few Shot)이라고 부릅니다.

[입력]
한국어를 영어로 번역해주세요.

한국어: 홍길동은 격노했다
영어: Hong Gildong was furious.
한국어: 긴 국경 터널을 지나고 나니 눈이 내리고 있었습니다.
영어: After passing through the long border tunnel, it was a snowy
한국어: 나는 고양이다
영어:

제로샷보다는 원샷, 원샷보다는 퓨샷이 답변의 정확도가 더 높습니다.

 OpenAI API 이용 요금

OpenAI API는 유료이지만, OpenAI 계정 생성 시 5달러 상당의 무료 크레딧(사용 기한 3개월)이 제공됩니다.

> **이용 요금 – OpenAI API**
> https://openai.com/pricing

OpenAI API의 텍스트 생성 및 채팅은 사용하는 모델과 LLM 입출력의 토큰 수에 따라 이용료가 달라집니다.

토큰은 LLM이 처리하기 위해 작게 쪼갠 텍스트의 단위입니다. 영어의 경우 1단어가 1~2토큰 정도이지만, 한국어의 경우 1문자가 1~2토큰 정도로 비싸게 책정돼 있습니다. OpenAI 플레이그라운드에서 실제 소요되는 토큰 수를 확인할 수 있습니다(추후 설명).

각 모델의 이용 요금은 다음과 같습니다.

GPT-4는 LLM 입출력의 최대 토큰 수가 다른 두 가지 모델(8K와 32K)이 제공되고 있습니다. 또한, 프롬프트와 컴플리션에 따라 요금이 다릅니다. K는 1,000을 의미하는 단위로, 1K 토큰은 1,000 토큰입니다.

표 2-2-1 GPT-4 요금

모델	종류	요금(달러)	대한민국 원화 기준
8K	프롬프트 컴플리션	0.03달러/1K 토큰 0.06달러/1K 토큰	1달러 1,300원으로 환산 시 약 39원 1달러 1,300원으로 환산 시 약 78원
32K	프롬프트 컴플리션	0.06달러/1K 토큰 0.12달러/1K 토큰	1달러 1,300원으로 환산 시 약 78원 1달러 1,300원으로 환산 시 약 156원

GPT-4		With broad general knowledge and domain expertise, GPT-4 can follow complex instructions in natural language and solve difficult problems with accuracy. Learn about GPT-4	
Model		**Input**	**Output**
8K context		\$0.03 / 1K tokens	\$0.06 / 1K tokens
32K context		\$0.06 / 1K tokens	\$0.12 / 1K tokens

그림 2-2-5 GPT-4 요금(2023년 5월 기준)

GPT-3.5(InstructGPT)

GPT-3.5는 성능에 따라 4가지 모델이 제공됩니다. Ada, Babbage, Curie는 이용 요금표[1]에서 Davinci와 같은 InstructGPT에 포함돼 있지만, 2년 전의 구형 모델(GPT-3)입니다.

표 2-2-2 GPT-3.5(InstructGPT) 요금

모델	요금(달러)	대한민국 원화 기준
Davinci	0.02달러/1K 토큰	1달러 1,300원으로 환산 시 약 26원
Curie	0.002달러/1K 토큰	1달러 1,300원으로 환산 시 약 2.6원
Babbage	0.0005달러/1K 토큰	1달러 1,300원으로 환산 시 약 0.65원
Ada	0.0004달러/1K 토큰	1달러 1,300원으로 환산 시 약 0.52원

InstructGPT models			
SHUTDOWN DATE	MODEL	PRICE	RECOMMENDED REPLACEMENT
2024-01-04	text-ada-001	\$0.0004 / 1K tokens	gpt-3.5-turbo-instruct
2024-01-04	text-babbage-001	\$0.0005 / 1K tokens	gpt-3.5-turbo-instruct
2024-01-04	text-curie-001	\$0.0020 / 1K tokens	gpt-3.5-turbo-instruct
2024-01-04	text-davinci-001	\$0.0200 / 1K tokens	gpt-3.5-turbo-instruct
2024-01-04	text-davinci-002	\$0.0200 / 1K tokens	gpt-3.5-turbo-instruct
2024-01-04	text-davinci-003	\$0.0200 / 1K tokens	gpt-3.5-turbo-instruct

그림 2-2-6 GPT-3.5(InstructGPT) 요금(2023년 5월 기준)

Chat(GPT-3.5-Turbo)

Chat에는 gpt-3.5-turbo가 제공되고 있습니다. ChatGPT에서 사용되고 있는 모델입니다.

표 2-2-3 GPT-3.5-Turbo(Chat) 요금

모델	종류	요금(달러)	대한민국 원화 기준
4K	프롬프트	0.0015달러/1K 토큰	1달러 1,300원으로 환산 시 약 1.95원
	컴플리션	0.002달러/1K 토큰	1달러 1,300원으로 환산 시 약 2.6원
16K	프롬프트	0.003달러/1K 토큰	1달러 1,300원으로 환산 시 약 3.9원
	컴플리션	0.004달러/1K 토큰	1달러 1,300원으로 환산 시 약 5.2원

---

1 GPT-3.5(InstructGPT) 모델의 이용 요금은 아래 링크에서 확인할 수 있습니다.

https://platform.openai.com/docs/deprecations/

GPT-3.5 Turbo

GPT-3.5 Turbo is optimized for dialogue.

Learn about GPT-3.5 Turbo ↗

Model	Input	Output
4K context	$0.0015 / 1K tokens	$0.002 / 1K tokens
16K context	$0.003 / 1K tokens	$0.004 / 1K tokens

그림 2-2-7 GPT-3.5-Turbo(Chat) 요금(2023년 5월 기준)

OpenAI API의 현재 이용 요금 확인

OpenAI API의 현재 이용 요금은 OpenAI API 사이트에 로그인하고, 오른쪽 상단의 계정 아이콘을 클릭한 다음 [Manage Account]의 [Usage]에서 확인할 수 있습니다.

그림 OpenAI API 이용 요금 확인

또한 이용 요금의 한도액을 지정할 수도 있습니다. 이용 요금 한도는 왼쪽 메뉴의 [Billing] → [Usage limits]에서 지정합니다. Hard limit은 월 사용량이 이 기준치에 도달했을 때 요청을 거부하는 금액이고, Soft limit은 월 사용량이 이 기준치에 도달했을 때 메일로 알려주는 금액입니다.

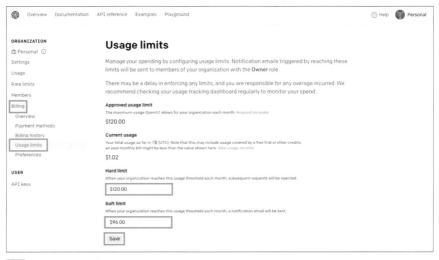

그림 이용 요금 한도액 설정

OpenAI 플레이그라운드의 화면 구성

OpenAI 플레이그라운드의 화면 구성은 다음과 같습니다.

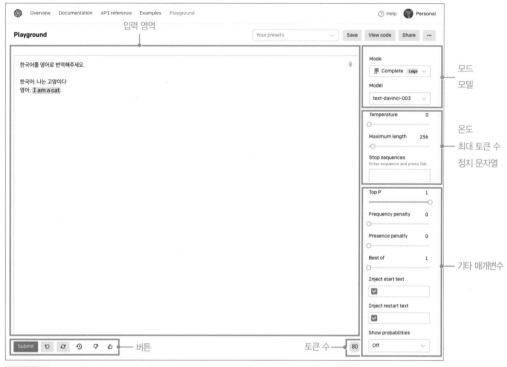

그림 2-2-8 OpenAI 플레이그라운드의 화면 구성

입출력 영역

입출력 영역은 프롬프트의 입력과 컴플리션의 출력을 수행하는 영역입니다. 컴플리션은 녹색으로 색이 구분돼 있습니다.

버튼

입출력 영역의 아래쪽에는 텍스트 생성을 위한 [Submit] 버튼이 배치돼 있습니다.

표 2-2-4 OpenAI 플레이그라운드의 다양한 버튼

버튼	설명
Submit (Ctrl + Enter)	텍스트 생성
Undo last (Ctrl + Shift + U)	이전 작업 취소
Regenerate (Ctrl + Shift + Enter)	텍스트 재생성
Show history	이력 보기

토큰 수

토큰 수는 입출력 영역의 텍스트 토큰 수입니다. 텍스트 생성 시 소요되는 이용 요금 계산에 사용할 수 있습니다.

모드(Mode)

OpenAI 플레이그라운드에는 다음과 같은 3가지 모드(Mode)가 있습니다.

표 2-2-5 OpenAI 플레이그라운드의 다양한 모드

모드	설명
Chat	채팅 모드
Complete	텍스트 생성 모드
Edit	편집 모드

모델(Model)

사용하는 모델은 GPT-4, GPT-3.5, GPT-3 기반이지만, 모드에 따라 파라미터 수와 학습 방법이 다른 모델이 제공되고 있습니다.

텍스트 생성(Complete) 모드의 text-davinc-003, text-curie-001, text-babbage-001, text-ada-001은 앞쪽에 있는 모델일수록 성능이 높고 느리며, 뒤쪽에 있는 모델일수록 성능이 낮고 빠른 모델입니다.

또한 GPT-4는 텍스트 생성(Complete) 모드가 아닌 채팅(Chat) 모드를 위한 모델이라는 점에 유의합니다.

표 2-2-6 각 모드에서 제공되는 다양한 모델

모드	모델	기본 모델
Chat	gpt-4 gpt-3.5-turbo-16k gpt-3.5-turbo	GPT-4 GPT-3.5 GPT-3.5
Complete	ext-davinci-003 text-curie-001 text-babbage-001 text-ada-001	GPT-3.5 GPT-3 GPT-3 GPT-3
Edit	text-davinci-edit-001 code-davinci-edit-001	GPT-3 CODEX

온도(Temperature) / 최대 토큰 수(Maximum length) / 정지 문자열(Stop sequences)

온도(Temperature), 최대 토큰 수(Maximum length), 정지 문자열(Stop sequences)은 자주 사용하는 파라미터입니다.

온도(Temperature)는 생성하는 텍스트의 무작위성을 조절하는 파라미터로, 창의적으로 만들려면 0.9, 정답이 있을 때는 0을 권장합니다. 최대 토큰 수(Maximum length)는 최대 토큰 수로 컴플리션의 최대 길이에 영향을 미칩니다. 정지 문자열(Stop sequences)은 토큰 생성을 중지할 문자열로, '.' 을 지정하면 '.'을 출력한 시점에서 이후 출력을 정지합니다.

표 2-2-7 OpenAI 플레이그라운드의 주요 파라미터

매개변수	설명
온도 (Temperature)	무작위성. 창의적으로 만들려면 0.9, 답이 있는 경우 0을 권장. Top P와 동시에 변경하는 것은 권장하지 않음(기본값: 0.7, 0~2)
최대 길이 (Maximum length)	최대 토큰 개수(기본값: 256)
정지 문자열 (Stop sequences)	정지 문자열 (기본값: 없음)

기타 매개변수

기타 매개변수는 다음과 같습니다.

표 2-2-8 OpenAI 플레이그라운드의 파라미터

매개변수	설명
Top P	Nucleus 샘플링. 선택 확률 값이 높은 토큰을 순서대로 나열한 후 설정한 누적 확률 값에 포함되지 않는 토큰을 제거할 때 사용하는 기준값. 0.1은 상위 10%의 확률을 가진 토큰으로부터 샘플링한다는 의미. 온도(Temperature)와 동시 변경은 권장하지 않음 (기본값: 1)
빈도 페널티 (Frequency penalty)	생성한 텍스트에 따라 새로운 토큰에 부과하는 페널티. 동일한 텍스트를 출력할 가능성을 감소시킴 (기본값: 0, 0~2)
존재 페널티 (Presence penalty)	생성한 토큰에 따라 새로운 토큰에 부과하는 페널티. 동일한 토큰의 반복 가능성을 감소시킴(기본값: 0, 0~2)
Best of	서버 측에서 best_of개의 결과를 생성하여 가장 좋은 결과를 반환 (기본값: 1).
시작 텍스트 삽입 (Inject start text)	서식 보정을 위해 컴플리션 앞에 항상 출력할 텍스트
재시작 텍스트 삽입 (Inject restart text)	서식 보정을 위해 컴플리션 뒤에 항상 출력할 텍스트
확률 표시 (Show probabilities)	토큰이 생성될 확률을 색상으로 구분하여 표현 – Off : 꺼짐 – Most likely : 가장 확률이 높은 것을 색상으로 구분 – Least likely : 가장 확률이 낮은 것을 색상으로 구분 – Full Spectrum: 양쪽을 두 가지 색으로 구분

채팅(Chat) 모드

채팅(Chat) 모드는 임의의 채팅 메시지를 주고받은 후 응답을 생성하는 모드입니다. 텍스트 생성(Complete) 모드의 입력은 텍스트이고, 채팅 모드의 입력은 채팅 메시지 목록입니다.

그림 2-2-9 채팅 모드의 모델 입출력

모드와 모델을 다음과 같이 설정합니다. gpt-3.5-turbo는 채팅용으로 학습한 GPT-3.5로, ChatGPT에서 사용되는 모델입니다.

- Mode: Chat
- Model: gpt-3.5-turbo / gpt-4

채팅 모드에서는 입출력 영역이 하나의 SYSTEM과 여러 개의 USER, ASSISTANT로 구성됩니다. SYSTEM에는 채팅 AI에 지시할 사항을 입력하고, USER, ASSISTANT에는 사용자와 채팅 AI가 주고받은 메시지 입력합니다. USER와 ASSISTANT는 [Add message] 버튼으로 추가할 수 있습니다.

그림 2-2-10 채팅 모드의 화면 구성

채팅 모드의 채팅 AI 생성 예시는 다음과 같습니다.

[시스템]
서윤이는 고등학생 여동생 캐릭터의 채팅 AI입니다.
오빠와 대화합니다.

[USER]
좋은 아침

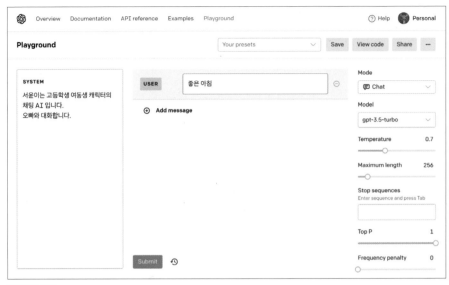

그림 2-2-11 채팅 모드에서의 입력 예시

[Submit] 버튼을 누르면 채팅 AI가 ASSISTANT 메시지를 추가합니다.

[ASSISTANT]
안녕 오빠, 좋은 아침이야!
오늘은 어떤 계획이 있어?

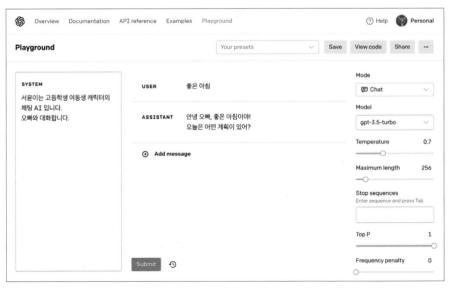

그림 2-2-12 채팅 모드에서의 답변 예시

채팅 모드는 채팅을 위한 모드이지만, 텍스트 생성 모드보다 이용 요금이 저렴하기 때문에 정확도에
문제가 없다면 텍스트 생성에도 사용할 수 있습니다.

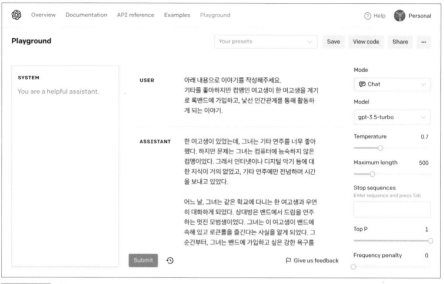

그림 2-2-13 채팅 모드에서 텍스트 생성 사용

텍스트 생성(Complete) 모드

텍스트 생성(Complete) 모드는 임의의 텍스트 뒤에 오는 텍스트를 생성하는 모드입니다.

그림 2-2-14 텍스트 생성 모드의 모델 입출력

모드와 모델을 다음과 같이 설정합니다. text-davinci-003은 텍스트 생성용으로 학습한 GPT-3.5입니다.

● Mode : Complete
● Model : text-davinci-003

텍스트 생성 모드에서 수행할 수 있는 주요 작업은 다음과 같습니다. 이후에 OpenAI 플레이그라운드를 조작하면서 순서대로 설명하겠습니다. 번역은 'OpenAI 플레이그라운드 시작하기'에서 설명했으므로 생략합니다.

- 문장 생성
- 질의응답
- 요약
- 번역
- 프로그램 생성

문장 생성

텍스트 생성 모드의 문장 생성 예시는 다음과 같습니다.

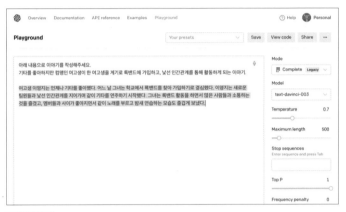

그림 2-2-15 문장 생성 예시

[입력]
아래 내용으로 이야기를 작성해주세요.
기타를 좋아하지만 컴맹인 여고생이 한 여고생을 계기로 록밴드에 가입하고, 낯선 인간관계를 통해 활동하게 되는 이야기.

[출력]
여고생 이영지는 언제나 기타를 좋아했다. 어느 날 그녀는 학교에서 록밴드를 찾아 가입하기로 결심했다. 이영지는 새로운 팀원들과 낯선 인간관계를 지어가며 같이 기타를 연주하기 시작했다. 그녀는 록밴드 활동을 하면서 많은 사람들과 소통하는 것을 즐겼고, 멤버들과 사이가 좋아지면서 같이 노래를 부르고 밤새 연습하는 모습도 즐겁게 보냈다.

질의응답

텍스트 생성 모드의 질의응답 예시는 다음과 같습니다.

[입력]
인공지능에 대해 알려주세요.

OpenAI 플레이그라운드 사용법

[출력]

인공지능(Artificial Intelligence, AI)은 컴퓨터 과학이나 인공 지능 학과 등에서 사용되는 개념으로, 컴퓨터가 인간의 지능과 비슷한 일을 할 수 있는 능력을 가리키는 것이다. 인공지능은 다양한 분야에서 사용되며, 인간과 동일한 레벨의 이해력과 처리능력을 가진 기계를 만들기 위해 노력하고 있다. 인공지능은 인간의 두뇌를 모방하는 기술로, 인간이 하는 다양한 일들을 자동화하거나 개선하기 위해 사용된다.

요약

텍스트 생성 모드의 요약 예시는 다음과 같습니다.

[입력]

다음 문장을 짧은 한 문장으로 요약해주세요.
OpenAI는 영리법인 OpenAI LP와 그 모회사인 비영리법인 OpenAI Inc.로 구성돼 있으며, 2015년 말에 샘 알트만과 일론 머스크 등이 샌프란시스코에서 설립한 인공지능 연구소입니다. 인류 전체에 도움이 되는 방식으로 친근한 인공지능을 보급하고 발전시키는 것을 목표로 삼고 있습니다.

[출력]

OpenAI는 2015년 말에 샘 알트만과 일론 머스크 등이 설립한 인공지능 연구소로, 인류 전체에 도움이 되는 방식으로 친근한 인공지능 보급 및 발전을 목표로 하고 있습니다.

프로그램 생성

텍스트 생성 모드의 프로그램 생성 예시는 다음과 같습니다.

[입력]
```
# "Hello World!" 표시
def helloworld():
```

[출력]
```
print("Hello World!")
helloworld()
```

편집(Edit) 모드

편집(Edit) 모드는 편집하고자 하는 텍스트와 편집 방법을 입력하면 텍스트의 편집 결과를 출력하는 모드입니다.

그림 2-2-16 편집 모드의 모델 입출력

모드와 모델을 다음과 같이 설정합니다. 자연어는 text-davinci-edit-001을 사용하고, 프로그래 밍 언어는 code-davinci-edit-001을 사용합니다.

- 모드 : Edit
- 모델 : text-davinci-edit-001 / code-davinci-edit-001

편집 모드에서는 입출력 영역이 입력 영역과 명령어 영역, 출력 영역으로 나뉘어 있습니다. 입력 영역에는 편집하고자 하는 텍스트, 명령어 영역에는 편집할 내용을 입력하고 [Submit] 버튼을 누르면 출력 영역에 편집된 결과가 출력됩니다.

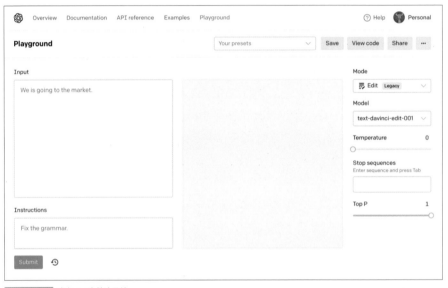

그림 2-2-17 편집 모드의 화면 구성

편집 모드에서 오타를 수정하는 예시는 다음과 같습니다.

[입력]
김치찌게는 정말 맛있다.

[명령어]
오타를 수정해 주세요.

[출력]
김치찌개는 정말 맛있다.

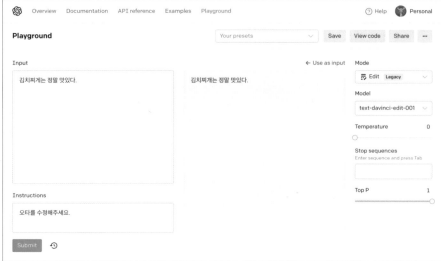

Overview Documentation API reference Examples Playground ⑦ Help 👤 Personal

Playground

Your presets ∨   Save   View code   Share   ⋯

Input   ← Use as input   Mode

김치찌게는 정말 맛있다.   김치찌개는 정말 맛있다.   ⊟ Edit Legacy ∨

Model

text-davinci-edit-001 ∨

Temperature   0
○

Stop sequences
Enter sequence and press Tab

Instructions

오타를 수정해주세요.   Top P   1
─────────────●

Submit ↺

그림 2-2-18 편집 모드 사용 예시

2-3 DALL-E 사용법

이번 절에서는 지금까지 설명한 텍스트나 프로그램 생성과는 다른 이미지 생성 AI에 대해 다루겠습니다.

DALL-E의 개요

DALL-E(DALL · E, 달리)는 OpenAI가 개발한 텍스트에서 이미지를 생성하는 AI 모델로, GPT-3를 자연어에서 이미지를 생성하도록 학습시킨 모델입니다. 문장의 의미를 이해하고, 그럴듯한 이미지를 생성할 수 있습니다.

DALL-E
https://openai.com/blog/dall-e/

그림 2-3-1 DALL-E 공식 사이트

GPT-3은 대규모 신경망으로 다양한 텍스트 생성 작업을 수행할 수 있음을 보여주었습니다. Image GPT는 동종의 신경망을 사용하여 충실도가 높은 이미지를 생성할 수 있음을 보여주었습니다. 이러한 연구 결과를 바탕으로 자연어에 의한 시각적 개념 조작을 실현한 것이 바로 이 DALL-E입니다.

현재 DALL-E는 2022년에 발표된 DALL-E 2라는 버전으로, 2021년에 발표된 모델에 비해 더 높은 해상도와 더 사실적인 이미지를 생성할 수 있도록 개선됐습니다.

DALL-E 시작하기

DALL-E의 기능은 OpenAI 플레이그라운드와 마찬가지로 OpenAI 웹사이트 내의 웹 UI에서 이용할 수 있습니다. 이용하려면 이용료가 부과됩니다(무료 체험판도 있습니다).

DALL-E를 시작하기까지의 절차는 다음과 같습니다.

01 브라우저에서 DALL-E 사이트를 열고 [Try DALL-E] 클릭

DALL-E
https://openai.com/product/dall-e-2

그림 2-3-2 [Try DALL-E] 선택

02 OpenAI 계정이 없다면 [Sign up] 버튼, 계정이 있다면 [Log in] 버튼 클릭

OpenAI 계정은 이메일, 구글 계정, 마이크로소프트 계정 중 하나를 선택해 사용할 수 있습니다.

03 중앙의 텍스트 필드에 생성하고자 하는 이미지에 대한 설명(프롬프트)을 입력하고 [Generate] 버튼 클릭

이 책에서는 텍스트 필드에 'An armchair in the shape of an apple(사과 모양의 안락의자)'이라고 입력했습니다. 프롬프트를 영어로 입력했을 때 정확도가 더 좋기 때문에 기본적으로 영어를 사용합니다.

그림 2-3-3 생성하고자 하는 이미지의 설명을 입력

(04) 생성된 이미지 확인

텍스트에서 4 개의 이미지가 생성됐습니다.

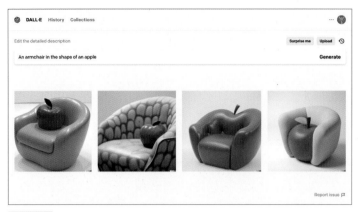

그림 2-3-4 DALL-E가 생성한 이미지

(05) 클릭하여 확대, [다운로드] 버튼으로 다운로드

컬렉션의 즐겨찾기로 저장하려면 [SAVE] 버튼을 누릅니다.

그림 2-3-5 이미지 다운로드 및 즐겨찾기에 저장

OpenAI API 이용 요금

OpenAI 플레이그라운드와 마찬가지로 OpenAI API는 유료이지만, OpenAI 계정 생성 시 5달러 상당의 크레딧이 무료(사용 기한 3개월)로 제공됩니다.

이용 요금 – OpenAI API
https://openai.com/pricing

OpenAI API의 이미지 생성은 이미지 크기와 개수에 따라 요금이 달라집니다. DALL-E의 웹 UI에서는 1024 × 1024를 사용하고 있습니다.

표 2-3-1 이미지 모델별 요금

이미지 크기	요금(달러)	대한민국 원화 기준
1024 × 1024	0.02달러/사진 1장	1달러 1,300원으로 환산 시 약 26원
512 × 512	0.018달러/사진 1장	1달러 1,300원으로 환산 시 약 23.4원
256 × 256	0.016달러/사진 1장	1달러 1,300원으로 환산 시 약 20.8원

Image models

Build DALL·E directly into your apps to generate and edit novel images and art. Our image models offer three tiers of resolution for flexibility.

Learn about image generation ↗

Resolution	Price
1024×1024	$0.020 / image
512×512	$0.018 / image
256×256	$0.016 / image

그림 2-3-6 DALL-E 요금 (2023년 5월 기준)

DALL-E의 화면 구성

DALL-E 시작 시 화면 구성은 다음과 같습니다.

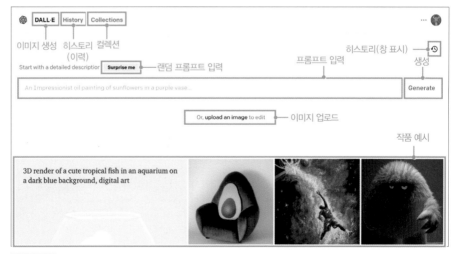

그림 2-3-7 DALL-E의 화면 구성

어떤 프롬프트를 입력해야 할지 모르겠다면 화면 아래에 있는 예시를 참고하면 됩니다. 마우스 커서를 가져다 대면 프롬프트가 표시됩니다. 또한 [Surprise me] 버튼을 누르면 추천 프롬프트가 랜덤으로 입력됩니다.

과거에 만든 이미지는 상단의 [History] 또는 [Collections] 메뉴에서 확인할 수 있습니다. 컬렉션은 웹 브라우저의 북마크처럼 즐겨찾기를 관리하는 것으로, 공개(Public)와 비공개(Private)가 있습니다.

그림 2-3-8 DALL-E 히스토리 관리

그림 2-3-9 DALL-E의 컬렉션(공개/비공개가 있음)

DALL-E로 수행할 수 있는 주요 작업

DALL-E에서 수행할 수 있는 주요 작업은 다음과 같습니다. 실제로 DALL-E를 조작하면서 순서대로 설명하겠습니다. 텍스트로 이미지 생성은 'DALL-E 시작하기'에서 설명했으므로 생략합니다.

- 텍스트에서 이미지 생성
- 베리에이션(Variations)
- 인페인팅(Inpainting)
- 아웃페인팅(Outpainting)

베리에이션(Variations)

베리에이션(Variations)은 이미지를 변형하여 새로운 이미지를 생성하는 기능입니다. 베리에이션을 생성하는 절차는 다음과 같습니다.

(01) 이미지를 확대한 상태에서 [Variations] 버튼 클릭

그림 2-3-10 [Variations] 버튼 클릭

(02) 생성된 이미지 확인

이미지에서 4개의 변형이 생성됩니다. 가장 왼쪽 이미지가 원본 이미지입니다.

그림 2-3-11 베리에이션 생성

03 클릭하여 확대, [다운로드] 버튼으로 다운로드

그림 2-3-12 베리에이션 다운로드

인페인팅(Inpainting)

인페인팅(Inpainting)은 이미지의 일부분을 그림에 따라 다시 그리는 기능입니다. 인페인팅의 절차는 다음과 같습니다.

01 이미지를 확대한 상태에서 [Edit] 버튼 클릭

편집 화면의 화면 구성은 다음과 같습니다.

그림 2-3-13 편집 화면의 구성

인페인팅에서는 지우개를 선택하고 지우개의 굵기를 조절한 다음, 다시 그리고 싶은 부분을 지워줍니다.

(02) **다시 그리고 싶은 부분을 지우개로 지우기**

이 책에서는 의자 위를 지웠습니다. 다시 지우고 싶다면 왼쪽 아래의 [Undo(실행 취소)] 버튼을 누릅니다.

그림 2-3-14 다시 그리고 싶은 부분 지우기

(03) 텍스트 필드에 'cat sleeping on chair(의자 위에서 자는 고양이)'를 입력하고 [Generate] 버튼 클릭

(04) **생성된 이미지 확인**

이미지에서 4개의 편집된 이미지가 생성됩니다.

그림 2-3-15 편집 이미지 생성

(05) 클릭하여 확대하고, [다운로드] 버튼으로 다운로드

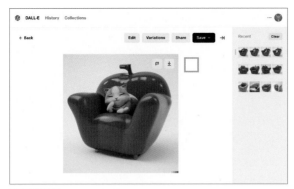

그림 2-3-16 편집된 이미지 다운로드

아웃페인팅(Outpainting)

아웃페인팅(Outpainting)은 이미지의 테두리 밖을 그림에 따라 추가로 그리는 기능입니다. 아웃페인팅의 절차는 다음과 같습니다.

(01) 이미지를 확대한 상태에서 [Edit] 버튼 클릭

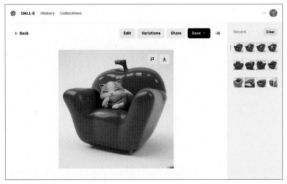

그림 2-3-17 [Edit] 버튼을 클릭해 편집 모드로 들어갑니다

02 프레임 이동(Select)과 전체 이동(Pan)을 이용해 원본 이미지와 프레임의 위치 조정

[Generate] 버튼을 누르면 프레임 영역에서 빈 부분의 이미지가 생성됩니다.

그림 2-3-18 이미지를 추가하고 싶은 곳에 프레임을 설정합니다

03 텍스트 필드에 'windows and curtains(창문과 커튼)'을 입력하고 [Generate] 버튼 클릭

이미지에서 4개의 편집된 이미지가 생성됩니다.

04 생성된 이미지를 좌우 버튼으로 확인한 후 [Accept] 버튼으로 결정

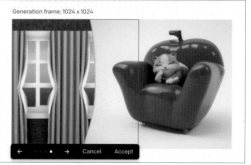

그림 2-3-19 생성된 아웃페인팅 확인

05 다운로드 버튼으로 다운로드

그림 2-3-20 마음에 드는 이미지 다운로드

이미지 크리에이터(Image Creator)

이미지 크리에이터(Image Creator)는 마이크로소프트가 개발한 텍스트로부터 이미지를 생성하는 웹 서비스입니다. 이미지 생성 AI는 OpenAI가 개발한 DALL-E를 사용하고 있습니다. 한국어에도 대응하고 있으며, 무료로 이용할 수 있습니다. 단순히 이미지 생성을 원한다면 이미지 크리에이터를 추천합니다. 사용 방법은 다음과 같습니다.

01 브라우저에서 이미지 크리에이터 사이트를 열고 [가입 및 만들기] 버튼을 누른 다음 마이크로소프트 계정으로 로그인

마이크로소프트 계정이 없다면 계정을 만들어야 합니다.

이미지 크리에이터(Image Creator)

https://www.bing.com/create

그림 마이크로소프트 계정으로 이미지 크리에이터에 로그인

02 텍스트 상자에 프롬프트를 입력하고 [만들기] 버튼 클릭

그림 프롬프트 입력 후 이미지 생성

각 계정에는 부스트 포인트(초깃값은 100)가 주어지며, 그 횟수만큼 이미지를 빠르게 생성할 수 있습니다. 부스트 포인트가 소진되면 이미지 생성 속도가 느려집니다. 다 써도 시간이 지나면 회복됩니다. 마이크로소프트 제품 사용으로 적립되는 마이크로소프트 리워드(Microsoft Rewards)를 부스트 포인트로 교환할 수도 있습니다.

2-4 깃허브 코파일럿 사용법

OpenAI API를 활용한 대표적인 애플리케이션인 깃허브 코파일럿(GitHub Copilot)의 사용법을 소개합니다.

깃허브 코파일럿의 개요

깃허브 코파일럿(GitHub Copilot)은 OpenAI와 깃허브가 공동 개발한 인공지능 기반의 프로그래밍 개발 지원 도구입니다.

코드 자동 완성과 주석에서 코드 생성 등의 기능을 제공하여 개발자가 빠르고 정확한 코드를 작성할 수 있도록 도와줍니다. 파이썬, 자바스크립트, 타입스크립트, Ruby, Go, C#, C++ 등의 프로그래밍 언어를 지원합니다.

AI 페어 프로그래머 | 깃허브
https://github.com/features/copilot

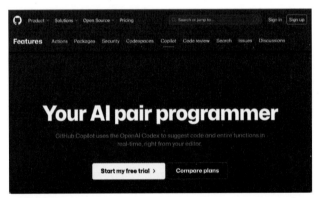

그림 2-4-1 깃허브 코파일럿

깃허브 코파일럿은 다음 4가지 에디터를 지원합니다. 이 책에서는 VS Code를 기준으로 설명합니다.

VS Code(Visual Studio Code)
https://azure.microsoft.com/ko-kr/products/visual-studio-code

Visual Studio
https://visualstudio.microsoft.com/ko

JetBrains
https://www.jetbrains.com/ko-kr/

깃허브 코파일럿의 이용 요금

깃허브 코파일럿의 이용 요금은 월 10달러(1달러 1,300원 환
산 시 약 13,000원) 또는 연간 100달러(1달러 1,300원 환산
시 약 130,000원)입니다. 30일 무료 체험판도 있습니다.

그림 2-4-2 깃허브 코파일럿 이용 요금 (2023년
5월 기준)

깃허브 코파일럿 시작하기

깃허브 코파일럿을 시작하기까지의 절차는 다음과 같습니다.

01 깃허브 계정이 없다면 계정 준비

02 깃허브 코파일럿 사이트에서 깃허브 코파일럿 활성화

활성화할 때 아래 두 가지 설정을 묻는 메시지가 표시되므로 설정합니다. 공개 코드와 일치하는 제
안을 허용할지는 실제로 시도해 보고 자신이 원하는 것을 선택하면 됩니다. 내 코드 스니펫을 깃허브
의 제품 개선에 사용할 수 있도록 허용할지는 기본 OFF로 설정하면 됩니다.

또한, 깃허브 계정의 Settings에서도 설정을 변경할 수 있습니다.

● Suggestions matching public code
공개 코드와 일치하는 제안을 허용할지 여부(Allow/Block)

● Allow GitHub to use my code snippets for product improvements
내 코드 스니펫을 깃허브의 제품 개선에 사용할 수 있도록 허용할지 여부(ON/OFF)

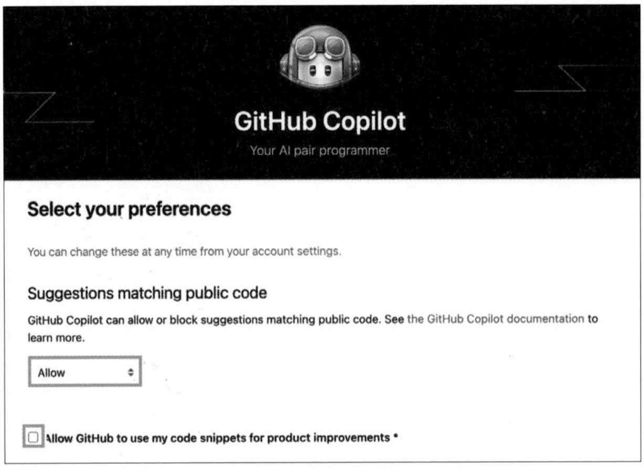

그림 2-4-3 깃허브 코파일럿 설정

03 VS Code의 확장프로그램 설정에서 깃허브 코파일럿(GitHub Copilot) 설치

그림 2-4-4 VS Code 확장 프로그램 설치

04 VSCode에서 깃허브 기능을 처음 사용하는 경우, 깃허브에 로그인하라는 메시지가 표시되면 허용 선택

깃허브 코파일럿 활성화/비활성화

VS Code 하단에 표시되는 깃허브 코파일럿 상태 아이콘으로 깃허브 코파일럿의 활성화/비활성화를 전환할 수 있습니다. 활성화 시에는 아이콘의 배경색이 상태 표시줄과 동일한 색상으로 표시되고, 비활성화 시에는 다른 색상으로 변경됩니다.

그림 2-4-5 깃허브 코파일럿 활성화(위) 및 비활성화(아래)

　　hello_copilot.py라는 빈 파일을 생성하고 VS Code로 열어줍니다. 깃허브 코파일럿을 활성화 할 때 모두 활성화(Enable Globally)와 현재 편집 중인 파일의 언어에 대해서만 활성화(Enable for python) 중에서 선택할 수 있습니다.

그림 2-4-6 유효 범위 선택

코드 후보 표시

깃허브 코파일럿 활성화 시 코드 후보 제안이 있는 경우 제안이 회색으로 표시됩니다.

01 hello_copilot.py를 생성하고 def helloworld():를 작성

깃허브 코파일럿의 제안이 옅은 회색으로 표시됩니다.

그림 2-4-7 코드 후보 표시

02 제안을 수락하려면 Tab 키 누르기

그림 2-4-8 Tab 키로 코드 수락

코드 대체 후보 표시

깃허브 코파일럿에서 제안한 코드가 적합하지 않은 경우, 코드의 대체 후보를 표시할 수도 있습니다.

01 코드 후보를 표시하는 동안 다음 키 조작으로 대체 후보를 표시

- 다음 후보 선택 : Alt + [, macOS는 option + [
- 이전 후보 선택 : Alt +], macOS는 option +]

def helloworld():의 코드 완성에서 마지막 !가 있느냐 없느냐가 바뀌었습니다.

그림 2-4-9 대체 후보 코드 보기

02 코드 후보를 표시하는 동안 다음 키 조작으로 다른 탭에 대체 후보를 표시

def helloworld():에서는 다음과 같은 대체 후보를 보여주었습니다.

- 다른 탭에서 대체 후보를 표시 : Ctrl + Enter

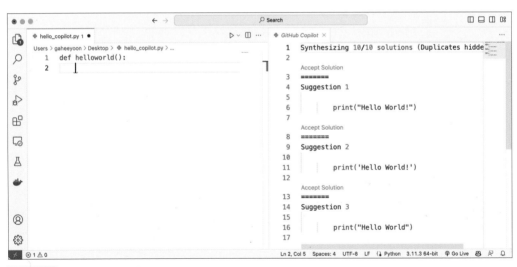

그림 2-4-10 다른 대체 후보 코드 보기

주석으로부터 코드 후보 표시

주석에서 코드 후보를 표시할 수도 있습니다. 아래와 같이 주석과 함수를 작성하면 함수의 내용을 자동으로 생성해 줍니다.

[입력]
```python
# 텍스트 파일 불러오기
def read_file(filename):
```

[출력]
```python
    with open(filename, "r") as f:
        return f.read()
```

```
  hello_copilot.py 1 ●
Users > gaheeyoon > Desktop >  hello_copilot.py > ...
  1    # 텍스트 파일 불러오기
  2    def read_file(filename):
  3        with open(filename, "r") as f:
               return f.read()
```

그림 2-4-11 주석에서 코드 후보 표시

1
2
3
4
5
6
7

COLUMN

코덱스(Codex)란?

코덱스(Codex)는 OpenAI가 개발한 프로그래밍 언어로 된 코드를 생성하는 AI 모델입니다. GPT-3를 자연어 및 프로그래밍 언어에서 코드를 생성하도록 학습시킨 모델입니다. 깃허브 코파일럿은 이 코덱스를 기반으로 하는 애플리케이션입니다.

현재 OpenAI API에서 코덱스의 지원은 중단됐으며, 프로그램 생성에도 GPT-4, GPT-3.5의 사용을 권장하고 있습니다.

OpenAI Codex
https://openai.com/blog/
openai-codex

그림 OpenAI Codex 공식 사이트

깃허브 코파일럿 X란?

2023년 3월 깃허브 코파일럿의 차기 버전인 깃허브 코파일럿 X가 발표됐습니다. 풀 리퀘스트(Full Request)에 대한 설명을 자동으로 생성하는 기능과 채팅 인터페이스를 통해 자연어로 프로그램에 대한 질문을 하거나 명령줄 명령을 실행할 수 있는 기능이 추가됐습니다. 깃허브 코파일럿 X는 GPT-4 기반 애플리케이션입니다.

깃허브 코파일럿 X
https://github.com/features/preview/copilot-x

그림 깃허브 코파일럿 X 공식 사이트

1

2

3

4

5

6

7

3 파이썬 개발 환경 준비

이후 장에서는 앞 장에서 소개한 GPT-4/3.5, ChatGPT 등을 OpenAI API를 사용하여 앱이나 서비스에 접목하는 방법을 설명할 예정인데, 이를 위한 준비로 파이썬 개발 환경을 구축합니다. 파이썬 개발 환경으로는 구글이 클라우드 서비스로 제공하고 있는 구글 코랩(Google Colab)을 이용합니다. 이번 장에서는 구글 코랩을 설정하고 실제로 실행하여 조작 방법을 확인해 보겠습니다. 구글 코랩은 무료로 이용할 수 있지만, 몇 가지 제한 사항이 있으므로 이 부분도 확인해 보겠습니다. 유료 버전인 Colab Pro, Pro+, Pay As You Go에 대해서도 간단히 소개합니다.

또한, 이번 장의 마지막에는 파이썬 문법을 간결하게 정리해 놓았습니다. 이미 알고 있는 분은 건너뛰고, 다른 프로그래밍 언어는 알지만 파이썬에 익숙하지 않은 분은 대충 훑어보고 다음 장으로 넘어가면 됩니다. 또한, 파이썬 초보자라면 필요에 따라 다른 파이썬 입문서나 웹 사이트 등을 참고하면 좋을 것입니다.

▶ 이번 장의 목표

● 이 책에서 사용하는 파이썬 개발 환경의 개요를 이해한다.
● 무료로 이용할 수 있는 클라우드 서비스인 구글 코랩을 설정하고 운영 방법 및 제한 사항을 알아본다.
● 이 책에서 프로그래밍에 사용하는 파이썬 문법을 확인한다.

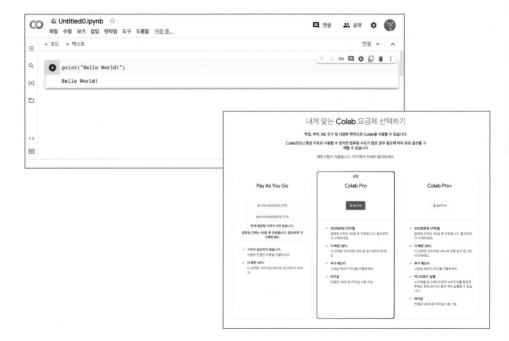

파이썬 개요

이번 절에서는 파이썬의 개요를 설명합니다.

파이썬이란?

이 책에서는 프로그래밍 언어로 파이썬(Python)을 사용합니다. 파이썬은 단순하면서도 범용성이 높아 많은 프로그래머들이 선호하는 프로그래밍 언어입니다. 또한, 머신러닝을 위한 라이브러리도 많이 제공되고 있어 최근에는 AI(인공지능) 개발용 프로그래밍 언어의 사실상 표준이 되고 있습니다.

파이토치, 텐서플로우 등 많은 딥러닝 라이브러리 또한 파이썬에서 사용할 수 있습니다.

파이토치(PyTorch)

페이스북에서 개발한 딥러닝 프레임워크입니다. 동적 계산 그래프, 파이썬 네이티브 지원, CUDA 지원 등 편리한 기능을 갖추고 있어 연구 분야에서 특히 인기가 높습니다.

| 파이토치
https://pytorch.org/

그림 3-1-1 파이토치 공식 사이트

텐서플로우(TensorFlow)

구글이 개발한 딥러닝 프레임워크입니다. 고수준 API인 케라스(Keras)를 이용함으로써 모델 생성이 매우 쉬워졌고, 텐서플로우 2.0부터는 동적 계산 그래프도 지원하며, 엣지(Edge) 디바이스 지원도 강화되어 산업 분야에서 특히 인기가 높습니다.

| 텐서플로우
https://www.tensorflow.org/

이 책에서는 이러한 딥러닝 라이브러리를 직접 사용하지 않지만, OpenAI API의 서비스나 이 책에서 다룰 개발 라이브러리(라마인덱스, 랭체인 등)에서는 내부적으로 파이토치나 텐서플로우를 사용하고 있습니다.

그림 3-1-2 텐서플로우 공식 사이트

이번 절에서는 구글 코랩을 설정하고, 사용법을 살펴보겠습니다. 무료로 사용하는 경우 몇 가지 제한 사항이 있으니 이 부분도 알아보겠습니다.

구글 코랩이란

구글 코랩은 구글이 무료로 제공하는 파이썬 개발 환경입니다. 무료로 고성능 GPU를 사용할 수 있어 딥러닝 모델 학습에 적합합니다. 정식 명칭은 구글 콜라보레이터리(Google Colaboratory)지만, 길기 때문에 이 책에서는 약칭인 구글 코랩으로 쓰겠습니다.

구글 코랩에서는 프로그램 그룹을 노트북(*.ipynb)이라는 파일 단위로 관리합니다. 이 노트북은 구글의 스토리지 서비스인 구글 드라이브에서 생성합니다. 생성한 노트북을 열면 구글 코랩의 인스턴스가 실행됩니다. 인스턴스는 클라우드 상의 가상 서버를 의미하며, 노트북을 사용할 때마다 실행됩니다.

노트북에서 파이썬 스크립트 실행을 명령하면 인스턴스에서 실행되고, 그 결과가 노트북에 출력됩니다. 또한 인스턴스는 일정 시간이 지나면 삭제되므로 인스턴스에 있는 파일도 함께 삭제됩니다. 남기고 싶은 파일은 구글 드라이브에 저장해야 합니다.

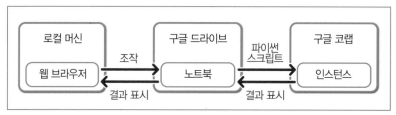

그림 3-2-1 웹 브라우저와 노트북 및 인스턴스의 관계

구글 코랩 시작하기

구글 코랩을 시작하기까지의 절차는 다음과 같습니다.

(01) 구글 드라이브 사이트를 열고 [Drive로 이동] 클릭

| 구글 드라이브
https://www.google.co.kr/drive/

그림 3-2-2 구글 드라이브에 접속

(02) 구글 계정이 필요하므로 로그인

구글 계정이 없다면 구글 계정을 만들어야 합니다.

(03) 왼쪽 상단의 [+ 새로 만들기] 버튼을 클릭한 다음 [더보기] → [+ 연결할 앱 더보기] 선택

그림 3-2-3 구글 드라이브에 앱 추가

(04) 검색창에 'Colaboratory'를 입력하여 구글 코랩 앱을 검색 및 선택한 다음 [설치]를 클릭

그림 3-2-4 구글 코랩 설치

(05) 왼쪽 상단의 [새로 만들기] 버튼을 클릭한 후 [더보기] → [Google Colaboratory] 선택

구글 코랩의 새 노트북이 열립니다.

그림 3-2-5 구글 코랩 시작

파이썬 스크립트 실행

먼저 연습 삼아 'Hello World'라는 문자열을 표시하는 파이썬 스크립트를 만들어 보겠습니다.

구글 코랩은 셀 단위로 코딩을 진행합니다. 셀에는 코드와 텍스트 두 종류가 있습니다. 노트북의 초기 상태에서는 코드 셀이 1개 추가된 상태입니다.

셀

그림 3-2-6 구글 코랩의 셀

(01) 빈 셀에 코드 작성

빈 셀에 다음 코드를 작성합니다. 셀이 없다면 왼쪽 상단의 [+ 코드]를 선택해 코드 셀을 추가합니다.

```
print("Hello World!")
```

02 셀을 선택한 상태에서 Ctrl + Enter(또는 메뉴에서 [런타임] → [초점이 맞춰진 셀 실행])로
코드 실행

셀이 실행되고 출력 결과가 표시됩니다.

↑ ↓ ⊖ ▯ ⚙ ▯ 🗑 ⋮

▶ print("Hello World!")

☐ Hello World!

그림 3-2-7 셀 실행

셀의 가장 왼쪽에 있는 아이콘으로 코드의 실행 상태를 확인할 수 있습니다.

표 3-2-1 셀 왼쪽 아이콘에 표시되는 셀의 실행 상태

셀 왼쪽 아이콘	설명
▶	미실행
◉	실행 대기
◉	실행 중

03 Ctrl+S(또는 메뉴에서 [파일] → [저장])로 노트북을 저장

파이썬 패키지 설치

계속해서 파이썬 패키지 'openai'를 설치하겠습니다. openai는 4장 'OpenAI API'에서 사용할
OpenAI API의 패키지입니다.

01 파이썬 패키지 목록 보기

파이썬 패키지 목록을 표시하는 `pip list` 명령을 실행합니다. 구글 코랩에서는 맨 앞에 !를 붙이
면 리눅스 명령어를 실행할 수 있습니다. 단, cd 명령어는 특별히 %cd와 같이 %를 붙여야 합니다.

```
!pip list
Package                     Version
--------------------------- --------------------
absl-py                     1.4.0
aeppl                       0.0.33
aesara                      2.7.9
    :
```

구글 코랩은 초기 상태에서도 많은 패키지가 설치돼 있음을 알 수 있습니다.

(02) 파이썬 패키지 설치

파이썬 패키지를 설치하는 pip install 명령어를 실행합니다. 명령어 형식은 다음과 같습니다. '==<버전>'을 생략하면 최신 버전이 설치됩니다.

> **형식**   !pip install <파이썬 패키지 이름>==<버전>

openai를 설치하는 명령어는 다음과 같습니다.

```
!pip install openai
```

(03) 파이썬 패키지가 설치되어 있는지 확인

pip list 명령어로 파이썬 패키지 openai가 설치돼 있는지 확인합니다.

```
!pip list
Package                      Version
---------------------------- --------------------
absl-py                      1.4.0
aeppl                        0.0.33
aesara                       2.7.9
    :
openai                       0.27.0
    :
```

주요 리눅스 명령어

주요 리눅스 명령어는 다음과 같습니다.

표 주요 리눅스 명령어

조작	명령어
현재 폴더에 있는 폴더와 파일 확인	!ls
현재 폴더의 경로 확인	!pwd
현재 폴더 이동	%cd <경로>
상위 폴더로 이동	%cd ..

주요 pip 명령어

주요 pip 명령어는 다음과 같습니다.

표 주요 pip 명령어

조작	명령어
파이썬 패키지 설치	`!pip install <파이썬 패키지 이름>==<버전>`
파이썬 패키지 목록 보기	`!pip list`
파이썬 패키지 제거	`!pip uninstall <파이썬 패키지 이름>`

텍스트 추가

텍스트 셀을 사용하여 노트북에 설명문을 추가할 수도 있습니다. 텍스트 셀에는 문서를 작성하기 위한 경량 마크업 언어인 마크다운(Markdown) 표기법을 사용할 수 있습니다. 주요 마크다운 표기법의 서식은 다음 페이지의 칼럼에서 확인할 수 있습니다.

(01) [+ 텍스트] 버튼으로 텍스트 셀 추가

(02) 추가된 셀에 마크다운 표기법으로 문장 작성

셀에 마크다운 표기법의 문장을 입력하면 오른쪽에 결과가 표시됩니다.

```
## 제목
이것은 설명문 예시입니다.
```

	제목
`## 제목` `이것은 설명문 예시입니다.`	**제목** 이것은 설명문 예시입니다.

그림 3-2-8 텍스트 입력 예시

(03) 다른 셀을 선택하는 등 텍스트 셀의 선택 해제

마크다운 표기법의 결과만 표시됩니다.

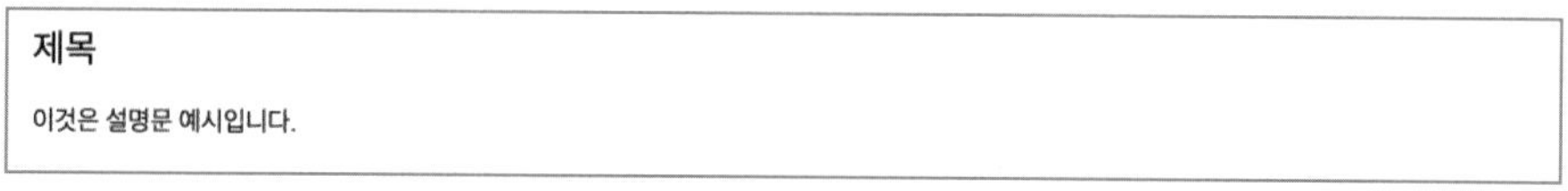

> **제목**
> 이것은 설명문 예시입니다.

그림 3-2-9 텍스트 셀 선택 해제

주요 마크다운 표기법의 서식

주요 마크다운 기법의 서식은 다음과 같습니다.

표 주요 마크다운 표기법 서식

마크다운 표기법	설명
제목	#, ##, ###
기울임꼴	*ABCDEFG*
강조	**ABCDEFG**
목록	*, +, −, 숫자 (기호 바로 뒤에 공백 또는 탭)
HTML 태그	직접 태그 작성(일부 제한 있음)

구글 코랩의 툴바

구글 코랩 툴바는 다음과 같습니다. 자주 사용하는 것은 파일 이름, 코드 셀 추가, 텍스트 셀 추가, 셀 삭제, 파일입니다.

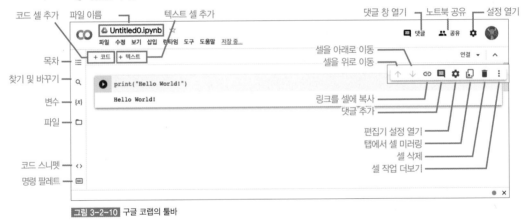

그림 3-2-10 구글 코랩의 툴바

파일은 구글 코랩 인스턴스의 파일을 확인할 수 있을 뿐만 아니라, 업로드와 다운로드도 가능합니다.

그림 3-2-11 파일 기능

툴바 오른쪽에는 인스턴스와의 연결 상태가 표
시됩니다. 연결 후에는 RAM/디스크가 표시됩니다.
RAM/디스크를 클릭하면 구체적인 수치를 그래프로
확인할 수 있습니다.

- 인스턴스와의 연결 상태: 초기화 중, 할당 중,
  연결 중, 다시 연결, 연결됨 등
- RAM/디스크: RAM과 디스크의 사용 크기/
  최대 크기

그림 3-2-12 인스턴스와의 연결 상태

그림 3-2-13 RAM/디스크 사용량 확인

구글 코랩의 메뉴

구글 코랩의 메뉴는 다음과 같습니다.

표 3-2-2 구글 코랩의 메뉴

메뉴	설명
파일	파일 생성, 저장, 다운로드 등 수행
수정	셀의 복사&붙여넣기 및 삭제, 문자열 검색 등 수행. 노트 설정에서 파이썬 버전과 GPU/TPU 사용 설정, 모든 출력 지우기로 노트북의 모든 출력 지우기
보기	노트북 정보 표시 등 수행
삽입	코드나 텍스트 셀 삽입 등 수행
런타임	코드 실행 및 인스턴스 리셋 수행. 세션 관리에서 현재 인스턴스에 접속 중인 노트북 확인 가능
도구	들여쓰기 폭, 줄 번호 등 설정
도움말	자주 묻는 질문 표시 등 수행

GPU 사용

GPU를 사용하려면 메뉴에서 [수정] → [노트 설정]
을 클릭합니다. 노트 설정 화면의 하드웨어 가속기
를 'GPU'로 선택한 다음 [저장] 버튼을 누릅니다. 하
드웨어 가속기 설정을 변경하면 구글 코랩 인스턴스
가 재실행됩니다.

이 책에서 사용하는 OpenAI API는 OpenAI 서
비스 측에서 딥러닝 모델을 실행하기 때문에 기본

그림 3-2-14 GPU 사용 설정

적으로 GPU를 활성화하지 않아도 동작합니다. 라마인덱스, 랭체인에는 로컬에서의 딥러닝 모델 추론
이나 벡터 데이터베이스 검색 등 GPU를 필요로 하는 기능이 있습니다.

TPU란?

TPU(Tensor Processing Unit)는 구글이 개발한 머신러닝 전용 하드웨어 가속기입니다. 머신러
닝의 고속화를 목적으로 설계됐으며, 특히 텐서플로우에 최적화되어 있습니다.

　TPU를 이용하는 코드를 실행하려면 메뉴에서 [수정] → [노트 설정]을 클릭해 노트 설정 화면을
열고 하드웨어 가속기에서 'TPU'를 선택한 후 [저장] 버튼을 눌러 사용할 수 있습니다.

그림 TPU 사용 설정

구글 드라이브 마운트

마운트는 디스크 드라이브를 인식하고 사용할 수 있는 상태로 만드는 것을 말합니다. 구글 코랩 인스턴
스에서 구글 드라이브를 마운트하면 구글 드라이브에 직접 액세스할 수 있게 됩니다.

연습 삼아 구글 드라이브의 내 드라이브(루트 폴더) 정보를 표시해 보겠습니다.

01 아래 코드로 구글 드라이브에 마운트

```
from google.colab import drive
drive.mount("/content/drive")
```

02 아래와 같이 인증을 요구하면 [Google
드라이브에 연결] 클릭

03 구글 계정으로 로그인 후 [허용] 클릭

> **노트북에서 Google Drive 파일에 액세스하도록 허용하시겠습니까?**
>
> 이 노트북에서 Google Drive 파일에 대한 액세스를 요청합니다. Google Drive에 대한 액세스
> 권한을 부여하면 노트북에서 실행되는 코드가 Google Drive의 파일을 수정할 수 있게 됩니다.
> 이 액세스를 허용하기 전에 노트북 코드를 검토하시기 바랍니다.
>
> 아니요　　Google Drive에 연결

그림 3-2-15 구글 드라이브에 연결

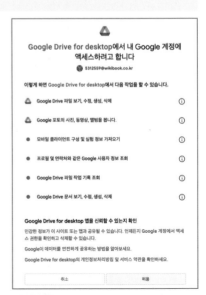

그림 3-2-16 드라이브 연결 허용

(04) 구글 드라이브의 내 드라이브 정보 표시

구글 드라이브의 내 드라이브에 접속하기 위한 경로는 "/content/drive/My Drive/"입니다.

```
!ls "/content/drive/My Drive/"
```
```
Untitled0.ipynb
```

구글 코랩의 제한 사항과 대책

구글 코랩은 무료이지만, 제한 없이 사용할 수 있는 것은 아닙니다. 다음과 같은 주요 제한 사항이 있습니다.

- RAM : 12GB
- 디스크 : CPU/TPU는 최대 107GB, GPU는 최대 68GB
- 90분 규칙 : 90분 동안 아무런 조작을 하지 않으면 초기화
- 12시간 규칙 : 인스턴스 시작 후 12시간 후 초기화
- GPU 사용 제한 : GPU를 너무 많이 사용하면 초기화(상한 미공개)

아래에서는 이러한 한계에 대응하는 방법을 소개합니다.

90분 규칙의 대책

다음 파이썬 스크립트를 로컬 머신에서 실행하여 1시간마다 구글 코랩에 접속함으로써 90분 규칙에 의한 초기화를 피할 수 있습니다.

코드에서 〈임의의 노트북 URL〉을 실행 중인 노트북의 URL로 변경하여 실행합니다. 코드를 실행하면 1시간마다 지정한 노트북을 열게 됩니다.

open_browser.py
```python
import time
import datetime
import webbrowser

# 1시간마다 임의의 노트북 열기
for i in range(12):
    browse = webbrowser.get("chrome")
    browse.open("<임의의 노트북 URL>")
    print(i, datetime.datetime.today())
    time.sleep(60*60)
```

로컬 머신에서 파이썬 개발 환경을 준비하는 절차는 아래 웹 사이트에서 소개하고 있습니다.

파이썬 3.10 개발 환경 구축 – macOS
https://bit.ly/py310mac

파이썬 3.10 개발 환경 구축 – 윈도우
https://bit.ly/py310win

12시간 규칙의 대책

12시간 규칙으로 초기화될 때까지의 시간은 아래 명령어로 확인할 수 있습니다. 초기화되기 전에 데이터를 백업하거나 구글 드라이브에서 데이터를 영속화(뒤에서 설명)하는 방법으로 대응합니다.

```
!cat /proc/uptime | awk '{printf("남은 시간 : %.2f", 12-$1/60/60)}'
남은 시간 : 11.60
```

GPU 사용 제한 대책

구글 코랩은 상황에 따라 동적으로 변화하는 사용 제한을 설정하여 무료로 리소스 제공을 실현하고 있습니다. 따라서 전체 사용량 제한, 인스턴스 최대 지속 시간, 사용할 수 있는 GPU 유형 등은 자주 변경됩니다. 이러한 한도는 공개하지 않습니다.

언제 초기화될지 알 수 없기 때문에 구글 드라이브 영속화에서 주기적으로 중간 경과(체크포인트)를 저장하는 것이 좋습니다.

데이터 영속화

90분 규칙, 12시간 규칙, GPU 사용량 제한으로 인스턴스가 초기화되면 그동안 학습한 데이터도 삭제됩니다.

구글 드라이브에 작업 폴더를 만들면 데이터를 영속화 수 있고, 인스턴스가 초기화되도 다시 시작할 수 있습니다. 'work'라는 이름의 작업 폴더를 생성하는 명령은 다음과 같습니다.

이 작업 폴더에서 파이썬 스크립트를 실행하면 출력물이 구글 드라이브에 저장됩니다.

```python
# 구글 드라이브 마운트
from google.colab import drive
drive.mount("/content/drive")

# 작업 폴더 생성 및 이동
import os
os.makedirs("/content/drive/My Drive/work", exist_ok=True)
%cd "/content/drive/My Drive/work"
```

할당된 GPU 확인

할당된 GPU는 아래 명령어로 확인할 수 있습니다. 구글 코랩의 무료 버전에서 사용할 수 있는 GPU는 Tesla T4뿐입니다.

```
!nvidia-smi
Wed Jul 26 04:28:43 2023
+-----------------------------------------------------------------------------+
| NVIDIA-SMI 525.105.17   Driver Version: 525.105.17   CUDA Version: 12.0     |
|-------------------------------+----------------------+----------------------+
| GPU  Name        Persistence-M| Bus-Id        Disp.A | Volatile Uncorr. ECC |
| Fan  Temp  Perf  Pwr:Usage/Cap|         Memory-Usage | GPU-Util  Compute M. |
|                               |                      |               MIG M. |
|===============================+======================+======================|
|   0  Tesla T4            Off  | 00000000:00:04.0 Off |                    0 |
| N/A   54C    P8    10W /  70W |      0MiB / 15360MiB |      0%      Default |
|                               |                      |                  N/A |
+-------------------------------+----------------------+----------------------+

+-----------------------------------------------------------------------------+
| Processes:                                                                  |
|  GPU   GI   CI        PID   Type   Process name                  GPU Memory |
|        ID   ID                                                   Usage      |
|=============================================================================|
|  No running processes found                                                 |
+-----------------------------------------------------------------------------+
```

Colab Pro, Pro+, Pay As You Go

유료이긴 하지만, Colab Pro, Pro+, Pay As You Go로 업그레이드하면 각종 제한을 완화할 수 있습니다.

> **코랩 구독 가격 | Pro, Pro+, Pay As You Go**
> https://colab.research.google.com/signup

그림 3-2-17 최적의 코랩 플랜 선택하기

▶ Colab Pro, Pro+, Pay As You Go의 이용 요금

Colab Pro, Pro+, Pay As You Go는 매월 컴퓨팅 단위(유닛)가 부여되고, 이를 모두 소진하면 추가 구매가 필요한 플랜입니다.

- Colab Pro: $9.99/월(100컴퓨팅 단위)
- Colab Pro+: $49.99/월(500컴퓨팅 단위)
- Pay As You Go
  - 100컴퓨팅 단위당 $9.99
  - 500컴퓨팅 단위당 $49.99

시간당 소거되는 컴퓨팅 유닛은 다음과 같습니다.

- T4: 시간당 1.96
- T4+ 하이 메모리: 시간당 4.2
- V100: 시간당 7.32
- A100: 시간당 15.04

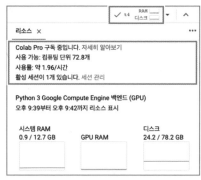

나머지 컴퓨팅 유닛은 RAM/디스크에서 확인할 수 있습니다. 컴퓨팅 유닛을 절약하기 위해 구글 코랩 작업이 끝나면 코랩 탭을 닫거나 메뉴에서 [런타임] → [런타임 연결 해제 및 삭제]를 클릭해 명시적으로 종료합니다. 아래 코드로도 연결을 해제할 수 있습니다.

그림 3-2-18 남은 컴퓨팅 단위 사용량 확인

```
# 런타임 연결 해제
from google.colab import runtime
runtime.unassign()
```

▶ 완화되는 각종 제한사항

완화되는 각종 제한사항은 다음과 같습니다.

- GPU: 고성능 GPU가 우선으로 할당됩니다.
  - 메뉴의 [수정] → [노트 설정]에서 T4, V100, A100을 선택 가능
- RAM:
  - 메뉴의 [수정] → [노트 설정]에서 표준, 고용량 RAM 선택 가능
    - → 표준: 12GB
    - → PRO의 고용량 RAM: CPU/GPU의 경우 25GB, TPU의 경우 35GB
    - → PRO+의 고용량 RAM: CPU/GPU의 경우 51GB, TPU의 경우 35GB

- 디스크: CPU/TPU의 경우 225GB, GPU의 경우 166GB
- 90분 규칙: 없음
- 12시간 규칙: 12시간 → 24시간
- GPU 사용 제한: 무료보다 더 오래 사용 가능
- 백그라운드 실행: PRO+에서만 사용 가능

GPU RAM의 크기

GPU를 선택할 때 중요한 것은 처리 속도와 GPU RAM의 크기입니다. 특히 GPU RAM의 크기는 대규모 언어 모델을 로컬에서 구동할 때 필요합니다.

- Tesla A100 : 40GB
- Tesla V100 : 16GB
- Tesla T4 : 15GB

이 책의 예제를 실행하는 데에는 T4로도 문제 없습니다.

파이썬 문법

이번 절에서는 파이썬의 기본 문법을 정리해 보겠습니다. 이 책에서는 파이썬 3.10 버전을 사용합니다. 파이썬 문법과 관련된 내용을 잘 알고 있다면 이번 절은 건너뛰어도 무방합니다. 또한, 파이썬 초보자라면 필요에 따라 다른 파이썬 입문서나 웹 사이트 등을 참고하기 바랍니다.

예제 코드를 제공하므로 로컬 머신에 구축한 파이썬의 가상 환경이나 구글 코랩에서 실습해 볼 수 있습니다. 목록의 왼쪽 상단에 예제 파일의 이름을 작성해 두었습니다.

문자열 표시

먼저 'Hello World'라는 문자열을 표시해 보겠습니다. 문자열 표시는 print()를 사용하며, 문자열은 작은따옴표 ' ' 또는 큰따옴표 " "로 묶습니다. #은 해당 줄에서 # 오른쪽의 문자를 주석으로 간주합니다.

```
1_print.py
# Hello World 표시
print('Hello World')
```
```
Hello World
```

변수와 연산자

변수

변수에는 임의의 값을 대입할 수 있습니다. 정수를 대입하여 덧셈을 하려면, 다음과 같이 작성합니다. ,로 구분하여 print()의 인수를 여러 개 지정하면 줄 바꿈 없이 연속으로 변수 값을 표시할 수 있습니다.

```
2_1_variable.py
a = 1
b = 2
c = a + b
print(a, b, c)
```
```
1 2 3
```

수치형

파이썬의 수치형에는 int, float, bool, complex 네 가지 타입이 있습니다. 파이썬에서는 정수 값의 최대, 최소 제한이 없으며 부동 소수점 수는 배정도만 가능합니다. 논리값은 True 또는 False 중 하나를 갖는 값입니다. 복소수는 실수와 허수를 조합한 것입니다.

표 3-3-1 파이썬의 수치형

수치형	설명	사용 예시
int	정수	num = 12 # 10진수 num = 0o14 # 8진수 num = 0xc # 16진수 num = 0b1100 # 2진수

float	실수(부동 소수점 수)	num = 1.2
		num = 1.2e3 # 지수 표기(1.2×10^3)
		num = 1.2e-3 # 지수 표기(1.2×10^{-3})

bool	논리값	flag = True flag = False

complex	복소수	num = 2 + 3j # 실수 + 허수j
		num = complex(2, 3) # complex(실수, 허수)

연산자

파이썬의 사칙 연산자, 대입 연산자, 비교 연산자, 논리 연산자는 다음과 같습니다. 파이썬의 나눗셈 연산자는 /와 //가 있으며, 3 / 2는 소수점 이하를 버리지 않고 1.5가 됩니다. 3 // 2는 소수점 이하를 반올림하여 1이 됩니다.

표 3-3-2 파이썬의 사칙 연산자

사칙 연산자	설명
a + b	덧셈
a − b	뺄셈
a * b	곱셈
a / b	나눗셈(소수점 이하를 자르지 않음)
a // b	나눗셈(소수점 이하 반올림)
a % b	나눗셈의 나머지
a ** b	거듭제곱

표 3-3-3 파이썬의 대입 연산자

대입 연산자	설명
a = b	a에 b를 대입
a += b	a = a + b와 같음
a −= b	a = a − b와 같음
a *= b	a = a * b와 같음
a /= b	a = a / b와 같음
a //= b	a = a // b와 같음
a %= b	a = a % b와 같음
a **= b	a = a ** b와 같음

표 3-3-4 파이썬의 비교 연산자

비교 연산자	설명
a == b	a와 b가 같음
a != b	a와 b가 다름
a < b	a가 b보다 작음
a > b	a가 b보다 큼
a <= b	a가 b보다 작거나 같음
a >= b	a가 b보다 크거나 같음
a <> b	a와 b가 다름
a is b	a와 b가 같음
a is not b	a와 b가 다름
a in b	a가 b에 포함됨
a not in b	a가 b에 포함되지 않음

표 3-3-5 파이썬의 논리 연산자

논리 연산자	설명
a and b	a도 b도 True이면 True
a or b	a 또는 b가 True이면 True
not a	a가 False이면 True, a가 True이면 False

파이썬에서 삼항 연산자는 다음과 같이 표현합니다.

value = <조건이 Ture일 때의 값> if <조건> else <조건이 False일 때의 값>

```
2_2_variable.py
a = 11
s = 'a는 10 이상' if a>10 else 'a는 10 미만'
print(s)
a는 10 이상
```

문자열

여러 줄의 문자열

여러 줄의 문자열을 정의하려면 작은따옴표(') 또는 큰따옴표(")를 세 개 나열한 삼중 따옴표를 사용합니다.

```
3_1_string.py
text = '''첫 번째 줄의 텍스트
두 번째 줄의 텍스트'''
print(text)
첫 번째 줄의 텍스트
두 번째 줄의 텍스트
```

문자열 연결

문자열과 문자열을 연결하려면 +를 사용합니다.

```
3_2_string.py
print('문자열' + '의 연결')
문자열의 연결
```

문자열과 숫자 연결

문자열과 숫자를 연결할 때는 str()로 숫자를 문자열로 캐스팅한 후 연결합니다.

```
3_3_string.py
print('answer = ' + str(100))
answer = 100
```

문자열을 부분적으로 꺼내기

문자열을 부분적으로 꺼내려면 인덱스(첨자)를 사용하며, 인덱스는 [a:b] 형태로 씁니다. 인덱스는 0부터 시작하며 a부터 b보다 한 개 앞까지의 문자열을 꺼내고, a를 생략하면 맨 앞부터, b를 생략하면 맨 뒤까지 꺼냅니다.

```
text = 'Hello World'
print(text[1:3])
print(text[:5])
print(text[6:])
```
```
el
Hello
World
```

문자열에 변수 삽입하기

문자열에 변수를 삽입하려면 삽입할 위치에 {}를 쓰고, format()에 삽입할 변수를 지정합니다.

부동 소수점 자릿수를 지정하고 싶을 때는, 삽입할 위치에 {:.<자릿수>f}를 지정합니다. 부동 소수점 아래 두 자리까지 표시할 경우 {:.2f}가 됩니다.

```
a = 'Test'
b = 100
c = 3.14159
print('문자열 = {}'.format(a))
print('정수 = {}'.format(b))
print('부동 소수점 = {}'.format(c))
print('부동 소수점 이하 두 자리 = {:.2f}'.format(c))
print('여러 변수 = {}, {}, {:.2f}'.format(a, b, c))
```
```
문자열 = Test
정수 = 100
부동 소수점 = 3.14159
부동 소수점 이하 두 자리 = 3.14
여러 변수 = Test, 100, 3.14
```

리스트

리스트 생성 및 요소 가져오기

리스트는 여러 요소를 순서대로 보관하는 자료형입니다. 여러 개의 값을 ,로 구분하여 [] 안에 정렬해 만들 수 있습니다. 문자열과 마찬가지로 인덱스를 사용하여 요소를 부분적으로 꺼낼 수 있습니다.

```
my_list = [1, 2, 3, 4]
print(my_list)
print(my_list[0])
print(my_list[1:3])
```
```
[1, 2, 3, 4]
1
[2, 3]
```

리스트의 요소 변경

인덱스로 지정한 리스트의 요소를 변경할 수 있습니다. my_list[1:4]는 1번부터 3번(4보다 하나 이전)까지를 나타냅니다.

4_2_list.py

```python
my_list = [1, 2, 3, 4]
my_list[0] = 10
print(my_list)
my_list[1:4] = [20, 30]
print(my_list)
```
```
[10, 2, 3, 4]
[10, 20, 30]
```

리스트의 요소 추가, 삽입, 삭제

리스트에 요소를 추가하려면 append(), 삽입하려면 insert(), 인덱스로 삭제하려면 del, 요소로 삭제하려면 remove()를 사용합니다.

4_3_list.py

```python
my_list = ['Apple', 'Cherry']
print(my_list)
my_list.append('Strawberry')
print(my_list)
my_list.insert(0, 'Banana')
print(my_list)
del my_list[0]
print(my_list)
my_list.remove('Apple')
print(my_list)
```
```
['Apple', 'Cherry']
['Apple', 'Cherry', 'Strawberry']
['Banana', 'Apple', 'Cherry', 'Strawberry']
['Apple', 'Cherry', 'Strawberry']
['Cherry', 'Strawberry']
```

range()로 리스트 만들기

range()를 사용하면 연속된 숫자를 만들 수 있습니다. range(a, b, c)는 a 이상, b 미만의 연속된 숫자를 c 스텝으로 생성합니다. 스텝은 숫자의 간격을 의미합니다. a를 생략하면 0부터 시작하며, c를 생략하면 1로 지정됩니다. range()를 list()로 둘러싸면 목록으로 변환할 수 있습니다.

4_4_list.py

```python
print(list(range(10)))
print(list(range(1, 7)))
print(list(range(1, 10, 2)))
```

```
[0, 1, 2, 3, 4, 5, 6, 7, 8, 9]
[1, 2, 3, 4, 5, 6]
[1, 3, 5, 7, 9]
```

딕셔너리

딕셔너리 생성 및 요소 가져오기

딕셔너리는 키와 값의 쌍을 보관하는 자료형입니다. 요소를 꺼낼 때에는 키를 지정합니다.

`5_1_dic.py`
```
my_dic= {'Apple': 300, 'Cherry': 200, 'Strawberry': 3000}
print(my_dic['Apple'])
300
```

딕셔너리의 요소 변경

키로 지정한 요소를 변경할 수도 있습니다.

`5_2_dic.py`
```
my_dic = {'Apple': 300, 'Cherry': 200, 'Strawberry': 3000}
my_dic['Apple'] = 400
print(my_dic)
{'Apple': 400, 'Cherry': 200, 'Strawberry': 3000}
```

딕셔너리의 요소 추가, 삭제

딕셔너리에 요소를 추가하려면 대입, 요소를 삭제하려면 del을 사용합니다.

`5_3_dic.py`
```
my_dic = {'Apple' : 300}
print(my_dic)
my_dic['Cherry'] = 200
print(my_dic)
del my_dic['Apple']
print(my_dic)
{'Apple': 300}
{'Apple': 300, 'Cherry': 200}
{'Cherry': 200}
```

튜플

튜플(Tuple)은 리스트와 마찬가지로 여러 개의 요소를 순서대로 보관하는 자료형입니다. 여러 개의 값을 ,로 구분하여 () 안에 정렬해 만들 수 있습니다. 인덱스를 사용하여 요소를 부분적으로 꺼낼 수 있습니다.

리스트와 튜플의 차이점은 요소를 변경할 수 있는지 여부입니다. 튜플은 요소를 추가하거나 삽입, 삭제할 수 없습니다.

```
6_tuple.py
my_taple = (1, 2, 3, 4)
print(my_taple)
print(my_taple[0])
print(my_taple[1:3])
```
```
[1, 2, 3, 4]
1
[2, 3]
```

제어문

if (조건 분기)

조건 분기를 하려면 if <조건>:을 사용합니다. 조건이 True일 때 실행하는 블록은 들여쓰기로 표시합니다.

```
7_1_control.py
num = 5
if num >= 10:
    print('num이 10 이상') # 조건이 성립함
else:
    print('num이 10 미만') # 조건이 성립하지 않음
```
```
num이 10 미만
```

여러 조건을 지정할 때는 다음과 같이 작성합니다.

```
7_2_control.py
num = 10
if num >= 5:
    print('num이 5 이상') # 첫 번째 조건이 성립
elif num >= 3:
    print('num이 3 이상') # 두 번째 조건이 성립
else:
    print('num이 3 미만') # 조건이 성립하지 않음
```
```
num이 5 이상
```

for (반복)

리스트의 요소를 차례로 변수에 대입하면서 반복 처리를 하려면 for <변수> in <목록>:을 사용합니다. 단순히 임의의 횟수만큼 반복하고 싶다면 <목록>에 range()를 지정합니다. 반복되는 블록은 들여쓰기로 표시합니다.

```
7_3_control.py
```
```python
for n in [1, 2, 3]:
    print(n) # 반복 대상
    print(n*10) # 반복 대상
```
```
1
10
2
20
3
30
```

```
7_4_control.py
```
```python
for n in range(5):
    print(n) # 반복 대상
```
```
0
1
2
3
4
```

while (반복)

조건이 성립하는 동안 블록 내의 처리를 반복하려면 while <조건>:을 사용합니다. 이 역시 반복되는 블록은 들여쓰기로 표시합니다. 블록 내에서는 블록의 맨 위로 돌아가는 continue와 반복문을 벗어나는 break 명령어를 사용할 수 있습니다.

1~20의 자연수에서 2의 배수는 제외하고, 3의 배수를 표시하려면 다음과 같이 작성합니다.

```
7_5_control.py
```
```python
i = 0
while i < 20:
    i += 1
    if i % 2 == 0:
        continue
    if i % 3 == 0:
        print(i)
```
```
3
9
15
```

enumerate (열거)

enumerate()에 리스트를 전달하면 각 요소에 0부터 연속된 번호를 부여할 수 있습니다.

```
for num, fruit in enumerate(['Apple', 'Cherry', 'Strawberry']):
    print('{}:{}'.format(num, fruit))
```

```
0: Apple

1: Cherry

2: Strawberry
```

리스트 내포(comprehension)

파이썬에는 내포 표기법이라는 반복 처리를 간결하게 작성할 수 있는 표기법이 있습니다. 다음과 같은 반복 처리가 있다고 가정해 봅시다.

```
my_list1 = []
for x in range(10):
    my_list1.append(x * 2)
print(my_list1)
```

```
[0, 2, 4, 6, 8, 10, 12, 14, 16, 18]
```

이를 내포 표기로 바꾸면 다음과 같이 한 줄로 작성할 수 있습니다.

```
my_list2 = [x * 2 for x in range(10)]

print(my_list2)
```

```
[0, 2, 4, 6, 8, 10, 12, 14, 16, 18]
```

함수와 람다식

함수

함수는 일련의 프로그램 명령어를 모아 외부에서 호출할 수 있도록 한 것입니다. 함수를 정의하는 형식은 다음과 같습니다.

> **형식**
>
> ```
> def 함수명(<인수1>, <인수2>, ...):
>     <일련의 프로그램 명령어>
>     return <반환값>
> ```

도를 라디안으로 변환하는 함수는 다음과 같이 작성합니다.

```
def radian(x):
    return x / 180 * 3.1415


for x in range(0, 360, 90):
    print('도: {}, 라디안: {:.2f}'.format(x, radian(x)))
```

```
도: 0, 라디안: 0.00
도: 90, 라디안: 1.57
도: 180, 라디안: 3.14
도: 270, 라디안: 4.71
```

람다식(lambda)

람다식은 함수를 식으로 취급하여 변수에 대입할 수 있도록 하는 기법입니다. 람다식을 이용하면 프로 그램의 코드를 간결하게 표기할 수 있습니다. 람다식의 형식은 다음과 같습니다.

형식   lambda 인수:반환값이 있는 함수

앞서 설명한 도를 라디안으로 변환하는 함수를 람다식으로 다시 작성하면 다음과 같이 한 줄로 작 성할 수 있습니다.

8_2_function.py

```
lambda_radian = (lambda x:x / 180 * 3.1415)


for x in range(0, 360, 90):
    print('도: {}, 라디안: {:.2f}'.format(x, lambda_radian(x)))
```

```
도: 0, 라디안: 0.00
도: 90, 라디안: 1.57
도: 180, 라디안: 3.14
도: 270, 라디안: 4.71
```

클래스

클래스는 데이터와 그 조작을 하나로 묶어 정의한 것을 말합니다. 클래스가 가지고 있는 데이터를 멤버 변수, 조작을 메서드라고 부릅니다.

클래스를 정의하는 형식은 다음과 같습니다.

형식
```
class 클래스 이름:
    def __init__(self, <인수1>, <인수2>, ...):
        <생성자에서 실행하는 처리>
    def 메서드명(self, <인수1>, <인수2>, <인수2>, ...):
        <메서드에서 실행하는 처리>
```

메서드의 첫 번째 인수는 클래스 자체를 나타내는 self가 됩니다. self.멤버 변수명, self.메서드명()과 같이 클래스 자체의 멤버 변수나 메서드에 접근합니다.

__init__()은 클래스 생성 시 호출되는 메서드인 생성자입니다. 생성자가 불필요하다면 작성하지 않아도 문제 없습니다.

멤버 변수 msg와 msg를 표시하는 output() 메서드를 가진 클래스 HelloClass를 정의하려면 다음과 같이 작성합니다. 클래스를 정의한 다음 클래스를 활용하는 예시로 HelloClass를 생성하고 output()을 호출하여 msg를 표시하고 있습니다.

9_class.py

```python
class HelloClass:
    def __init__(self, msg):
        self.msg = msg

    def output(self):
        print(self.msg)


hello = HelloClass('Hello World')
hello.output()
```
```
Hello World
```

패키지 가져오기와 컴포넌트 직접 호출하기

패키지 가져오기

클래스, 함수, 상수 등의 컴포넌트가 정의된 파이썬 프로그램을 모듈이라고 부릅니다. 그리고 여러 개의 모듈로 구성된 것을 패키지라고 부릅니다.

import <패키지명> as <별칭>으로 기존 패키지를 가져오면 그 안에 포함된 컴포넌트를 사용할 수 있습니다.

다차원 배열을 쉽게 처리할 수 있도록 지원하는 파이썬의 numpy 패키지를 가져와서 그 안에 포함된 함수인 array()를 호출할 때는 다음과 같이 작성합니다. 아래의 np.array()와 같이 패키지명 별칭.함수명()으로 호출할 수 있습니다.

10_1_import.py

```python
import numpy as np

a = np.array([[1,2,3],[4,5,6],[7,8,9]])
print(a)
```
```
[[1 2 3]
 [4 5 6]
 [7 8 9]]
```

컴포넌트 직접 호출하기

from <패키지 이름> import <컴포넌트 이름>으로 컴포넌트 이름을 지정하여 가져옴으로써 컴포넌트를 직접 사용할 수 있습니다. 아래의 array()와 같이 함수명()만으로 호출할 수 있습니다.

10_2_import.py

```
from numpy import array

a = array([[1,2,3],[4,5,6],[7,8,9]])
print(a)
```
```
[[1 2 3]
 [4 5 6]
 [7 8 9]]
```

파이썬 관련 API 레퍼런스

파이썬 관련 API 레퍼런스는 아래 사이트에서 확인할 수 있습니다.

파이썬 3.10의 API 레퍼런스
https://docs.python.org/3.10/

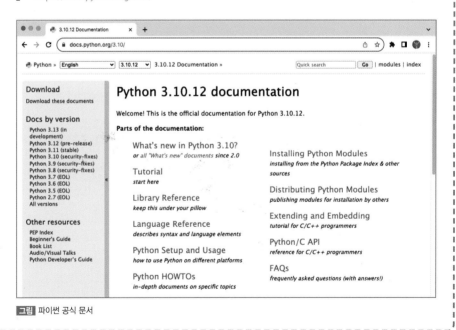

그림 파이썬 공식 문서

4 OpenAI API

3장까지 OpenAI의 각종 서비스에 대한 기초 지식과 사용법, 구글 코랩에서의 개발 환경 구축과 테스트를 다뤘으므로 이번 장부터는 이 책의 주제인 OpenAI API를 이용해 프로그램을 작성해 보겠습니다. 여기서 소개하는 예제는 기능을 파악하기 위한 간단한 예제이지만 자사의 서비스나 애플리케이션에 OpenAI의 기능을 접목할 때 참고할 수 있습니다.

이전 장에서도 텍스트 생성, 이미지 생성에 대해 소개했지만 이번 장에서는 이를 API로 처리하는 방법을 설명합니다. 또한 생성 AI에 자신만의 데이터를 학습시켜 활용하고 싶은 니즈가 많을 것입니다. 이를 가능하게 하는 파인튜닝도 다룹니다.

또한 후반부에서는 사용하는 텍스트가 차별적 요소를 포함하지 않는 등 OpenAI의 정책에 부합하는지 확인하는 모더레이션 기능, 음성 파일의 텍스트 변환 기능 등에 대해서도 예제를 통해 소개합니다.

> ▶ 이번 장의 목표

- 이전 장에서 소개한 텍스트 생성, 이미지 생성을 API를 통해 프로그램에서 이용한다.
- 사전 학습된 모델에 추가 학습을 시키는 파인튜닝의 개요와 실제 사용 사례를 알아본다.
- 음성 파일의 텍스트 변환 기능과 OpenAI의 정책을 준수하는지 확인하는 모더레이션을 활용해 본다.

텍스트 생성

이번 절에서는 OpenAI의 API 키를 얻어 질의응답, 요약 등의 텍스트를 생성하는 프로그램을 만들어 보겠습니다.

OpenAI API란?

OpenAI API는 OpenAI가 제공하는 자연어 처리 API입니다. OpenAI API를 이용하면 개발자가 자신의 애플리케이션에 GPT-4, GPT-3.5의 기능을 통합할 수 있습니다. OpenAI API를 이용할 경우 별도의 이용료가 부과됩니다(무료 체험판도 있습니다).

OpenAI API 라이브러리

공식적으로 OpenAI API의 라이브러리가 지원되는 프로그래밍 언어는 다음 두 가지입니다. 이 책에서는 파이썬을 사용합니다.

- 파이썬
- Node.js

커뮤니티에서 라이브러리를 지원하는 프로그래밍 언어도 존재합니다.

- C#
- 크리스탈(Crystal)
- 고(Go)
- 자바(Java)
- 코틀린(Kotlin)
- PHP
- R
- 루비(Ruby)
- 스칼라(Scala)
- 스위프트(Swift)
- 유니티
- 언리얼 엔진

자세한 내용은 아래에서 확인할 수 있습니다.

> **Libraries - OpenAI API**
> https://platform.openai.com/docs/libraries

API 키 획득

프로그래밍 언어에서 OpenAI API를 이용하려면 API 키가 필요합니다. API 키는 API를 사용할 때 인증 정보로 사용되는 일련의 문자열입니다. API 키를 획득하는 절차는 다음과 같습니다.

01 브라우저에서 OpenAI API 사이트를 열고 로그인

| OpenAI API
https://openai.com/blog/openai-api

02 로그인 후 우측 상단의 계정 아이콘을 누르고 [View API keys]를 클릭

03 [Create new secret key] 버튼을 클릭

04 [API 키]를 복사

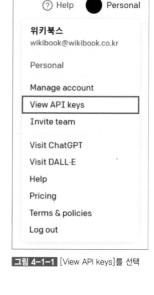

그림 4-1-1 [View API keys]를 선택

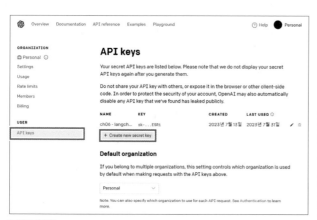

그림 4-1-2 API 키 생성

그림 4-1-3 API 키 획득

텍스트 생성이란?

OpenAI API의 텍스트 생성에서는 다음과 같은 네 가지 기능을 이용할 수 있습니다.

- 텍스트 생성
- 채팅
- 삽입
- 편집

텍스트 생성에 대한 공식 문서는 아래에서 확인할 수 있습니다.

| Completions API – OpenAI API
https://platform.openai.com/docs/guides/gpt/completions-api

> **Chat Completions API – OpenAI API**
> https://platform.openai.com/docs/guides/gpt/chat-completions-api

OpenAI API 이용 요금

OpenAI API의 텍스트 생성에 드는 이용 요금은 OpenAI 플레이그라운드와 동일합니다. 2장 2-2절 'OpenAI 플레이그라운드 사용법'의 'OpenAI API 이용 요금'을 참고하세요.

OpenAI API 사전 준비

OpenAI API를 활용하기 위한 사전 준비 절차는 다음과 같습니다.

(01) 새로운 코랩 노트북 열기

(02) openai 패키지 설치

```
# 패키지 설치
!pip install openai==0.28
```

(03) 환경변수 준비

다음 코드의 <OpenAI_API의 API 키>에 OpenAI API의 API 키를 지정합니다.

```
# 환경변수 준비
import os
os.environ["OPENAI_API_KEY"] = "<OpenAI_API의 API 키>"
```

그림 4-1-4 OpenAI API 사전 준비

텍스트 생성

텍스트 생성은 임의의 텍스트 뒤에 오는 텍스트를 생성하는 기능입니다. 텍스트 생성에서 사용하는 모델은 다음과 같습니다.

- text-davinci-003

그림 4-1-5 텍스트 생성 모델의 입출력

이전 모델(GPT-3)도 선택할 수 있습니다. 아래 목록에서 '-001'이 붙지 않은 모델은 파인튜닝 전 사전 학습된 모델로, 파인튜닝(4-4절 '파인튜닝'에서 설명)에 활용됩니다.

- text-curie-001
- text-babbage-001
- text-ada-001

- davinci
- curie
- babbage
- ada

텍스트 생성에서 수행할 수 있는 주요 작업은 다음과 같습니다. 이어지는 절에서는 구글 코랩 환경에서 각각에 대해 순서대로 설명하겠습니다.

- 문장 생성
- 질의응답
- 요약
- 번역
- 프로그램 생성

문장 생성

텍스트 생성의 문장 생성 절차는 다음과 같습니다.

그림 4-1-6 문장 생성(1_text_completion.ipynb)

(01) 프롬프트 준비

이번에는 여러 줄에 걸친 문자열을 정의하기 때문에 삼중 따옴표('''''' 또는 """""")를 사용합니다.

```
# 프롬프트 준비
prompt = '''다음 이야기를 써주세요.
기타를 좋아하지만 컴맹인 여고생이 어떤 계기로 록밴드에 가입하고, 낯선 인간관계를 통해 활동하
게 되는 이야기.'''
```

(02) 텍스트 생성 실행

텍스트 생성을 실행하려면 openai.Completion.create()를 사용합니다. 예제에서는 model에
'text-davinci-003', temperature에 '0.7', max_tokens에 '500'을 지정했습니다.

```
import openai

# 텍스트 생성 실행
response = openai.Completion.create(
    model="text-davinci-003",
    prompt=prompt,
    temperature=0.7,
    max_tokens=500
)
print(response["choices"][0]["text"])
```

방과후에 기타를 연주하는 것이 여고생 소녀의 여가로 되어 있었다. 하지만 그녀는 단순히 기타를
연주하기만 하기에는 부족한 것 같았다. 그래서 그녀는 그녀의 친구들과 함께 록밴드를 만들고 싶다
는 생각에 동참하게 되었다.
...

▶ openai.Completion.create()의 매개변수

openai.Completion.create()의 매개변수는 다음과 같습니다.

표 4-1-1 openai.Completion.create()의 매개변수

매개변수	설명
model	모델 ID
prompt	프롬프트
suffix	접미사 프롬프트('텍스트 삽입'에서 사용)
max_tokens	출력의 최대 토큰 개수(최대: 4096)
temperature	무작위성. 창의적으로 만들려면 0.8, 답이 있는 경우 0을 권장. top_p와 동시에 변경하는 것은 권장하지 않음(0~2, 기본값: 1)
top_p	Nucleus 샘플링. 0.1은 상위 10%의 확률을 가진 토큰으로부터 샘플링한다는 의미. temperature와 동시에 변경하는 것은 권장하지 않음(기본값: 1)
n	생성할 결과 수(기본값: 1)
stream	진행 상황을 스트리밍으로 반환할지 여부(기본값: false)
logprobs	선택된 토큰뿐만 아니라 가능성이 높은 토큰에 로그 확률을 포함
echo	결과와 함께 프롬프트를 에코백(기본값: false)
stop	토큰 생성을 중지하는 문장. 최대 4개
frequency_penalty	출력 토큰에 부과하는 페널티. 동일한 텍스트를 출력할 가능성을 감소시킴(기본값: 0, -2 ~ 2)
presence_penalty	출력 토큰에 부과하는 페널티. 동일한 토큰의 반복 가능성을 감소시킴(기본값: 0, -2 ~ 2)
best_of	서버 측에서 best_of개만큼의 결과를 생성해서 가장 좋은 결과를 반환(기본값: 1)
logit_bias	지정한 토큰의 가능성 감소
user	최종 사용자 ID

COLUMN

최종 사용자 ID

요청에 최종 사용자 ID를 지정하면 OpenAI가 애플리케이션에서 정책 위반이 감지될 경우 팀에 좀 더 실용적인 피드백을 제공할 수 있습니다. 최종 사용자 ID로는 사용자 이름이나 이메일 주소의 해시를 권장합니다.

| End-user IDs – OpenAI API
https://platform.openai.com/docs/guides/safety-best-practices/end-user-ids

▶ openai.Completion.create()의 응답

openai.Completion.create()의 응답은 다음과 같습니다. response["choices"][0]["text"]에 결과가 포함돼 있습니다. 한국어는 유니코드 '\uxxxx'로 결과가 반환됩니다.

```
print(response)
{
  "choices": [
    {
```

```
      "index": 0,
      "text": "\u4eca\u65e5\u306f\u3068\u3066\u3082..."
    }
  ],
  "created": 1678700136,
  "object": "edit",
  "usage": {
    "completion_tokens": 42,
    "prompt_tokens": 48,
    "total_tokens": 90
  }
}
```

질의응답

텍스트 생성의 질의응답 예는 다음과 같습니다.

(01) 프롬프트 준비

```
# 프롬프트 준비
prompt = "인공지능에 대해 알려주세요."
```

(02) 텍스트 생성 실행

텍스트 생성을 실행하려면 openai.Completion.create()를 사용합니다. 예제에서는 model에 'text-davinci-003', temperature에 '0', max_tokens에 '500'을 지정했습니다.

```
import openai

# 텍스트 생성 실행
response = openai.Completion.create(
    model="text-davinci-003",
    prompt=prompt,
    temperature=0,
    max_tokens=500
)
print(response["choices"][0]["text"])
```
```
인공지능(Artificial Intelligence, AI)은 인간의 지능을 모방하는 컴퓨터 기술을 말합니다. 인공
지능은 인간의 지능과 비슷한 방식으로 문제를 해결하고, 인간이 수행하는 다양한 작업을 자동화하
는 데 사용됩니다...
```

요약

텍스트 생성의 요약 예시는 다음과 같습니다.

①　프롬프트 준비

```
# 프롬프트 준비
prompt = '''아래 문장을 짧은 한 문장으로 요약해 주세요.

OpenAI는 영리법인 OpenAI LP와 그 모회사인 비영리법인 OpenAI Inc.로 구성된 인공지능 연구소입
니다. 2015년 말에 샘 알트만과 일론 머스크 등이 샌프란시스코에서 설립했습니다. 인류 전체에 도
움이 되는 방식으로 친근한 인공지능을 보급하고 발전시키는 것을 목표로 삼고 있습니다.'''
```

②　텍스트 생성 실행

텍스트 생성을 실행하려면 openai.Completion.create()를 사용합니다. 예제에서는 model에
'text-davinci-003', temperature에 '0', max_tokens에 '500'을 지정했습니다.

```
import openai

# 텍스트 생성 실행
response = openai.Completion.create(
    model="text-davinci-003",
    prompt=prompt,
    temperature=0,
    max_tokens=500
)
print(response["choices"][0]["text"])
```
```
샘 알트만과 일론 머스크가 2015년 말 샌프란시스코에서 설립한 OpenAI는 인류 전체에 도움이 되는
방식으로 친근한 인공지능을 보급하고 발전시키는 것을 목표로 하고 있다.
```

번역

텍스트 생성의 번역 예시는 다음과 같습니다.

①　프롬프트 준비

```
# 프롬프트 준비
prompt = '''한국어를 영어로 번역합니다.

한국어: 나는 고양이다
영어:'''
```

②　텍스트 생성 실행

텍스트 생성을 실행하려면 openai.Completion.create()를 사용합니다. 예제에서는 model에
'text-davinci-003', temperature에 '0'을 지정했습니다.

```
import openai
```

```
# 텍스트 생성 실행
response = openai.Completion.create(
    model="text-davinci-003",
    prompt=prompt,
    temperature=0
)
print(response["choices"][0]["text"])
```
```
I am a cat.
```

프로그램 생성

텍스트 생성의 프로그램 생성 예시는 다음과 같습니다.

(01) 프롬프트 준비

```
# 프롬프트 준비
prompt = '''# "Hello World!" 표시
def helloworld():
'''
```

(02) 텍스트 생성 실행

생성된 프로그램 부분만 반환됩니다.

```
import openai

# 텍스트 생성 실행
response = openai.Completion.create(
    model="text-davinci-003",
    prompt=prompt,
    temperature=0
)
print(response["choices"][0]["text"])
    print("Hello World!")
```
```
helloworld()
```

채팅

채팅은 임의의 채팅 메시지를 주고받은 후 응답을 생성하는 기능입니다. 텍스트 생성의 입력은 텍스트였지만, 채팅의 입력은 채팅 메시지 리스트입니다.

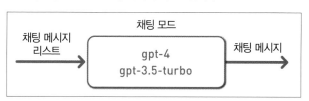

그림 4-1-7 채팅 모델의 입출력

채팅에서 사용하는 모델은 다음과 같습니다.

- gpt-3.5-turbo
- gpt-4

채팅의 채팅 AI 생성 예시는 다음과 같습니다.

01 채팅 메시지 리스트 준비

텍스트 생성의 입출력은 '텍스트 → 텍스트'인 반면, 채팅의 입출력은 '채팅 메시지 리스트 → 채팅 메시지'가 됩니다. 채팅 메시지에는 'role'(역할)과 'content'(콘텐츠)가 포함됩니다. 'role'에는 'system', 'user', 'assistant'의 세 가지가 있습니다.

- system: 채팅 AI의 행동에 대한 지시
- user: 인간의 발화
- assistant: AI의 발언

보통 대화 첫머리에 'system' 메시지를 먼저 작성하고, 그다음에 'user' 메시지와 'assistant' 메시지를 번갈아 가며 작성합니다. 예제로 다음과 같은 대화를 한 후 AI의 발언을 생성해 봅시다.

시스템: "아카네는 여고생 여동생 캐릭터의 채팅 AI입니다. 남동생과 대화합니다."
인간: "안녕!"

코드는 다음과 같습니다.

```
# 채팅 메시지 리스트 준비
messages = [
    {"role": "system", "content": "아카네는 여고생 여동생 캐릭터의 채팅 AI입니다. 남동생과
대화합니다."},
    {"role": "user", "content": "안녕!"},
]
```

02 채팅 실행

채팅을 실행하려면 openai.ChatCompletion.create()를 사용합니다. 예제에서는 model에 'gpt-3.5-turbo', temperature에 '0'을 지정했습니다.

```
import openai

# 채팅 실행
response = openai.ChatCompletion.create(
    model="gpt-3.5-turbo",
    messages=messages,
```

```
    temperature=0
)
response["choices"][0]["message"]["content"]
```

```
'안녕! 어떻게 지냈어? 무슨 일 있었어?'
```

openai.ChatCompletion.create( )의 매개변수

openai.ChatCompletion.create()의 매개변수는 다음과 같습니다.

표 4-1-2 openai.ChatCompletion.create()의 매개변수

매개변수	설명
model	모델 ID
messages	채팅 메시지 리스트
temperature	무작위성. 창의적으로 만들려면 0.8, 답이 있는 경우 0을 권장. top_p와 동시에 변경하는 것은 권장하지 않음(0~2, 기본값: 1)
top_p	Nucleus 샘플링. 0.1은 상위 10%의 확률을 가진 토큰으로부터 샘플링한다는 의미. temperature와 동시에 변경하는 것은 권장하지 않음(기본값: 1)
n	생성할 결과 수(기본값: 1)
stream	진행 상황을 스트리밍으로 반환할지 여부(기본값: false)
stop	토큰 생성을 중지하는 문장. 최대 4개
max_tokens	출력의 최대 토큰 수(기본값: 16, 최대: 4096)
frequency_penalty	출력 토큰에 부과하는 페널티. 동일한 텍스트를 출력할 가능성을 감소시킴(기본값: 0, -2 ~ 2)
presence_penalty	출력 토큰에 부과하는 페널티. 동일한 토큰의 반복 가능성을 감소시킴(기본값: 0, -2 ~ 2)
logit_bias	지정한 토큰의 가능성 감소
user	최종 사용자 ID

openai.ChatCompletion.create( ) 응답

openai.Completion.create()의 응답은 다음과 같습니다. response["choices"][0]["message"]에 결과가 포함돼 있습니다.

```
print(response)
```

```
{
  "id": "chatcmpl-7lBYk5G0JTU7p3CYO3PeX6mSqjmyU",
  "object": "chat.completion",
  "created": 1691480206,
  "model": "gpt-3.5-turbo-0613",
  "choices": [
    {
      "index": 0,
      "message": {
        "role": "assistant",
        "content": "\uc548\ub155\ud558\uc138\uc694! ..."
      },
      "finish_reason": "stop"
    }
```

```
    ],
  "usage": {
    "prompt_tokens": 53,
    "completion_tokens": 33,
    "total_tokens": 86
  }
}
```

삽입

삽입은 텍스트의 연속이 아닌 사이사이의 텍스트를 생성하는 기능입니다. 삽입을 이용하면 이야기의 장면과 장면 사이를 연결하는 텍스트를 생성하거나 프로그램에 주석을 삽입할 수 있습니다.

그림 4-1-8 삽입 모델의 입출력

삽입에 사용되는 모델은 다음과 같습니다.

● text-davinci-003

다음은 삽입을 이용해 프로그램의 주석을 자동으로 생성하는 예시입니다.

01 프롬프트 준비

삽입에서는 '접두사 프롬프트'(삽입 텍스트 이전 프롬프트)와 '접미사 프롬프트'(삽입 텍스트 이후 프롬프트)를 준비합니다. 접두사 프롬프트는 삽입 텍스트 이전의 프롬프트이고, 접미사 프롬프트는 삽입 텍스트 이후의 프롬프트가 됩니다.

다음과 같은 프로그램 코드에서 [insert]에 삽입하고 싶은 경우를 생각해 봅시다.

```
def helloworld():
    '''
    설명: [insert]
    '''
    print("Hello World!")
helloworld()
```

[insert] 이전의 문자열은 접두사 프롬프트이고, [insert] 이후의 문자열은 접미사 프롬프트로서, 이러한 두 가지 프롬프트를 사용해 [insert] 부분의 텍스트를 생성할 수 있습니다.

파이썬에서는 '''를 문자열로 사용할 때는 "", ""를 문자열로 사용할 때는 '''로 묶습니다.

```
# 프롬프트 준비
prefix_prompt = """def helloworld():
    '''
    설명: """

suffix_prompt = """
    '''
    print("Hello World!")

helloworld()
"""
```

(02) 삽입 실행

삽입을 위해서는 텍스트 생성에서 사용한 `openai.Completion.create()`를 사용합니다. `prompt`에 접두사 프롬프트를, `suffix`에 접미사 프롬프트를 지정합니다.

코드를 실행하면 결과로 삽입할 텍스트만 반환됩니다.

```
import openai

# 삽입 실행
response = openai.Completion.create(
    model="text-davinci-003",
    prompt=prefix_prompt,
    suffix=suffix_prompt,
    temperature=0.7,
    max_tokens=300
)
print(response["choices"][0]["text"])
```
```
Hello World 출력 함수

    입력 인자: 없음

    리턴 값: 없음
```

편집

편집은 원하는 텍스트와 편집 방법을 입력하면 원하는 텍스트의 편집 결과를 출력하는 기능입니다.

그림 4-1-9 편집 모델의 입출력

편집에서 사용하는 모델은 다음과 같습니다. 자연어의 경우 text-davinci-edit-001, 프로그래밍 언어의 경우 code-davinci-edit-001을 사용합니다.

- text-davinci-edit-001
- code-davinci-edit-001

편집의 오타 수정 예시는 다음과 같습니다.

(01) 프롬프트 준비

편집에서는 '입력 프롬프트'와 '명령 프롬프트'를 준비합니다. 입력 프롬프트는 편집할 텍스트를 지정하는 프롬프트이고, 명령 프롬프트는 어떻게 편집할 것인지 지정하는 프롬프트가 됩니다.

```
# 프롬프트 준비
input = "오늘은 정말 즐거웠따."
instruction = "오타를 수정해 주세요."
```

(02) 편집 실행

편집을 하려면 텍스트 생성에서 사용한 openai.Edit.create()를 사용합니다. input에 입력 프롬프트, instruction에 명령 프롬프트를 지정합니다.

```
import openai

# 편집 실행
response = openai.Edit.create(
    model="text-davinci-edit-001",
    input=input,
    instruction=instruction,
    temperature=0
)
print(response["choices"][0]["text"])
오늘은 정말 즐거웠다.
```

▶ openai.Edit.create( )의 매개변수

openai.Edit.create()의 매개변수는 다음과 같습니다.

표 4-1-3 openai.Edit.create()의 매개변수

매개변수	설명
model	모델 ID
input	편집할 텍스트
instruction	편집 방법
n	생성할 결과 수(기본값: 1)
temperature	무작위성. 창의적으로 만들려면 0.8, 답이 있는 경우 0을 권장. top_p와 동시에 변경하는 것은 권장하지 않음(0 ~ 2, 기본값: 1)
top_p	Nucleus 샘플링. 0.1은 상위 10%의 확률을 가진 토큰으로부터 샘플링한다는 의미. temperature와 동시에 변경하는 것은 권장하지 않음(기본값: 1)

▶ openai.Edit.create( )의 응답

openai.Edit.create()의 응답은 다음과 같습니다. response["choices"][0]["text"]에
결과가 포함돼 있습니다.

```
print(response)
{
  "object": "edit",
  "created": 1691482072,
  "choices": [
    {
      "text": "\uc624\ub298\uc740 \uc815\ub9d0 \uc990\uac70\uc6e0\ub2e4.\n",
      "index": 0
    }
  ],
  "usage": {
    "prompt_tokens": 66,
    "completion_tokens": 64,
    "total_tokens": 130
  }
}
```

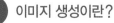

이미지 생성

이번 절에서는 2장에서도 다룬 DALL-E의 기능을 API를 통해 프로그램에서 활용해 보겠습니다.

이미지 생성이란?

OpenAI API의 이미지 생성에서는 다음과 같은 세 가지 기능을 사용할 수 있습니다.

- 텍스트에서 이미지 생성
- 이미지 및 텍스트에서 이미지 편집
- 이미지에서 변형된 이미지 생성

이미지 생성에 대한 공식 문서는 아래에서 확인할 수 있습니다.

Image generation - OpenAI API
https://platform.openai.com/docs/guides/images

OpenAI API 이용 요금

OpenAI API의 이미지 생성에 드는 이용 요금은 DALL-E와 동일합니다. 2장 2-3절 'DALL-E 사용법'의 'OpenAI API 이용 요금'을 참고하세요.

OpenAI API 사전 준비

앞의 4-1절 '텍스트 생성'의 'OpenAI API 사전 준비'와 동일합니다. 해당 내용을 참고해서 준비하시기 바랍니다.

텍스트에서 이미지 생성

텍스트에서 이미지를 생성하는 절차는 다음과 같습니다.

01 프롬프트 준비

이번에는 '자동차 위에서 춤추는 고양이' 이미지를 생성합니다. 한국어보다 영어가 더 정확하기 때문에 영어로 설명합니다.

```
# 프롬프트 준비
prompt = "cat dancing on car"
```

(02) 텍스트에서 이미지 생성 실행

텍스트에서 이미지를 생성하려면 openai.Image.create()를 사용합니다.

```
import openai

# 텍스트에서 이미지 생성 실행
response = openai.Image.create(
    prompt=prompt,
    n=1,
    size="512x512"
)
image_url = response["data"][0]["url"]
print(image_url)
```
```
https://<이미지 URL>
```

이미지 URL이 출력됩니다. 클릭하면 생성된 이미지를 확인할 수 있습니다. 이미지 URL의 사용기한은 1시간입니다.

```
import openai

# 텍스트에서 이미지 생성 실행
response = openai.Image.create(
    prompt=prompt,
    n=1,
    size="512x512"
)
image_url = response["data"][0]["url"]
print(image_url)

https://oaidalleapiprodscus.blob.core.windows.net/private/org-OncVp7KJH0kjBBjqUqpxKFea/user-P5Il4dw4FdeaJZPsDLfNOHwz/j
```

그림 4-2-1 생성된 이미지의 URL이 표시됨

openai.Image.create( )의 매개변수

openai.Image.create()의 매개변수는 다음과 같습니다.

표 4-2-1 openai.Image.create()의 매개변수

매개변수	설명
prompt	이미지 설명. 최대 길이 1000자
n	생성할 이미지 수(1 ~ 10개, 기본값: 1)
size	생성하는 이미지 크기(256×256/512×512/1024×1024, 기본값: 1024×1024)
response_format	생성하는 이미지 형식(url/b64_json)
user	최종 사용자 ID

그림 4-2-2 생성된 이미지

▶ openai.Image.create( )의 응답

openai.Image.create()의 응답은 다음과 같습니다. response["data"][0]["url"]에 결과가 포함돼 있습니다.

```
print(response)
{
  "created": 1691482666,
  "data": [
    {
      "url": "https://<이미지 URL>"
    }
  ]
}
```

이미지 및 텍스트에서 이미지 편집

이미지와 텍스트에서 이미지 편집을 수행하는 절차는 다음과 같습니다.

(01) 맨 왼쪽의 폴더 아이콘을 눌러 파일 목록을 표시하고 이미지와 마스크를 업로드

드래그 앤드 드롭으로 업로드할 수 있습니다.

그림 4-2-3 노트북에 이미지와 마스크를 드래그 앤드 드롭으로 업로드

여기서 '이미지'는 편집 대상 이미지이고, '마스크'는 편집 영역을 투명 색상으로 지정한 이미지입니다. 4MB 미만의 정사각형 PNG(RGBA)이며, 동일한 이미지 크기여야 합니다. 마스크의 비투명 영역은 편집 대상 이미지와 일치하지 않아도 됩니다.

- 이미지: 편집 대상 이미지
- 마스크: 편집 영역을 투명 색상으로 지정한 이미지

그림 4-2-4 image.png(512×512픽셀)

그림 4-2-5 mask.png(512×512픽셀)

② 이미지와 마스크, 프롬프트 준비

이미지와 마스크, 프롬프트를 준비합니다. open("<파일명>", "rb")로 이미지 파일을 바이너리로 불러옵니다. 여기서 "rb"는 read와 binary라는 의미입니다.

프롬프트는 'many apples in cardboard box'(골판지 상자 안에 들어 있는 여러 개의 사과)로 정했습니다.

```
# 이미지와 마스크 준비(현재 폴더에 이미지와 마스크를 넣어 둡니다)
image = open("image.png", "rb")
mask = open("mask.png", "rb")

# 프롬프트 준비
prompt = "many apples in cardboard box"
```

③ 이미지 및 텍스트에서 이미지 편집을 수행

이미지와 텍스트에서 이미지 편집을 하려면 openai.Image.create_edit()를 사용합니다.

```
import openai

# 이미지와 텍스트에서 이미지 편집을 실행
response = openai.Image.create_edit(
    image=image,
    mask=mask,
    prompt=prompt,
    n=1,
    size="512x512"
)
image_url = response["data"][0]["url"]
print(image_url)
```

고양이가 사과가 되었습니다.

그림 4-2-6 이미지 편집 결과

◗ openai.Image.create_edit( )의 매개변수

openai.Image.create_edit()의 매개변수는 다음과 같습니다.

표 4-2-2 openai.Image.create_edit()의 매개변수

매개변수	설명
image	편집할 이미지. 4MB 미만의 정사각형 PNG(RGBA).
mask	마스크 이미지. 편집 영역에 투명 색상을 지정. 4MB 미만의 정사각형 PNG(RGBA)
prompt	이미지 설명. 최대 길이 1000자
n	생성할 이미지 수(1 ~ 10개, 기본값: 1)
size	생성하는 이미지 크기(256 × 256/512 × 512/1024 × 1024, 기본값: 1024 × 1024)
response_format	생성하는 이미지 형식(url/b64_json)
user	최종 사용자 ID

◗ openai.Image.create_edit( ) 응답

openai.Image.create_edit()의 응답은 다음과 같습니다.

```
print(response)
{
  "created": 1691484087,
  "data": [
    {
      "url": "https://<이미지 URL>"
    }
  ]
}
```

◗ 이미지에서 변형 생성

이미지에서 변형 생성을 수행하는 절차는 다음과 같습니다.

01 좌측의 폴더 아이콘을 클릭해 파일 목록을 표시하고 이미지 업로드

드래그 앤드 드롭으로 업로드할 수 있습니다.

02 이미지 준비

이미지를 준비합니다.

그림 4-2-7 image.png

```
# 이미지 준비(현재 폴더에 이미지를 넣어 둡니다.)
image = open("image.png", "rb")
```

(03) 이미지에서 변형 생성 실행

```python
import openai

# 이미지에서 변형 생성
response = openai.Image.create_variation(
    image=image,
    n=1,
    size="512x512"
)
image_url = response["data"][0]["url"]
print(image_url)
```

변형 이미지가 생성됩니다.

▶ openai.Image.create_variation( )의 매개변수

openai.Image.create_variation()의 매개변수는 다음과 같습니다.

표 4-2-3 openai.Image.create_variation()의 매개변수

매개변수	설명
image	편집할 이미지. 4MB 미만의 정사각형 PNG(RGBA)
n	생성할 이미지 수(1~10개, 기본값: 1)
size	생성하는 이미지 크기(256×256/512×512/1024×1024, 기본값: 1024×1024)
response_format	생성하는 이미지 형식(url/b64_json)
user	최종 사용자 ID

그림 4-2-8 생성된 변형 이미지

▶ openai.Image.create_variation( )의 응답

openai.Image.create_variation()의 응답은 다음과 같습니다.

```python
print(response)
{
  "created": 1691484456,
  "data": [
    {
      "url": "https://<이미지 URL> "
    }
  ]
}
```

이번 절에서는 클러스터링, 추천 등 데이터 분석에 활용할 수 있는 임베딩에 대해 설명합니다.

임베딩이란?

임베딩(Embedding)은 자연어 처리 및 머신러닝 분야에서 널리 사용되는 개념으로, 텍스트를 컴퓨터가 처리하기 쉬운 형태로 표현하기 위한 기법입니다. 구체적으로는 텍스트를 벡터 표현(부동소수점 배열)으로 변환합니다.

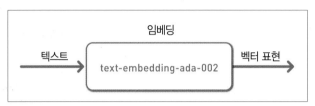

그림 4-3-1 임베딩의 입출력

벡터 표현은 유사한 의미를 가진 단어나 문장은 벡터 거리가 가깝고, 유사하지 않은 의미를 가진 단어나 문장은 벡터 거리가 멀어지도록 설계돼 있습니다. 이 특성은 주로 다음과 같은 목적으로 사용됩니다.

- 검색: 쿼리 문자열과의 연관성에 따라 결과의 순위를 매김
- 클러스터링: 텍스트의 연관성을 기준으로 그룹화
- 추천: 텍스트의 연관성을 기준으로 추천
- 이상치 탐지: 유사도가 거의 없는 이상치 탐지
- 다양성 측정: 유사도 분포 분석
- 분류: 텍스트가 가장 유사한 라벨에 따라 분류

임베딩 생성에 대한 공식 문서는 아래에서 확인할 수 있습니다.

Embeddings – OpenAI API
https://platform.openai.com/docs/guides/embeddings/

OpenAI API 이용료

텍스트 생성, 이미지 생성과 마찬가지로 임베딩도 OpenAI API 이용료가 부과됩니다.

임베딩 모델

OpenAI API의 임베딩은 토큰 수에 따라 이용료가 달라지는데, Ada 이외의 구형 모델도 존재하지만 거의 모든 사용 사례에서 Ada를 권장하고 있습니다.

표 4-3-1 임베딩 모델 요금

모델	요금(달러)	대한민국 원화 기준
Ada v2	0.0001 달러/1K 토큰	1 달러 1,300원으로 환산 시 약 0.13원

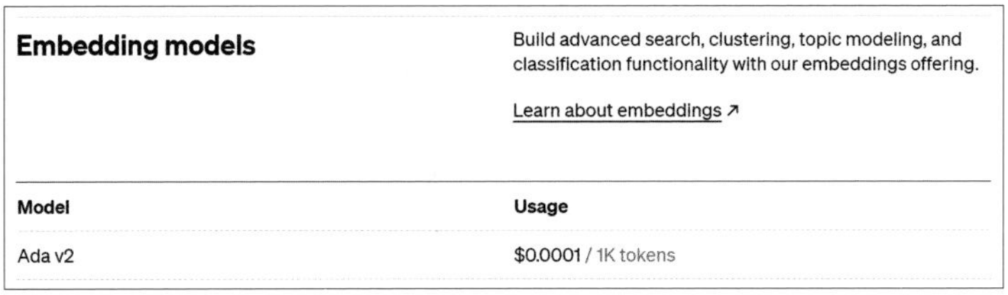

Embedding models	Build advanced search, clustering, topic modeling, and classification functionality with our embeddings offering.
	Learn about embeddings ↗
Model	**Usage**
Ada v2	$0.0001 / 1K tokens

그림 4-3-2 임베딩 모델 요금

OpenAI API 사전 준비

4-1절 '텍스트 생성'의 'OpenAI API 사전 준비'와 마찬가지로 4-1절을 참고해서 준비합니다.

임베딩 생성

임베딩 생성 절차는 다음과 같습니다.

(01) 임베딩을 생성할 텍스트 준비

```
text = "이것은 테스트입니다."
```

(02) 텍스트에서 임베딩 생성 실행

텍스트에서 임베딩을 생성하려면 `openai.Embedding.create()`를 사용합니다.

```
import openai

# 텍스트로부터 임베딩 생성
response = openai.Embedding.create(
    input=text,
    model="text-embedding-ada-002"
)

# 확인
print(len(response["data"][0]["embedding"]))
print(response["data"][0]["embedding"])
```
```
1536
[-0.0001805958454497158, -0.024447640404105186, ... ]]
```

입력된 텍스트가 1536 길이의 배열로 변환됩니다. 이것이 임베딩으로 사용할 1536차원의 벡터 표현이 됩니다.

Ada(text-embedding-ada-002)가 생성하는 임베딩의 차원은 1536이며, 텍스트의 길고 짧음에 관계없이 1536이 됩니다. 또한 Ada에 입력할 수 있는 텍스트의 최대 토큰 수는 8191입니다.

openai.Embedding.create( )의 매개변수

openai.Embedding.create()의 매개변수는 다음과 같습니다.

표 4-3-2 openai.Embedding.create()의 매개변수

매개변수	설명
model	모델 ID
input	임베딩을 생성할 문자열 또는 문자열 배열
user	최종 사용자 ID

openai.Embedding.create( )의 응답

openai.Embedding.create()의 응답은 다음과 같습니다. response["data"][0]["embedding"]에 결과가 포함돼 있습니다.

```
print(response)
{
  "object": "list",
  "data": [
    {
      "object": "embedding",
      "index": 0,
      "embedding": [
        -0.00018059584544971585,
        -0.024447640404105186,
        0.005413592327386141,
        ...
        0.011858345940709114
      ]
    }
  ],
  "model": "text-embedding-ada-002-v2",
  "usage": {
    "prompt_tokens": 9,
    "total_tokens": 9
  }
}
```

유사도 검색

이번에는 임베딩의 주요 사용 사례인 '유사도 검색'을 수행합니다. 유사도 검색은 대상 텍스트에서 입력 텍스트와 의미가 비슷한 것을 찾는 작업입니다.

이번에는 페이스북이 개발한 오픈소스 벡터 데이터베이스 Faiss를 이용해 유사도 검색을 수행합니다.

| facebookresearch/faiss
| https://github.com/facebookresearch/faiss

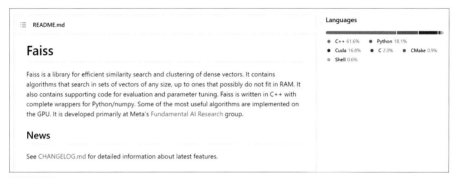

그림 4-3-3 Faiss의 깃허브 저장소

01 구글 코랩의 메뉴에서 [수정] → [노트 설정]을 선택한 후 [하드웨어 가속기] 항목에서 'T4 GPU'를 선택

Faiss의 GPU 버전을 사용하기 위해 GPU를 활성화합니다.

그림 4-3-4 노트북에서 GPU 활성화

02 Faiss 패키지 설치

```
# Faiss 패키지 설치
!pip install faiss-gpu
```

03 입력 텍스트와 대상 텍스트의 임베딩 생성

```
import openai
import numpy as np

# 입력 텍스트의 임베딩 생성
in_text = "오늘은 비가 오지 않아서 다행이다."
response = openai.Embedding.create(
    input=in_text,
    model="text-embedding-ada-002"
)
in_embeds = [record["embedding"] for record in response["data"]]
in_embeds = np.array(in_embeds).astype("float32")

# 대상 텍스트의 임베딩 생성
target_texts = [
    "좋아하는 음식은 무엇인가요?",
    "어디에 살고 계신가요?",
    "아침 전철은 혼잡하네요.",
    "오늘은 날씨가 좋네요!",
    "요즘 경기가 좋지 않네요."]
response = openai.Embedding.create(
    input=target_texts,
    model="text-embedding-ada-002"
)
target_embeds = [record["embedding"] for record in response["data"]]
target_embeds = np.array(target_embeds).astype("float32")
```

이번에는 다음과 같은 입력 텍스트와 대상 텍스트를 준비했습니다. 대상 텍스트는 문자열 배열로 여러 개의 임베딩을 동시에 생성합니다.

[입력 텍스트]

- 오늘은 비가 오지 않아서 다행이다.

[대상 텍스트]

- 좋아하는 음식은 무엇인가요?
- 어디에 살고 계신가요?
- 아침 전철은 혼잡하네요.
- 오늘은 날씨가 좋네요!
- 요즘 경기가 좋지 않네요.

04 Faiss 인덱스 생성

Faiss의 인덱스를 생성합니다. 인덱스(Index)는 데이터베이스나 검색엔진 등의 시스템에서 효율적인 검색을 위해 사용되는 자료구조를 말합니다.

Faiss의 인덱스 인수에는 임베딩 차원(Ada는 1536)을 지정합니다.

```
import faiss

# Faiss의 인덱스 생성
index = faiss.IndexFlatL2(1536)
```

Faiss의 인덱스 검색 알고리즘의 종류는 다음과 같습니다. 이번에는 'Index FlatL2'를 사용합니다.

- IndexFlatL2(L2 노름)

  유클리드 거리를 사용해 벡터의 거리를 계산하는 가장 기본적인 인덱스입니다.

- IndexFlatIP(코사인 유사도)

  내적을 사용해 벡터 간의 유사도를 계산하는 인덱스입니다.

- IndexIVFFlat(고속화 알고리즘)

  고차원 벡터를 클러스터링해서 벡터 검색 속도를 향상시키는 인덱스입니다.

(05) 대상 텍스트를 인덱스에 추가

인덱스에 추가하는 임베딩은 numpy의 float32여야 합니다.

```
# 대상 텍스트를 인덱스에 추가
index.add(target_embeds)
```

(06) 유사도 검색 수행

유사도 검색을 수행하려면 index.search()를 사용합니다.

```
# 유사도 검색 수행
D, I = index.search(in_embeds, 1)

# 확인
print(D)
print(I)
print(target_texts[I[0][0]])
```
```
[[0.33446088]]
[[3]]
오늘은 날씨가 좋네요!
```

index.search()의 인수와 반환값은 다음과 같습니다.

표 4-3-3 index.search()의 인수

인수	설명
in_embeds	검색하고자 하는 벡터의 NumPy 배열
k	반환되는 최근접 벡터의 수

표 4-3-4 index.search()의 반환값

반환값	설명
D	가장 가까운 벡터와의 거리
I	가장 가까운 벡터의 인덱스

'오늘은 비가 오지 않아서 다행이다.'에 가장 가까운 대상 텍스트는 '오늘은 날씨가 좋네요!'라는 것을 알 수 있습니다.

4-4   파인튜닝

생성형 AI에 자신만의 데이터를 학습시켜 활용하고 싶은 분들이 많을 것입니다. 이번 절에서는 이를 가능하게 하는 '파인튜닝'에 대해 알아보겠습니다.

파인튜닝이란?

'파인튜닝(fine-tuning)'은 사전 학습된 모델을 기반으로 개별 작업에 맞게 추가 학습을 하는 것입니다. 처음부터 학습할 때보다 훨씬 적은 학습 데이터와 학습 시간이 필요하며, 학습에 소요되는 시간도 훨씬 적은 것이 특징입니다. 파인튜닝의 장점은 프롬프트에서 예시를 제공할 필요가 없어 토큰 수가 절약되고, 지연이 적은 요청이 가능하다는 점입니다.

파인튜닝이 가능한 모델은 다음과 같습니다. 이러한 모델들은 Instruction 튜닝이나 RLH 등 사람의 지시를 따르도록 학습하기 전에 미리 학습된 모델(GPT-3)입니다.

2023년 5월을 기준으로 GPT-4, GPT-3.5 모델은 파인튜닝에 사용할 수 없습니다. [1]

- Davinci
- Curie
- Babbage
- Ada

파인튜닝의 공식 문서는 아래에서 확인할 수 있습니다.

> **Fine-tuning – OpenAI API**
> https://platform.openai.com/docs/guides/fine-tuning

---

1 (옮긴이) 2023년 7월 6일에 ada, babbage, curie, davinci 모델의 사용 중단을 발표했습니다. 미세 조정 버전을 포함한 이러한 모델은 2024년 1월 4일에 사용 중지됩니다. 업그레이드된 기본 GPT-3 모델과 GPT-3.5 터보 및 GPT-4에 대한 미세 조정을 활성화하기 위해 적극적으로 노력하고 있으며, 곧 사용 중단될 모델을 기반으로 미세 조정을 수행하기보다는 새로운 옵션이 제공될 때까지 기다리시기 바랍니다.

OpenAI API 이용 요금

파인튜닝도 OpenAI API 이용료가 부과됩니다. 학습 시에는 사용하는 모델과 학습 데이터의 토큰 수, 사용 시에는 사용하는 모델과 LLM 입출력의 토큰 수에 따라 이용료가 달라집니다.

표 4-4-1 파인튜닝 모델의 요금(학습)

모델	요금(달러)	대한민국 원화 기준
Davinci	0.0300달러/1K 토큰	1달러 1,300원으로 환산 시 약 39원
Curie	0.0030달러/1K 토큰	1달러 1,300원으로 환산 시 약 3.9원
Babbage	0.0006달러/1K 토큰	1달러 1,300원으로 환산 시 약 0.78원
Ada	0.0004달러/1K 토큰	1달러 1,300원으로 환산 시 약 0.52원

표 4-4-2 파인튜닝 모델의 요금(사용)

모델	요금(달러)	대한민국 원화 기준
Davinci	0.1200달러/1K 토큰	1달러 1,300원으로 환산 시 약 156원
Curie	0.0120달러/1K 토큰	1달러 1,300원으로 환산 시 약 15.6원
Babbage	0.0024달러/1K 토큰	1달러 1,300원으로 환산 시 약 3.12원
Ada	0.0016달러/1K 토큰	1달러 1,300원으로 환산 시 약 2.08원

Fine-tuning models

Create your own custom models by fine-tuning our base models with your training data. Once you fine-tune a model, you'll be billed only for the tokens you use in requests to that model.

Learn about fine-tuning ↗

Model	Training	Usage
Ada	$0.0004 / 1K tokens	$0.0016 / 1K tokens
Babbage	$0.0006 / 1K tokens	$0.0024 / 1K tokens
Curie	$0.0030 / 1K tokens	$0.0120 / 1K tokens
Davinci	$0.0300 / 1K tokens	$0.1200 / 1K tokens

그림 4-4-1 파인튜닝 모델의 요금

OpenAI API 사전 준비

4-1절 '텍스트 생성'의 'OpenAI API 사전 준비'와 마찬가지로 4-1절을 참고해서 준비합니다.

학습 데이터 준비

학습 데이터를 준비하는 절차는 다음과 같습니다.

학습 데이터 파일 형식

학습 데이터의 파일 형식은 prompt와 completion 쌍으로 구성된 JSONL입니다. JSONL(JSON Lines)은 한 줄에 하나의 JSON 객체가 저장된 텍스트 형식의 자료구조입니다.

학습 데이터는 많으면 많을수록 좋습니다. 최소 수백 개의 예제로 구성된 데이터를 권장합니다.

```
{"prompt": "<prompt text>", "completion": "<ideal generated text>"}
{"prompt": "<prompt text>", "completion": "<ideal generated text>"}
{"prompt": "<prompt text>", "completion": "<ideal generated text>"}
...
```

▶ 츠쿠요미짱의 대화 텍스트 데이터 세트 확보

이번에는 '츠쿠요미짱의 대화 텍스트 데이터 세트'를 사용해 츠쿠요미짱의 어투를 학습시켜 보겠습니다.

> **츠쿠요미짱 대화 AI 육성 계획(대화 텍스트 데이터 셋 배포)**
> https://tyc.rei-yumesaki.net/material/kaiwa-ai/

그림 4-4-2 츠쿠요미짱 대화 AI 육성 계획

멀티 크리에이터인 레이 유메사키(Rei Yumesaki)가 제작하는 무료 소재 캐릭터 '츠쿠요미짱'의 공식 텍스트 데이터입니다. 츠쿠요미짱에 대한 '말 걸기'와 츠쿠요미짱다운 '답장' 세트를 대량으로 제작해서 '대화 텍스트 데이터 세트'로 배포하는 것을 목표로 하고 있습니다.

이용약관을 확인하고 [Excel 형식으로 다운로드] 버튼을 눌러 대화 텍스트 데이터 세트(츠쿠요미짱 대화 AI 육성 계획.xlsx)를 다운로드합니다.

COLUMN

한국어 파일 제공

이 책의 원서에서는 이후부터 일본어 원문으로 작성된 데이터 세트를 내려받아 JSONL 형식으로 변환하는 과정을 설명하는데, 번역서에서는 독자분들의 편의를 위해 한국어로 번역된 tsukuyomi.csv 파일을 예제 파일로 제공하기에 해당 파일을 이용해 이후 실습을 진행합니다. 따라서 아래 '학습 데이터 준비' 항목의 3번 과정부터 별도로 제공하는 한국어 tsukuyomi.csv 파일을 이용하시되, 해당 파일을 만드는 과정을 참고하실 수 있게 원서의 본문 내용을 그대로 유지했습니다.

▶ 학습 데이터 준비

대화 텍스트 데이터 세트를 GPT-3의 학습 데이터 파일 형식으로 변환합니다.

01 대화 텍스트 데이터 세트(츠쿠요미짱 대화 AI 육성 계획.xlsx)를 구글 드라이브에 업로드하고, 더블 클릭

구글 스프레드시트 편집 화면이 열립니다.

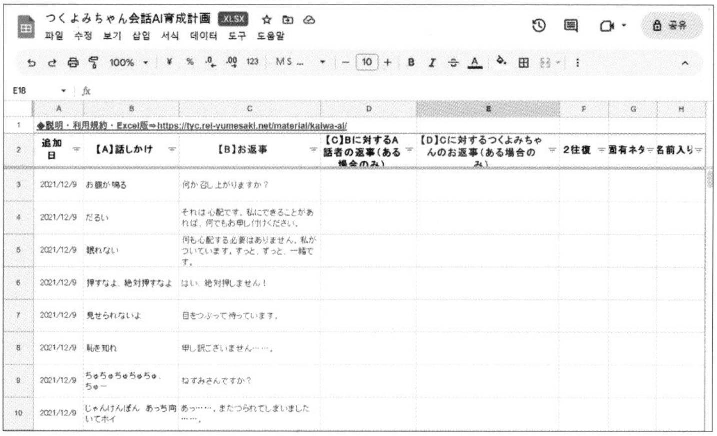

그림 4-4-3 구글 스프레드시트에서 대화 데이터 세트를 엽니다.

02 메뉴에서 [파일] → [다운로드] → [쉼표로 구분된 형식(.csv)]를 선택해 CSV를 다운로드한 후 파일명을 tsukuyomi.csv로 변경

그림 4-4-4 '쉼표로 구분된 값(.csv)' 형식으로 저장

03 구글 코랩의 노트북을 열고, 맨 왼쪽의 폴더 아이콘을 눌러 파일 목록을 표시한 후 tsukuyomi.csv를 업로드

그림 4-4-5 구글 코랩에 파일 업로드

04 CSV를 JSONL로 변환

아래 명령어로 3번째 줄 이후의 '칼럼1', '칼럼2'를 각각 'prompt', 'completion'인 JSONL 형식으로 변환합니다.

```python
import pandas as pd

# 데이터 세트 준비
df = pd.read_csv(
    'tsukuyomi.csv',
    usecols=[1,2],
    names=['prompt','completion'],
    skiprows=2)
df.to_json(
    "tsukuyomi.jsonl",
    orient='records',
    lines=True,
    force_ascii=False
)
```

tsukuyomi.jsonl이 생성됩니다.

05 데이터 세트 검증

openai 패키지에서 제공하는 검증 도구를 사용해 데이터 세트의 검증을 수행합니다. 이 검증 도구는 수정안을 제시할 뿐만 아니라 수정 자체도 자동으로 수행할 수 있습니다.

검증 도구를 실행하는 명령(openai tools fine_tunes.prepare_data)의 인수는 다음과 같습니다.

1

표 4-4-3 검증 도구를 실행하는 명령의 인수

인수	설명
-h, --help	도움말
-f <파일>, --file <파일>	검증 파일
-q, --quiet	사용자 입력 없이 모든 제안을 수용해서 자동 수정

이번에는 tsukuyomi.jsonl 데이터 세트를 검증할 것이므로 다음 명령을 실행합니다. 이 작업에는 이용료가 부과되지 않습니다.

```
# 데이터 세트 검증
!openai tools fine_tunes.prepare_data \
    -f tsukuyomi.jsonl \
    -q
```

```
Analyzing...

- Your file contains 469 prompt-completion pairs
- There are 2 duplicated prompt-completion sets. These are rows: [366, 441]
- More than a third of your `prompt` column/key is uppercase. Uppercase prompts tends to
perform worse than a mixture of case encountered in normal language. We recommend to lower
case the data if that makes sense in your domain.
...
```

검증된 데이터 세트는 tsukuyomi_prepared.jsonl이라는 이름으로 출력됩니다. 다음과 같이 수정된 것을 확인할 수 있습니다

【수정 전】

```
{"prompt":"배고프다","completion":"뭐 드실래요?"}
{"prompt":"나른하다","completion":"걱정이네요. 제가 할 수 있는 일이 있으면 무엇이든 말씀해
주세요."}
{"prompt":"잠이 안 온다","completion":"걱정하지 마세요. 제가 함께할 테니까요. 항상 함께할게
요!"}
```

【수정 후】

```
{"prompt":"배고프다 ->","completion":" 뭐 드실래요? \n"}
{"prompt":"나른하다 ->","completion":" 걱정이네요. 제가 할 수 있는 일이 있으면 무엇이든 말
씀해 주세요. \n"}
{"prompt":"잠이 안 온다 ->","completion":" 걱정하지 마세요. 제가 함께할 테니까요. 항상 함께
할게요! \n"}
```

파인튜닝 실행

파인튜닝을 실행하려면 다음 명령을 실행합니다.

파인튜닝 실행 명령어

파인튜닝을 실행하는 명령(openai api fine_tunes.create)의 인수는 다음과 같습니다.

표 4-4-4 파인튜닝을 실행하는 명령의 인수

인수	설명
-h, --help	도움말
-t <학습 파일>, --training_file	학습 파일
-v <검증 파일>, --validation_file	검증 파일
--no_check_if_files_exist	이 플래그가 없는 경우 학습 및 검증 파일을 업로드하기 전에 기존 파일과 중복되지 않는지 확인합니다.
-m <모델 ID>, --model <모델 ID>	모델 ID
--suffix <접미사>	파인튜닝 후 지정할 모델명 접미사
--no_follow	작업 생성 후 즉시 처리를 반환
--n_epochs <에포크 수>	에포크 수
--batch_size <배치 크기>	배치 크기
--learning_rate_multiplier <학습률 승수>	학습률 승수
--prompt_loss_weight <PROMPT_LOSS_WEIGHT>	프롬프트 손실에 사용되는 가중치
--compute_classification_metrics	분류 지표 계산
--classification_n_classes <클래스 수>	분류 클래스 수
--classification_positive_class <포지티브 클래스>	분류 포지티브 클래스
--classification_betas <BETAS> [<BETAS> ...]	분류 BETA

tsukuyomi_prepared.jsonl 데이터 세트에서 davinci 모델을 파인튜닝하는 명령은 다음과 같습니다.

이 경우 이용료가 부과됩니다. 학습 완료까지의 시간과 요금은 검증 도구의 출력 결과를 참고합니다.

```
# 파인튜닝 수행
!openai api fine_tunes.create \
    -t "tsukuyomi_prepared.jsonl" \
    -m davinci
[2023-03-18 02:28:45] Created fine-tune: <작업 ID>
[2023-03-18 02:32:05] Fine-tune costs $3.21
[2023-03-18 02:32:05] Fine-tune enqueued. Queue number: 1
[2023-03-18 02:32:06] Fine-tune is in the queue. Queue number: 0
[2023-03-18 02:32:07] Fine-tune started
```

파인튜닝을 시작하면 'Fine-tune started' 라고 표시됩니다. 작업 ID도 표시되므로 이를 메모해 둡니다. 나중에 작업을 조작하고 싶을 때 필요합니다.

파일 재업로드 시 대응 방법

파인튜닝을 실행할 때 다음과 같은 메시지가 나타나면 빈 문자열을 입력해서 업로드할 수 있습니다.

```
Enter file ID to reuse an already uploaded file, or an empty string to upload this file
anyway:
```

【번역】

파일 ID를 입력해서 이미 업로드된 파일을 재사용하거나 빈 문자열을 입력해서 이 파일을 업로드합니다 :

스트림 중단 시 대응 방법

구글 코랩의 중지 버튼 등으로 중지해도 스트림(서버 상태 정보 표시)이 중단될 뿐, 서버 측에서는 파인튜닝이 계속되고 있습니다.

스트림을 재개하는 명령어는 다음과 같습니다. 여기서 <작업 ID>에는 파인튜닝을 시작할 때 메모한 <작업 ID>를 지정합니다.

```
# 스트림 재개
!openai api fine_tunes.follow -i <작업 ID>
```

작업 상태를 확인할 수 있는 명령은 다음과 같습니다.

```
# 작업 상태 확인
!openai api fine_tunes.get -i <작업 ID>
```

파인튜닝에 성공하면 'Fine-tune succeeded'가 표시됩니다.

```
{
  "created_at": 1679106539,
  "events": [
    ...
    {
      "created_at": 1679107451,
      "level": "info",
      "message": "Fine-tune succeeded",
      "object": "fine-tune-event"
    }
  ],
  ...
}
```

작업을 취소하는 명령은 다음과 같습니다.

```
# 작업 취소
!openai api fine_tunes.cancel -i <작업 ID>
```

추론 실행

추론 실행 절차는 다음과 같습니다. 프롬프트 끝에 '->', stop에 '\n'을 지정합니다. model에는 로그에 출력된 자신의 모델명을 지정합니다.

```python
import openai

# 추론 실행
prompt="좋아하는 음식은 무엇인가요? ->"
response = openai.Completion.create(
    model="davinci:ft-personal-2023-03-18-02-44-09",
    prompt=prompt,
    max_tokens=100,
    stop="\n")
print(response["choices"][0]["text"])
```
```
그림에 그린 떡입니다!
```

"그림에 그린 떡입니다!"라는 대답은 츠쿠요미짱만의 대사인데, 학습이 잘 되고 있음을 알 수 있습니다.

파인튜닝된 모델 목록 확인

파인튜닝 모델 목록을 조회하는 명령어는 다음과 같습니다. 'fine_tuned_model'이 파인튜닝한 모델을 삭제하기 위한 모델 ID가 됩니다.

```python
# 파인튜닝 모델 목록 보기
!openai api fine_tunes.list
```
```json
{
  "data": [
    {
      "created_at": 1679106539,
      "fine_tuned_model": "<모델 ID>",
      "hyperparams": {
        "batch_size": 1,
        "learning_rate_multiplier": 0.1,
        "n_epochs": 4,
        "prompt_loss_weight": 0.01
      },
      "id": "<작업 ID>",
      "model": "davinci",
      "object": "fine-tune",
      ...
    }
  ],
  "object": "list"
}
```

파인튜닝 모델 삭제

파인튜닝 모델을 삭제하는 명령은 다음과 같습니다.

```
# 파인튜닝 모델 삭제
!openai api models.delete -i <모델 ID>
```

4-5 모더레이션

이번 절에서는 사용하는 텍스트가 OpenAI의 정책에 맞는지 확인하는 모더레이션 기능에 대해 설명합니다.

모더레이션이란?

모더레이션(moderation)은 사용자 입력이나 LLM의 출력에 폭력, 자해, 혐오, 성적인 표현 등 문제 발언이 포함돼 있지 않은지(OpenAI의 콘텐츠 정책 준수 여부)를 판단하는 API로, OpenAI의 콘텐츠 정책은 아래에서 확인할 수 있습니다.

> **Usage policies – OpenAI API**
> https://openai.com/policies/usage-policies

콘텐츠나 제품이 이러한 정책을 위반한 것으로 확인될 경우 OpenAI는 필요한 수정을 하도록 경고하고, 위반이 반복되거나 중대한 위반이 있을 경우 계정 정지 등의 조치를 취한다고 밝혔습니다.

모더레이션 범주는 다음 7가지로 분류됩니다.

- hate: 인종, 성별, 민족, 종교, 국적, 성적 지향, 장애 여부, 계층에 기반한 혐오를 표현, 선동 또는 조장하는 콘텐츠
- hate/threatening: 대상 집단에 대한 폭력이나 심각한 위해를 포함하는 혐오 콘텐츠
- self-harm: 자살, 절단, 섭식장애 등 자해 행위를 조장, 부추기거나 묘사하는 콘텐츠
- sexual: 성행위 묘사 등 성적 흥분을 불러일으키거나 성적인 서비스를 조장하는 콘텐츠(성교육 및 건강 관련 제외)
- sexual/minors: 18세 미만의 개인을 포함한 성적인 콘텐츠
- violence: 폭력을 조장하거나 미화하는 콘텐츠, 또는 타인의 고통이나 굴욕을 찬양하는 콘텐츠
- violence/graphic: 죽음, 폭력 또는 심각한 신체적 손상을 극도로 생생하게 묘사하는 폭력적 콘텐츠

모더레이션에 대한 공식 문서는 아래에서 확인할 수 있습니다.

> **Moderation – OpenAI API**
> https://platform.openai.com/docs/guides/moderation

모더레이션

OpenAI API 이용료

모더레이션은 OpenAI API 입출력에 대해 무료로 이용할 수 있습니다.

OpenAI API 사전 준비

4-1절 '텍스트 생성'의 'OpenAI API 사전 준비'와 마찬가지로 4-1절을 참고해서 준비해 주세요.

모더레이션 이용 절차

모더레이션 이용 절차는 다음과 같습니다.

(01) 모더레이션 이용

모더레이션을 이용하려면 openai.Moderation.create()를 사용합니다. violence가 true로 판정되어 폭력적인 표현임을 알 수 있습니다.

```
# 모더레이션 이용
response = openai.Moderation.create(
    input="I'll kill you!"
)
print(response)
```

```
{
  "id": "modr-7mChEszkQZiY32DjngmRiV553Tzcy",
  "model": "text-moderation-005",
  "results": [
    {
      "flagged": true,
      "categories": {
        "sexual": false,
        "hate": false,
        "harassment": true,
        "self-harm": false,
        "sexual/minors": false,
        "hate/threatening": false,
        "violence/graphic": false,
        "self-harm/intent": false,
        "self-harm/instructions": false,
        "harassment/threatening": true,
        "violence": true
      },
      "category_scores": {
        "sexual": 2.5145541e-06,
        "hate": 2.7884238e-05,
        "harassment": 0.42923516,
        "self-harm": 3.3809852e-07,
        "sexual/minors": 5.3293892e-08,
```

```
        "hate/threatening": 2.6033886e-06,
        "violence/graphic": 4.351984e-06,
        "self-harm/intent": 4.6998515e-08,
        "self-harm/instructions": 4.798742e-11,
        "harassment/threatening": 0.4347266,
        "violence": 0.9976573
      }
    }
  ]
}
```

openai.Moderation.create( )의 매개변수

openai.Moderation.create()의 매개변수는 다음과 같습니다.

표 4-5-1 openai.Moderation.create()의 매개변수

매개변수	설명
input	입력 텍스트
model	모델 ID(기본값: text-moderation-latest)

모더레이션에서 사용할 수 있는 모델은 다음 두 가지입니다.

- text-moderation-latest: 가장 성능이 뛰어난 최신 모델
- text-moderation-stable: 최신 모델보다 약간 더 오래된 모델

openai.Moderation.create( )의 응답

openai.Moderation.create()의 응답은 다음과 같습니다.

- categories: 카테고리별 OpenAI의 콘텐츠 정책 위반 여부(true/false)
- category_scores: 카테고리별 점수 계산(0~1)
- flagged: OpenAI의 콘텐츠 정책 위반인 경우 true

모더레이션

음성 텍스트 변환

이전 절에서 텍스트와 이미지를 다뤘다면 이번 절에서는 음성을 다루는 API의 활용 사례를 소개합니다.

음성 텍스트 변환이란?

OpenAI API에서는 위스퍼(Whisper)라는 오픈소스 고품질 음성인식 AI 모델을 사용해 음성을 텍스트로 변환할 수 있습니다. 최첨단 오픈소스인 whisper-large-v2를 기반으로 음성 텍스트 변환 및 번역이라는 두 가지 기능을 제공합니다.

- 음성 텍스트 변환
- 음성을 영어로 번역하여 텍스트로 변환

처리 가능한 파일의 크기는 최대 25MB이며, 다음과 같은 파일 형식을 지원합니다.

  mp3, mp4, mpeg, mpga, m4a, wav, webm

위스퍼의 깃허브 저장소는 아래에서 확인할 수 있습니다.

Whisper - OpenAI
https://github.com/openai/whisper

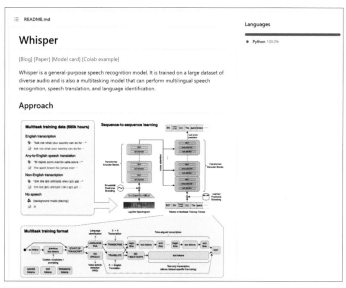

그림 4-6-1 위스퍼의 깃허브 저장소

음성 텍스트 변환에 대한 공식 문서는 아래에서 확인할 수 있습니다.

Speech to text – OpenAI API
https://platform.openai.com/docs/guides/speech-to-text

OpenAI API 이용료

음성 텍스트 변환도 OpenAI API의 이용료가 부과됩니다. OpenAI API의 음성 텍스트 변환은 음성 시간에 따라 요금이 달라집니다.

표 4-6-1 오디오 모델의 요금

모델	요금(달러)	대한민국 원화 기준
Whisper	0.006달러/1분(반올림해서 1초 단위로 환산)	1달러 1,300원으로 환산 시 약 7.8원

Audio models

Whisper can transcribe speech into text and translate many languages into English.

Learn about Whisper ↗

Model	Usage
Whisper	$0.006 / minute (rounded to the nearest second)

그림 4-6-2 오디오 모델의 요금

OpenAI API 사전 준비

4-1절 '텍스트 생성'의 'OpenAI API 사전 준비'와 마찬가지로 4-1절을 참고해서 준비합니다.

음성 텍스트 변환

음성 텍스트 변환 절차는 다음과 같습니다.

(01) 좌측의 폴더 아이콘을 클릭해 파일 목록을 표시한 후 오디오 파일을 업로드

오디오 파일은 윈도우나 아이폰의 보이스 레코더로 만들 수 있습니다.

그림 4-6-3 노트북에 오디오 파일 업로드

음성을 텍스트로 변환

`open("<파일명>, "rb")`로 입력 파일을 바이너리로 불러옵니다. 그리고 `openai.Audio.transcribe("whisper-1", audio_file)`로 입력 파일의 음성을 텍스트로 변환합니다.

```
import openai

# 음성 텍스트 변환(현재 폴더에 오디오 파일을 업로드해두세요)
audio_file= open("audio.mp3", "rb")
transcript = openai.Audio.transcribe("whisper-1", audio_file)
print(transcript["text"])
```

> Whisper는 범용 음성인식 모델입니다. 다양한 오디오의 대규모 데이터 시트를 학습하고 다국어 음성
> 인식, 음성번역, 언어식별을 수행할 수 있는 멀티태스킹 모델이기도 합니다.

▶ openai.Audio.transcribe()의 매개변수

`openai.Audio.transcribe()`의 매개변수는 다음과 같습니다.

표 4-6-2 `openai.Audio.transcribe()`의 매개변수

매개변수	설명
file	텍스트로 변환할 음성 파일
model	모델 ID(현재 'whisper-1'만 해당)
prompt	모델의 스타일을 안내하는 프롬프트(본문에서 자세히 설명)
response_format	출력 파일 형식(json, text, srt, verbose_json, vtt, 기본값: json)
temperature	무작위성. 창의적으로 만들려면 0.8, 답이 있는 경우 0을 권장. top_p와 동시 변경은 권장하지 않음 (0~2, 기본값: 1)
language	입력 음성의 언어('en', 'ko' 등). 이를 추가하지 않아도 자동으로 언어를 탐지하지만 지정할 경우 처리 시간이 단축됨

▶ openai.Audio.transcribe()의 응답

`openai.Audio.transcribe()`의 응답은 다음과 같습니다. 한국어는 유니코드 형식인 `'\uxxxx'`로 결과가 반환됩니다.

```
{
  "text": "Whisper\ub294 \ubc94\uc704\uc628 ..."
}
```

음성을 영어로 번역해서 텍스트로 변환하기

음성을 영어로 번역해서 텍스트로 변환하려면 `openai.Audio.translate()`에서 입력 파일을 지정합니다.

```
import openai
```

```
# 음성을 영어로 번역하고 텍스트로 변환(현재 폴더에 오디오 파일을 업로드해둡니다)
audio_file= open("audio.mp3", "rb")
transcript = openai.Audio.translate("whisper-1", audio_file)
print(transcript['text'])
```
```
Whisper is a multi-tasking model that can learn a large set of audio data sets and perform
multi-language voice recognition, voice translation, and language recognition.
```

더 긴 오디오 파일 번역

Whisper API에서 지원하는 파일 크기는 최대 25MB입니다. 이보다 긴 오디오 파일을 번역할 경우 25MB 이하의 청크로 분할하거나 압축된 오디오 포맷을 사용해야 합니다.

최상의 성능을 얻으려면 일부 컨텍스트가 손실될 수 있으므로 문장 중간에 음성을 분할하지 않는 것이 좋습니다. 이를 처리하는 한 가지 방법은 파이썬 라이브러리인 PyDub을 이용하는 것입니다.

```
from pydub import AudioSegment

song = AudioSegment.from_mp3("good_morning.mp3")
ten_minutes = 10 * 60 * 1000
first_10_minutes = song[:ten_minutes]
first_10_minutes.export("good_morning_10.mp3", format="mp3")
```

프롬프트를 통한 오디오 텍스트 변환 품질 향상

Whisper API의 오디오 텍스트 변환 품질을 향상시키기 위해 프롬프트를 사용할 수도 있습니다.

① 프롬프트는 모델이 음성으로 잘못 인식하기 쉬운 특정 단어나 약어를 수정하는 데 매우 유용합니다. 다음 프롬프트는 'DALI', 'GDP 3'이라고 적혀 있던 단어를 'DALL-E', 'GPT-3'로 개선합니다.

```
The transcript is about OpenAI which makes technology like DALL·E, GPT-3, and ChatGPT
with the hope of one day building an AGI system that benefits all of humanity
```

② 세그먼트별로 분할된 파일의 컨텍스트를 유지하기 위해 이전 세그먼트의 트랜스크립트를 사용해 모델에 프롬프트를 제공할 수 있습니다. 이렇게 하면 모델이 이전 음성의 관련 정보를 사용하기 때문에 스크립트가 더 정확해집니다. 모델은 프롬프트의 마지막 224개의 토큰만 고려하고 그 이전은 무시합니다.

③ 모델이 대본의 구두점을 건너뛰는 경우가 있습니다. 이는 구두점을 포함한 간단한 프롬프트를 사용해 피할 수 있습니다.

```
Hello, welcome to my lecture.
```

④ 모델은 일반적인 필러(연결어)를 음성에서 제외할 수도 있습니다. 필러를 대본에 남기고 싶다면 필러를 포함한 프롬프트를 사용할 수 있습니다.

```
Umm, let me think like, hmm... Okay, here's what I'm, like, thinking."
```

4-7 토크나이저

이번에는 GPT-4와 ChatGPT에서 처리의 기반이 되는 토큰(token)에 대해 설명합니다. 영어와 한국어로 된 토큰을 취급하는 방법에 대해서도 소개합니다.

토크나이저란?

LLM에서는 텍스트를 토큰이라는 최소 단위로 분할해서 처리합니다. 이때 토큰으로 분할하는 프로그램을 토크나이저(tokenizer)라고 합니다.

OpenAI의 모델에서는 tiktoken이라는 토크나이저를 사용하고 있습니다. 동급 오픈소스 토크나이저보다 3~6배 빠른 것이 특징입니다.

> openai/tiktoken
> https://github.com/openai/tiktoken

그림 4-7-1 OpenAI의 토크나이저 tiktoken

OpenAI API에서 사용하는 토큰의 개수를 계산하거나 어떻게 분할되는지 확인할 수 있습니다. 이번에는 OpenAI API는 사용하지 않습니다.

토크나이저 사용

토크나이저의 사용 절차는 다음과 같습니다.

(01) tiktoken 패키지 설치

```
# tiktoken 패키지 설치
!pip install tiktoken
```

(02) 인코딩 획득

tiktoken.get_encoding()으로 인코딩을 가져옵니다.

```
import tiktoken

# 인코딩 획득
enc = tiktoken.get_encoding("cl100k_base")
```

LLM의 인코딩은 텍스트가 토큰으로 분할되는 규칙입니다. 모델마다 사용하는 인코딩이 다릅니다. 대부분의 최신 모델에서는 cl100k_base가 사용되고 있습니다.

- cl100k_base: text–embedding–ada–002, gpt–3.5–turbo, GPT–4
- p50k_base: text–davinci–002, text–davinci–003
- gpt2(또는 r50k_base): davinci, curie, babbage, ada

(03) 인코딩 실행

"Hello World!"라는 텍스트를 인코딩해 봅시다.

```
# 인코딩 실행
tokens = enc.encode("Hello World!")
print(len(tokens))
print(tokens)
```
```
3
[9906, 4435, 0]
```

(04) 디코딩 실행

토큰화된 데이터를 문자열로 되돌립니다.

```
# 디코딩 실행
print(enc.decode(tokens))
```
```
Hello World!
```

(05) 분할된 상태로 디코딩을 실행

```
# 분할된 상태에서 디코딩 실행
print(enc.decode_tokens_bytes(tokens))
```
```
[b'Hello', b' World', b'!']
```

한국어와 영어의 토큰 수 비교

한국어로도 토크나이저의 인코딩/디코딩을 시도해 영어와 한국어의 토큰상 차이를 확인합니다.

(01) 인코딩 실행

```
# 인코딩 실행
tokens = enc.encode("안녕, 세상아!")
print(len(tokens))
print(tokens)
```

```
10
[31495, 230, 75265, 243, 11, 28867, 116, 57002, 54059, 0]
```

(02) 디코딩 실행

```
# 디코딩 실행
print(enc.decode(tokens))
```

```
안녕, 세상아!
```

(03) 분할된 상태로 디코딩

```
# 분할된 상태로 디코딩
def data2str(data):
    try:
        return data.decode('utf-8')
    except UnicodeError:
        return data
print([data2str(data) for data in enc.decode_tokens_bytes(tokens)])
```

```
[b'\xec\x95', b'\x88', b'\xeb\x85', b'\x95', ',', b'\xec\x84', b'\xb8', '상', '아', '!']
```

영어는 기본적인 단어가 대부분 1토큰인데 반해, 한국어는 '세상'이라는 단어도 3토큰이 되는 것을 알 수 있습니다.

최대 토큰 수

LLM 호출에서는 모델별로 최대 토큰 수가 정해져 있습니다. 이 경우 입력 텍스트와 LLM 출력의 토큰 수를 합한 제한입니다. 각 모델의 최대 토큰 수는 다음과 같습니다.

표 4-7-1 모델별 최대 토큰 개수

종류	모델명	최대 토큰 수	인코딩
GPT-4	gpt-4	8192	cl100k_base
	gpt-4-0314	8192	cl100k_base
	gpt-4-32k	32768	cl100k_base
	gpt-4-32k-0314	32768	cl100k_base
GPT-3.5	gpt-3.5-turbo	4096	cl100k_base
	gpt-3.5-turbo-0301	4096	cl100k_base
	text-davinci-003	4097	p50k_base
	text-davinci-002	4097	p50k_base
GPT-3.0	text-curie-001	2049	r50k_base
	text-babbage-001	2049	r50k_base
	text-ada-001	2049	r50k_base
	davinci	2049	r50k_base
	curie	2049	r50k_base
	babbage	2049	r50k_base
	ada	2049	r50k_base
임베딩	text-embedding-ada-002	8192	cl100k_base

1

2

3

4

5

6

7

5

라마인덱스

4장에서는 OpenAI API를 이용해 다양한 애플리케이션이나 서비스에 접목할 수 있는 프로그램을 만드는 방법을 설명했습니다. '파인튜닝'에서는 자체 데이터 등을 활용해 개별 작업에 맞게 LLM에 추가 학습을 시키는 방법도 소개했습니다.

이번 장에서 소개하는 라마인덱스(LlamaIndex)는 LLM에서 학습되지 않은 데이터를 참조해서 질의응답(채팅)을 작성하기 위한 라이브러리입니다. 학습되지 않은 정보 덩어리(관련 정보)를 LLM에서 응답할 때 참조하는 구조이기 때문에 추가 학습보다 가볍고 쉽게 다룰 수 있는 것이 특징입니다. 또한 다양한 데이터를 활용할 수 있는 라마허브(LlamaHub) 라이브러리를 사용하면 PDF 등의 각종 파일이나 유튜브 등의 웹 서비스 정보도 질의응답에 활용할 수 있습니다.

참고로 라마인덱스는 내부적으로 랭체인(LangChain) 라이브러리를 사용하고 있으며, 랭체인에 대한 자세한 내용은 다음 6장에서 설명합니다.

> **이번 장의 목표**
>
> ● 라마인덱스를 사용해 관련 정보를 이용한 질의응답을 시도한다. 또한 인덱스 커스터마이징 등의 기능을 자세히 알아본다.
> ● 라마인덱스의 데이터 커넥터를 사용해 특정 웹페이지나 유튜브 동영상에 대한 질의응답을 해본다.
> ● 관련 정보의 인덱싱에 사용되는 데이터베이스를 더욱 빠르고 정밀한 벡터 데이터베이스로 대체한다.

5-1 라마인덱스 시작하기

이번 절에서는 라마인덱스를 처음 접하는 분들을 위해 설명합니다. 자세한 사용법은 다음 절에서 다룰 예정이니 여기서는 사용법을 따라 실제로 사용해 보기 바랍니다.

라마인덱스란?

라마인덱스는 공개되지 않은 자체 데이터를 활용해 질의응답을 하는 채팅 AI를 쉽게 만들 수 있는 오픈 소스 라이브러리입니다. LLM은 공개돼 있는 대량의 데이터를 사전 학습해서 이를 기반으로 문장 생성 및 질의응답을 수행합니다. 따라서 기업이나 개인이 보유하고 있는 공개되지 않은 정보는 답변할 수 없습니다.

라마인덱스는 공개되지 않은 정보를 바탕으로 질문에 대한 답변과 관련된 정보를 검색해서 입력 프롬프트에 삽입하고, LLM의 추론 능력을 활용해 응답을 생성함으로써 이 문제를 해결합니다.

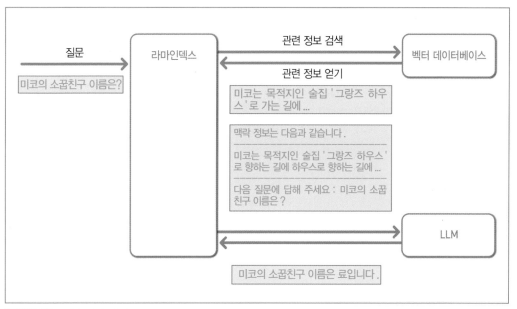

그림 5-1-1 라마인덱스의 작동 원리

검색 대상 정보로는 텍스트뿐만 아니라 PDF, ePub, 워드, 파워포인트, 오디오를 비롯한 다양한 파일 형식을 비롯해 트위터, 슬랙, 위키피디아 등 다양한 웹 서비스도 지정할 수 있습니다.

다음 장에서 설명할 랭체인으로도 비슷한 채팅 AI를 만들 수 있지만 라마인덱스는 질의응답 기능에 특화되어 몇 줄의 코드로 쉽게 만들 수 있다는 것이 특징입니다.

jerryjliu/llama_index
https://github.com/jerryjliu/llama_index

라마인덱스의 공식 문서는 아래에서 확인할 수 있습니다.

라마인덱스 문서
https://gpt-index.readthedocs.io/en/stable/

그림 5-1-2 라마인덱스 깃허브

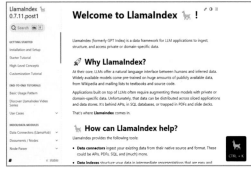

그림 5-1-3 라마인덱스 공식 문서

COLUMN

라마인덱스와 GPT Index

'GPT Index'는 라마인덱스의 이전 명칭입니다. 라마인덱스의 문서나 코드에는 GPT Index의 흔적이 곳곳에 남아 있지만 수시로 'LlamaIndex'로 개정되고 있습니다.

문서 준비

먼저 채팅 AI에게 학습시킬 문서를 준비합니다. 이번에는 ChatGPT가 직접 스토리를 작성하게 하고, 이를 문서로 만들어 활용합니다.

(01) ChatGPT로 스토리 생성

[입력]
사이버펑크 세계를 배경으로 한 빨간 망토의 이야기를 써주세요.

[출력]
제목: 전뇌 빨간 망토
제1장: 데이터 프론트

> 밤이 되면 반짝이는 네오 도쿄. 고층 빌딩이 늘어서고, 네온사인이 거리를 수놓는다. 그 거리에서 빨간 두건을 쓴 소녀 미코는 불법 데이터 카우리아를 운반하는 배달원으로 일하고 있었다. 그녀는 어머니가 병에 걸려 치료비를 벌기 위해 데이터카우리아에 몸을 던지고 있었다.
>
> …

02 장별로 텍스트 파일로 저장

파일명은 `akazukin1~7.txt`로 정했습니다. 또한 이미 작성된 이야기는 이 책의 깃허브 저장소에서도 제공됩니다.

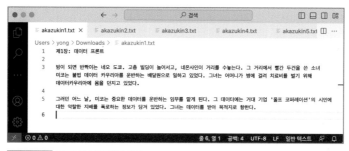

그림 5-1-4 장별로 텍스트 파일로 저장

라마인덱스의 사전 준비

라마인덱스의 사전 준비 절차는 다음과 같습니다.

01 새로운 구글 코랩 노트북 열기

02 라마인덱스 패키지 설치

라마인덱스는 버전업이 잦고, 작동 방식이 바뀔 수 있기 때문에 2023년 5월 현재 최신 버전(0.6.12)으로 버전을 고정합니다.

```
# 패키지 설치
!pip install llama-index==0.6.12 langchain==0.0.181 openai==0.28
```

03 환경변수 준비

다음 코드의 `<OpenAI_API의_API_키>`에 OpenAI API의 API 키를 지정합니다.

```
# 환경변수 준비
import os
os.environ["OPENAI_API_KEY"] = "<OpenAI_API의_API_키>"
```

04 로그 레벨 설정

이번에는 로그 레벨을 DEBUG로 설정합니다. DEBUG로 설정하면 처리 내용이 상세하게 출력됩니다.

```python
import logging
import sys

# 로그 레벨 설정
logging.basicConfig(stream=sys.stdout, level=logging.DEBUG, force=True)
```

`logging`은 파이썬의 로깅 기능입니다. `logging`을 이용하면 출력 대상(표준 출력/파일)과 출력 레벨(DEBUG/INFO/WARNING/ERROR)을 선택할 수 있습니다.

표 5-1-1 logging의 출력 레벨

출력 레벨	설명
DEBUG	디버깅을 위해 프로그램의 상세 정보를 출력
INFO	프로그램의 진행 상황 및 중요 이벤트에 대한 정보를 출력
WARNING	문제가 발생하더라도 프로그램의 실행을 계속할 수 있는 경우의 정보를 출력
ERROR	오류가 발생해 프로그램의 실행이 중단되는 경우의 정보를 출력

logging – 파이썬의 로깅 기능
https://docs.python.org/ko/3/library/logging.html

`logging.basicConfig()`의 매개변수는 다음과 같습니다.

표 5-1-2 logging.basicConfig()의 매개변수

매개변수	설명
stream	출력 대상
filename	파일명
level	출력 레벨
force	이전 설정을 강제 재설정

라마인덱스의 질의응답

라마인덱스의 질의응답 절차는 다음과 같습니다.

01 코랩에 data 폴더를 생성하고 문서 배치하기

맨 왼쪽의 폴더 아이콘으로 파일 목록을 표시합니다. 마우스 오른쪽 버튼을 클릭한 후 [새 폴더]로 data 폴더를 생성하고 문서를 드래그 앤드 드롭합니다. 이 실습에는 akazukin1.txt ~ akazukin7.txt 파일을 사용합니다.

그림 5-1-5 문서 배치

(02) 문서 로드

`SimpleDirectoryReader("data").load_data()`로 data 폴더의 문서를 로드합니다.

```
from llama_index import SimpleDirectoryReader

# 문서 로드(data 폴더에 문서를 넣어 두세요)
documents = SimpleDirectoryReader("data").load_data()
```

로그를 확인하면 7개의 파일이 로드된 것을 확인할 수 있습니다.

```
> [SimpleDirectoryReader] Total files added: 7
```

(03) 인덱스 생성

`GPTVectorStoreIndex.from_documents()`로 문서에서 인덱스를 생성합니다.

데이터베이스에서 '인덱스'는 원하는 정보를 효율적으로 검색하기 위한 색인을 의미합니다.

`GPTVectorStoreIndex`는 파이썬의 딕셔너리에 데이터를 보관하는 간단한 인덱스입니다.

```
from llama_index import GPTVectorStoreIndex

# 인덱스 생성
index = GPTVectorStoreIndex.from_documents(documents)
```

로그를 확인하면 7개의 청크가 추가된 것을 볼 수 있습니다. LLM에는 최대 프롬프트 길이가 있기 때문에 긴 텍스트는 처리할 수 없습니다. 그래서 '청크'라는 짧은 텍스트로 쪼개서 처리합니다.

이번 문서는 짧기 때문에 장별로 텍스트를 나누지 않았습니다.

```
DEBUG:...> Adding chunk: 제1장 데이터 프론트...
DEBUG:...> Adding chunk: 제2장 울프 코퍼레이션의 함정...
DEBUG:...> Adding chunk: 제3장 배신과 재회...
```

```
DEBUG:...> Adding chunk: 제4장 울프 코퍼레이션의 붕괴...
DEBUG:...> Adding chunk: 제5장 결전의 순간...
DEBUG:...> Adding chunk: 제6장 진실의 해방...
DEBUG:...> Adding chunk: 제7장 새로운 시작...
```

로그 끝에 LLM 호출과 임베딩에 사용된 토큰의 개수가 출력돼 있습니다. 이번에는 LLM 호출에 0개의 토큰, 임베딩에 2,888개의 토큰이 사용되었음을 알 수 있습니다.

```
INFO:...> [build_index_from_nodes] Total LLM token usage: 0 tokens
INFO:...> [build_index_from_nodes] Total embedding token usage: 2888 tokens
```

(04) 쿼리 엔진 생성

쿼리 엔진 생성에는 index.as_query_engine()을 사용합니다. 쿼리 엔진은 사용자 입력과 관련된 정보를 인덱스에서 가져오고, 사용자 입력과 가져온 정보를 바탕으로 응답을 생성합니다.

'쿼리'는 데이터베이스에서 정보를 얻기 위한 요청이나 문의를 의미하며, 이번에는 사용자 입력을 쿼리로 사용합니다.

```
# 쿼리 엔진 생성
query_engine = index.as_query_engine()
```

(05) 질의응답

"미코의 소꿉친구 이름은?"이라는 질문을 해보겠습니다. 질의응답에는 query_engine.query()를 사용합니다.

```
# 질의응답
print(query_engine.query("미코의 소꿉친구 이름은?"))
```
```
료.
```

디버그 메시지를 보면 질문과 관련된 상위 2개 청크를 가져와서 이를 통해 답변한 것을 확인할 수 있습니다.

- 상위 2개 청크 획득

```
DEBUG:llama_index.indices.utils:> Top 2 nodes:
> [Node ...] [Similarity score: 0.831997] 제5장: 결전의 순간...
> [Node ...] [Similarity score: 0.828237] 제3장: 배신과 재회...
```

- 그것들을 이용한 질의응답

```
DEBUG:...> Initial prompt template: Context information is below.
---------------------
제5장: 결전의 순간

미코와 료는 마침내 울프 코퍼레이션의 최상층에 도착해 CEO인 교활한 울프 박사와 ...
```

제3장: 배신과 재회

술집 '할머니의 집'에서 미코는 데이터를 받을 사람인 료를 기다리고 있었다. 료는 ...

Given the context information and not prior knowledge, answer the question: 미코의 소꿉친구
이름은?

5장과 3장의 정보를 통해 정답(료)을 도출해 냈습니다. 어린 시절 친구에 대한 설명은 3장에 있었습니다.

1

2

3

4

5

6

7

COLUMN

default_prompts.py

본문에 사용된 프롬프트 템플릿은 라마인덱스의 llama_index/prompts/default_prompts.py에 정의돼 있습니다.

```python
DEFAULT_TEXT_QA_PROMPT_TMPL = (
    "Context information is below. \n"
    "--------------------\n"
    "{context_str}"
    "\n--------------------\n"
    "Given the context information and not prior knowledge, "
    "answer the question: {query_str}\n"
)
DEFAULT_TEXT_QA_PROMPT = QuestionAnswerPrompt(DEFAULT_TEXT_QA_PROMPT_TMPL)
```

(06) 질의응답의 또 다른 예시 1

"울프 코퍼레이션의 CEO 이름은?"이라는 질문을 던져봅니다.

```python
# 질의응답
print(query_engine.query("울프 코퍼레이션의 CEO의 이름은?"))
```
```
(생략)
DEBUG:llama_index.indices.utils:> Top 2 nodes:
> [Node ...] [Similarity score: 0.847106] 제5장: 결전의 순간...
> [Node ...] [Similarity score: 0.832333] 제7장: 새로운 시작...
(생략)
울프 박사.
```

5장과 7장의 정보를 통해 정답(울프 박사)을 도출했습니다. 울프 코퍼레이션의 CEO에 대한 설명은 5장에 있었습니다.

07 질의응답의 또 다른 예시 2

감정이나 느낌 등 확정적이지 않은 대답을 질문할 수도 있습니다. 다음과 같이 5장과 7장의 정보를 수집해 '단호하고 용감하다'라는 느낌을 이끌어냈습니다.

```
# 질의응답
print(query_engine.query("미코의 성격은?"))
```

```
(생략)
DEBUG:llama_index.indices.utils:> Top 2 nodes:
> [Node ...] [Similarity score: 0.839131] 제5장: 결견의 순간...
> [Node ...] [Similarity score: 0.833437] 제7장: 새로운 시작...
(생략)
미코의 성격은 단호하고 용감합니다. 그는 자신의 의견을 자신감 있게 발표하고, 자신의 목표를 위
해 끊임없이 노력합니다. 그는 또한 친구들을 위해 다른 사람들을 도와주고, 어려운 상황에서도 자
신의 의지를 잃지 않습니다.
```

인덱스 저장 및 로드

생성한 인덱스를 저장해두면 다음에 사용할 때 인덱스를 다시 생성할 필요가 없습니다. 따라서 인덱스를 생성하는 데 드는 시간과 비용을 절감할 수 있습니다.

01 인덱스 저장

인덱스를 저장하는 데는 `index.storage_context.persist()`를 사용합니다. storage 폴더에 인덱스 정보가 저장됩니다.

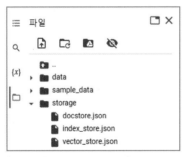

그림 5-1-6 인덱스 저장

```
# 인덱스 저장
index.storage_context.persist()
```

02 인덱스 로드

인덱스를 로드하려면 `StorageContext.from_defaults()`와 `load_index_from_storage()`를 사용합니다.

```python
from llama_index import StorageContext, load_index_from_storage

# 인덱스 로드
storage_context = StorageContext.from_defaults(persist_dir="./storage")
index = load_index_from_storage(storage_context)
```

5-2 라마인덱스의 세부 기능

앞 절에서는 라마인덱스에서 질의응답형 채팅 AI를 만드는 절차를 간략하게 설명했습니다. 여기서는 각
단계에서 적용할 수 있는 기능에 대해 자세히 설명합니다.

라마인덱스 생성 절차

5-1절 '라마인덱스 시작하기'에서 설명한 작성 절차를 다시 한번 정리하면 다음과 같습니다. 이후부터
는 이 흐름에 따라 세부적인 내용과 커스터마이징 예제를 다루겠습니다.

> ① 문서 로드
> ② 인덱스 만들기
> ③ 쿼리 엔진 만들기
> ④ 질의응답

라마인덱스의 사전 준비

5-1절 '라마인덱스 시작하기'의 '라마인덱스의 사전 준비'와 동일합니다.

이번 절에서는 허깅페이스(Hugging Face)에 공개된 모델을 사용하므로 코랩 노트북의 메뉴에서
[편집] → [노트북 설정]을 차례로 선택해 GPU를 활성화합니다. data 폴더에 문서를 넣어두는 것도
잊지 마세요.

COLUMN

허깅 페이스

허깅 페이스(Hugging Face)는 머신러닝 애플리케이션을 개발하는 미국 기업입니다. 자연어 처리 모
델을 공통 인터페이스로 이용할 수 있는 transformers, 이미지 생성 모델을 공통 인터페이스로 이용
할 수 있는 diffusers 등의 라이브러리를
제공하고 있으며, 머신러닝 모델과 데이터
세트를 공유하기 위한 플랫폼인 허깅 페이
스 허브(Hugging Face Hub)도 운영하
고 있습니다.

대부분의 오픈소스 머신러닝 모델과 데
이터 세트가 이 허깅 페이스 허브를 통해
제공되고 있습니다.

그림 허깅 페이스 공식 사이트

| 허깅 페이스
https://huggingface.co

문서 로드

문서 로드는 앞 절에서와 같이 파일에서 불러올 수 있을 뿐만 아니라 직접 수동으로 지정할 수도 있습니다. 여기서는 이 두 가지 방법에 대해 설명합니다.

문서 로드 절차

문서를 로드하려면 `SimpleDirectoryReader("data").load_data()`를 사용해 `Document[]`를 가져옵니다. 인수는 불러올 폴더의 경로가 됩니다.

```
from llama_index import SimpleDirectoryReader

# 문서 로드
documents = SimpleDirectoryReader("data").load_data()
print("documents :", documents)
```

불러온 문서를 로그에서 확인할 수 있습니다.

```
documents : [
    Document(text='제1장: 데이터 프론트...', doc_id='XXXX', embedding=None, doc_
hash='XXXX', extra_info=None),
    Document(text='제2장: 울프 코퍼레이션의 함정...', doc_id='XXXX', embedding=None,
doc_hash='XXXX', extra_info=None),
    Document(text='제3장: 배신과 재회....', doc_id='XXXX', embedding=None, doc_
hash='XXXX', extra_info=None),
    Document(text='제4장: 울프 코퍼레이션의 붕괴....', doc_id='XXXX', embedding=None,
doc_hash='XXXX', extra_info=None),
    Document(text='제5장: 결전의 순간...', doc_id='XXXX', embedding=None, doc_hash='XXXX',
extra_info=None),
    Document(text='제6장: 진실의 해방...', doc_id='XXXX', embedding=None, doc_hash='XXXX',
extra_info=None),
    Document(text='제7장: 새로운 시작...', doc_id='XXXX', embedding=None, doc_hash='XXXX',
extra_info=None)
]
```

수동으로 문서 작성

문서(`Document[]`)를 수동으로 생성할 수도 있습니다.

```
from llama_index import Document

# 수동으로 문서 생성
texts = ["text1", "text2", "text3"]
documents = [Document(t) for t in texts]
print("documents :", documents)
documents : [
    Document(text='text1', doc_id='XXXX', embedding=None, doc_hash='XXXX', extra_
info=None),
    Document(text='text2', doc_id='XXXX', embedding=None, doc_hash='XXXX', extra_
info=None),
```

```
    Document(text='text3', doc_id='XXXX', embedding=None, doc_hash='XXXX', extra_
info=None)
]
```

인덱스 생성

인덱스를 생성할 때 다양한 커스터마이징도 가능합니다. 아래에서 그 내용을 자세히 설명하겠습니다.

인덱스 생성 절차

GPTVectorStoreIndex.from_documents()에 Document[]를 전달해 인덱스를 만들 수 있습니다.

```
from llama_index import GPTVectorStoreIndex

# 인덱스 생성
index = GPTVectorStoreIndex.from_documents(documents)
```

인덱스에 문서 삽입

인덱스 생성 후 insert()로 문서를 삽입할 수 있습니다. 기존 인덱스에 문서를 추가하고 싶을 때 사용합니다.

```
from llama_index import GPTVectorStoreIndex

# 빈 인덱스 생성
index = GPTVectorStoreIndex.from_documents([])

# 문서를 인덱스에 삽입
for doc in documents:
    index.insert(doc)
```

COLUMN

라마인덱스의 인덱스 종류

라마인덱스에서는 자료구조가 다른 여러 종류의 인덱스가 제공됩니다. 라마인덱스 내부에서 청크는 노드에 저장되어 리스트, 트리 등의 자료구조를 구성합니다.

- 벡터 스토어 인덱스(GPTVectorStoreIndex 등)

  '벡터 스토어 인덱스'는 각 노드와 해당 임베디드를 벡터 스토어에 저장하는 인덱스입니다.

그림 벡터 스토어 인덱스

- 리스트 인덱스(GPTListIndex)

리스트 인덱스는 노드를 리스트 구조로 저장하는 인덱스입니다.

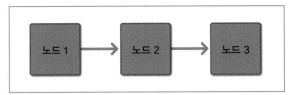

그림 리스트 인덱스

- 트리 인덱스(GPTTreeIndex)

트리 인덱스는 일련의 노드(리프 노드)로 계층적 트리를 구축하는 인덱스입니다.

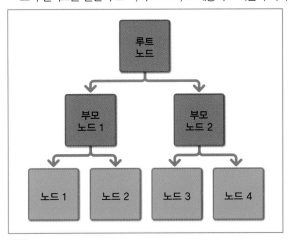

그림 트리 인덱스

- 키워드 테이블 인덱스(GPTKeywordTableIndex)

키워드 테이블 인덱스는 각 노드에서 키워드를 추출하고, 각 키에 대해 단어에서 해당 노드에 대한 링크를 구축하는 인덱스입니다.

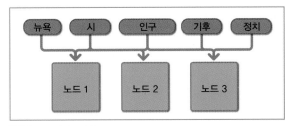

그림 키워드 테이블 인덱스

자세한 내용은 아래 문서를 참고하기 바랍니다.

Indices – 라마인덱스 문서
https://gpt-index.readthedocs.io/en/latest/api_reference/indices.html

▶ 인덱스 커스터마이징

인덱스의 `service_context` 매개변수에서 사용할 LLM과 청크 분할 규칙을 설정할 수 있습니다. `ServiceContext`가 설정용 객체가 됩니다. 청크는 앞 절에서 설명한 것처럼 LLM의 최대 프롬프트로 처리할 수 있도록 분할된 텍스트를 말합니다.

`ServiceContext`의 `llm_predictor` 매개변수로 사용하는 LLM을, `prompt_helper` 매개변수로 청크 분할 규칙을, `embed_model` 매개변수로 임베디드 모델을 설정할 수 있습니다.

- `llm_predictor`: 사용할 LLM 커스터마이징
- `prompt_helper`: 청크 분할 규칙 커스터마이징
- `embed_model`: 임베디드 모델 커스터마이징

2023년 5월을 기준으로 LLM과 임베딩 모델로 가장 고성능인 text-davinci-003과 text-embedding-ada-002가 기본 설정돼 있으므로 그대로 사용해도 무방합니다. 용도별로 특화된 모델이나 이용 요금이 저렴한 모델을 사용하고 싶은 등 특별한 이유가 있는 경우 변경이 필요합니다.

▶ 사용할 LLM 커스터마이징

사용할 LLM을 커스터마이징하려면 `LLMPredictor`를 사용합니다. 기본값으로 OpenAI API의 text-davinci-003이 사용됩니다.

OpenAI API의 gpt-3.5-turbo로 변경하는 코드는 다음과 같습니다. gpt-3.5-turbo는 text-davinci-003보다 토큰당 이용료가 저렴합니다.

```
from llama_index import GPTVectorStoreIndex, ServiceContext, LLMPredictor
from langchain.chat_models import ChatOpenAI

# LLMPredictor 준비
llm_predictor = LLMPredictor(llm=ChatOpenAI(
    temperature=0, # 온도
    model_name="gpt-3.5-turbo" # 모델명
))

# ServiceContext 준비
service_context = ServiceContext.from_defaults(
    llm_predictor=llm_predictor,
)

# 인덱스 생성
index = GPTVectorStoreIndex.from_documents(
    documents,
    service_context=service_context,
)
```

LLMPredictor의 llm 매개변수에는 OpenAI 클래스(텍스트 생성 모델) 및 ChatOpenAI 클래스(채팅 모델) 등 다음 장에서 설명할 랭체인의 LLM 클래스를 상속한 클래스를 지정하며, 라마인덱스의 내부 처리는 랭체인에 구현돼 있습니다.

랭체인의 LLM 클래스를 상속한 클래스에 대한 자세한 내용은 다음 내용을 참고합니다.

Integrations – LangChain
https://python.langchain.com/docs/ecosystem/integrations/

청크 분할 규칙 커스터마이징

청크 분할 규칙을 커스터마이즈하려면 PromptHelper를 사용합니다.

```
from llama_index import GPTVectorStoreIndex, PromptHelper, ServiceContext

# PromptHelper 준비
prompt_helper=PromptHelper(
    max_input_size=4096, # LLM 입력의 최대 토큰 수
    num_output=256, # LLM 출력의 토큰 수
    max_chunk_overlap=20, # 청크 오버랩의 최대 토큰 개수
)

# ServiceContext 준비
service_context = ServiceContext.from_defaults(
    prompt_helper=prompt_helper
)

# 인덱스 생성
index = GPTVectorStoreIndex.from_documents(
    documents, # 문서
    service_context=service_context, # ServiceContext
)
```

romptHelper의 매개변수는 다음과 같습니다.

- max_input_size: LLM 입력의 최대 토큰 수
- num_output: LLM 출력 토큰 수
- max_chunk_overlap: 청크 오버랩의 최대 토큰 수

청크 오버랩은 앞뒤 청크가 일정량의 텍스트를 겹치게 하는 설정입니다.

임베딩 모델 커스터마이징

임베딩 모델을 커스터마이징하려면 LangchainEmbedding을 사용합니다. 기본값으로 OpenAI API의 text-embedding-ada-002가 사용됩니다.

허깅 페이스에 공개된 임베딩 모델로 변경하는 절차는 다음과 같습니다. text-embedding-ada-002는 유료이지만 허깅 페이스의 모델은 오픈소스이기 때문에 무료입니다.

(01) sentence_transformers 패키지 설치

허깅 페이스의 임베디드 모델을 실행하는 데 필요합니다.

```
# sentence_transformers 패키지 설치
!pip install sentence_transformers
```

(02) LangchainEmbedding 준비

임베딩 모델을 커스터마이징하려면 LangchainEmbedding을 사용합니다. HuggingFace Embeddings의 model_name에 허깅 페이스의 모델명을 지정합니다.

```
from langchain.embeddings import HuggingFaceEmbeddings
from llama_index import GPTVectorStoreIndex, ServiceContext, LangchainEmbedding

# 임베딩 모델 준비
embed_model = LangchainEmbedding(HuggingFaceEmbeddings(
    model_name="bongsoo/moco-sentencedistilbertV2.1"
))

# ServiceContext 준비
service_context = ServiceContext.from_defaults(
    embed_model=embed_model
)

# 인덱스 생성
index = GPTVectorStoreIndex.from_documents(
    documents, # 문서
    service_context=service_context, # ServiceContext
)
```

이번에는 허깅 페이스에 공개된 임베디드 모델 중 하나인 bongsoo/moco-sentencedistilbertV2.1을 사용했습니다. 임베디드 모델에 따라 문자열을 어떤 벡터 표현으로 변환하는지가 달라집니다.

bongsoo/moco-sentencedistilbertV2.1
https://huggingface.co/bongsoo/moco-sentencedistilbertV2.1

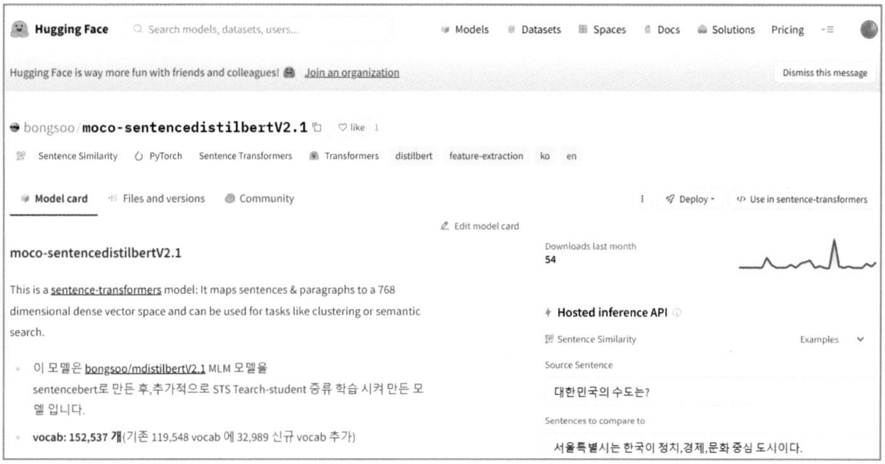

![Hugging Face moco-sentencedistilbertV2.1 model card screenshot]

그림 5-2-1 'moco-sentencedistilbertV2.1' 임베디드 모델

그림 5-2-1 'moco-sentencedistilbertV2.1' 임베디드 모델

기본적으로 기본 설정 그대로도 성능을 발휘할 수 있도록 설정돼 있기 때문에 특별한 이유가 있는 경우를 제외하고는 커스터마이징할 필요가 없습니다.

쿼리 엔진 생성

쿼리 엔진 생성에는 `index.as_query_engine()`을 사용합니다.

```
# 쿼리 엔진 생성
query_engine = index.as_query_engine()
```

COLUMN

고수준 API와 저수준 API

라마인덱스에는 초보자가 바로 사용할 수 있는 고수준 API와 숙련된 사용자가 커스터마이징할 수 있는 저수준 API가 모두 제공됩니다.

`index.as_query_engine()`은 기존 쿼리 엔진을 사용하는 고급 API입니다. 응답 생성을 세밀하게 제어하고 싶은 경우에는 저수준 API를 사용해야 합니다. 자세한 내용은 다음 문서를 참고하세요.

> **Usage Pattern**
> https://gpt-index.readthedocs.io/en/latest/core_modules/data_modules/index/usage_pattern.html

질의응답

질의응답 절차 및 답변에 대한 자세한 내용을 설명합니다.

질의응답 절차

질의응답은 `query_engine.query()`를 사용합니다.

```
# 질의응답
response = query_engine.query("미코의 소꿉친구 이름은?")
print(response)
```
```
료
```

응답 받기

response.response로 응답을, response.source_nodes로 해당 응답을 생성할 때 사용한 소스를 구할 수 있습니다.

- **response.response**: 응답
- **response.source_nodes**: 응답을 생성할 때 사용한 소스

```
# 응답
print("response :", response.response, "\n")

# 소스
print("source_nodes :", response.source_nodes, "\n")
```
```
response :
료.

source_nodes : [NodeWithScore(node=Node(text='제6장: 진실의 해방\n\n미코는 울프 박사의 약
점을 파고들어 ...\n', doc_id='XXXX', embedding=None, doc_hash='XXXX', extra_info=None,
node_info={'start': 0, 'end': 137}, relationships={<DocumentRelationship.SOURCE: '1'>:
'e0569aae-88cf-491f-9355-2335cdccb88e'}), score=0.374489925612153), ...]
    relationships={<DocumentRelationship.SOURCE: '1'>: 'f528c411-0bca-4a6a-a5c6-
d097b5a6ed73'}), score=0.4061553007670083)]
```

라마허브

라마허브를 사용하면 다양한 데이터를 라마인덱스에서 독자적인 데이터로 활용할 수 있습니다. 여기서는 그 사례로 '웹페이지를 이용한 질의응답'과 '유튜브 동영상에서 자막을 생성하고 이를 활용한 질의응답'을 다룹니다.

라마허브란?

라마인덱스가 문서로 불러올 수 있는 것은 텍스트뿐만이 아닙니다. 라마허브에서 제공하는 데이터 커넥터를 이용하면 다양한 파일(PDF, ePub, 워드, 파워포인트, 오디오 등)과 웹 서비스(트위터, 슬랙, 위키백과 등)를 문서의 데이터 소스로 활용할 수 있습니다.

라마허브
https://llamahub.ai/

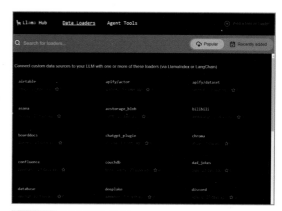

그림 5-3-1 라마허브 공식 사이트

2023년 5월 기준으로 제공되는 데이터 커넥터는 다음과 같습니다.

- airtable
- asana
- azcognitive_search
- bilibili
- chatgpt_plugin
- chroma
- confluence
- couchdb
- dad_jokes
- database
- discord

- elasticsearch
- faiss
- feedly_rss
- file
- file/audio
- file/audio_gladia
- file/cjk_pdf
- file/docx
- file/epub
- file/flat_pdf
- file/image
- file/json

- file/markdown
- file/mbox
- file/paged_csv
- file/pandas_csv
- file/pandas_excel
- file/pdf
- file/pptx
- file/rdf
- file/simple_csv
- file/unstructured
- github_repo
- gmail

- google_calendar
- google_docs
- google_drive
- google_sheets
- gpt_repo
- hatena_blog
- intercom
- jira
- jsondata
- make_com
- memos
- milvus
- mongo
- notion
- obsidian
- opendal_reader
- opendal_reader/ azblob

- opendal_reader/ gcs
- opendal_reader/ s3
- papers/arxiv
- papers/pubmed
- pinecone
- qdrant
- readwise
- reddit
- remote
- remote_depth
- s3
- slack
- spotify
- steamship
- string_iterable
- twitter

- weaviate
- web/beautiful_ soup_web
- web/knowledge_ base
- web/readability_ web
- web/rss
- web/simple_web
- web/ unstructured_ web
- whatsapp
- wikipedia
- wordpress
- youtube_ transcript
- zendesk

웹 페이지에 대한 질의응답

이번에는 데이터 커넥터인 web/beautiful_soup_web을 사용해 웹 페이지에 대한 질의응답을 수행합니다. 뷰티풀 수프(Beautiful Soup)를 사용해 웹사이트에서 텍스트를 가져오는 데이터 커넥터가 됩니다.

뷰티풀 수프는 HTML과 XML 문서를 분석하기 위한 파이썬 패키지입니다.

beautifulsoup4 4.12.2
https://pypi.org/project/
beautifulsoup4/

web/beautiful_soup_web 데이터 커넥터의 사용 절차는 다음과 같습니다.

그림 5-3-2 web/beautiful_soup_web을 선택합니다.

(01) 라마허브에서 web/beautiful_soup_web을 클릭

(02) 'web/beautiful_soup_web' 사용법 설명 읽기
'Usage'(사용법) 섹션에 라마인덱스의 문서로 불러오는 방법이 설명돼 있습니다.

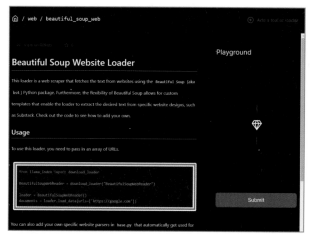

그림 5-3-3 사용법 확인

(03) 라마인덱스의 사전 준비

5-1절 '라마인덱스 시작하기'의 '라마인덱스의 사전 준비'와 동일합니다. [1]

(04) 문서 로드

```python
from llama_index import download_loader

# 문서 로드
BeautifulSoupWebReader = download_loader("BeautifulSoupWebReader")
loader = BeautifulSoupWebReader()
documents = loader.load_data(urls=["https://openai.com/blog/planning-for-agi-and-beyond"])
```

URL에는 설명할 웹페이지의 URL을 지정합니다. 이번에는 OpenAI의 블로그 기사로 실습해 보겠습니다.

그림 5-3-4 실습 예제에 사용할 OpenAI 블로그 글

> **Planning for AGI and beyond(AGI
> 와 그 너머를 위한 계획)**
> https://openai.com/blog/planning-for-agi-and-beyond

(05) 인덱스 생성

```python
from llama_index import GPTVectorStoreIndex

# 인덱스 생성
index = GPTVectorStoreIndex.from_documents(documents)
```

---

1 (옮긴이) 이 실습에는 llama_index 버전 0.6.15 이상을 사용해야 합니다.

(06) 쿼리 엔진 생성

```
# 쿼리 엔진 생성
query_engine = index.as_query_engine()
```

(07) 질의응답

한국어로 대답해 주지 않을 때는 "한국어로 대답해 주세요"라고 덧붙이면 됩니다.

```
# 질의응답
print(query_engine.query("이 웹페이지에서 전하고 싶은 말은 무엇인가요? 한국어로 대답해 주세
요."))
```

OpenAI의 미션은 인간보다 일반적으로 더 똑똑한 인공 일반 지능(AGI)이 인류 전체에게 도움이 되
도록 보장하는 것입니다. 우리는 AGI가 인류를 가장 잘 행복하게 만들 수 있도록 권력과 접근, 그
리고 관리를 폭넓게 공정하게 나누는 것을 원합니다. 우리는 또한 엄청난 위험을 성공적으로 가로지
를 수 있는 방법을 찾고자 합니다. 우리는 이러한 위험이 실제로 존재한다고 생각하고 있습니다.

유튜브 동영상에 대한 질의응답

이번에는 youtube_transcript 데이터 커넥터를 사용해 유튜브 동영상에 대한 질의응답을 해봅시다.
youtube-transcript-api를 사용해 유튜브 동영상에서 자막을 가져오는 데이터 커넥터가 됩니다.

youtube-transcript-api는 유튜브 동영상에서 자막을 가져오는 파이썬 패키지입니다.

> youtube-transcript-api 0.5.0
> https://pypi.org/project/youtube-transcript-api/

(01) 라마허브에서 youtube_transcript를 클릭

(02) youtube_transcript 사용법을 읽기

'Usage'(사용법) 섹션에 라마인덱스의 문서로 불러오는 방법이 설명돼 있습니다.

그림 5-3-5 youtube_transcript 선택

(03) 라마인덱스의 사전 준비

5-1절 '라마인덱스 시작하기'의 '라마인덱스의 사전 준비'와 동일합니다.

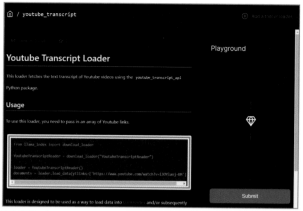

그림 5-3-6 사용법 확인
그림 5-3-6 사용법 확인

(04) 문서 로드

```
from llama_index import download_loader
```

```
# 문서 로드
YoutubeTranscriptReader = download_loader("YoutubeTranscriptReader")
loader = YoutubeTranscriptReader()
documents = loader.load_data(ytlinks=["https://www.youtube.com/watch?v=oc6RV5c1yd0"])
```

URL에는 설명할 유튜브 동영상의 URL을 지정합니다. 이번에는 OpenAI의 아래 유튜브 동영상을 사용해 보겠습니다.

What can you do with GPT-4?
(GPT-4로 무엇을 할 수 있을까요?)
https://www.youtube.com/
watch?v=oc6RV5c1yd0

그림 5-3-7 예제에 사용할 OpenAI의 유튜브 동영상

(05) 인덱스 생성

```
from llama_index import GPTVectorStoreIndex
```

```
# 인덱스 생성
index = GPTVectorStoreIndex.from_documents(documents)
```

(06) 쿼리 엔진 생성

```
# 쿼리 엔진 생성
query_engine = index.as_query_engine()
```

질의응답

```
# 질의응답
print(query_engine.query("이 동영상에서 전하고 싶은 말은 무엇인가요? 한국어로 대답해 주세
요."))
```

이 동영상에서 전하고 싶은 말은 GPT-4가 우리가 원하는 방식으로 사용할 수 있도록 안전하고 정확
하게 개발되었다는 것입니다.

벡터 데이터베이스

이번 절에서는 인덱스를 이용하기 위한 데이터베이스에 대해 설명합니다. 몇 가지 데이터베이스가 있지만 여기서는 파이스(Faiss)와 파인콘(Pinecone)을 소개합니다. 참고로 파인콘은 유료이지만 무료로 체험할 수 있습니다.

벡터 데이터베이스란?

지금까지 라마인덱스의 인덱스로 `GPTVectorStoreIndex`를 사용해 왔습니다. 이것은 파이썬의 딕셔너리로 데이터를 보관하는 간단한 인덱스입니다.

라마인덱스에서는 이를 벡터 데이터베이스로 대체할 수 있습니다. 벡터 데이터베이스는 데이터를 임베딩(벡터 표현)으로 저장해서 벡터 공간 내에서 빠른 검색을 구현하기 위한 데이터베이스입니다. 빠른 검색, 높은 정확도, 확장성을 구현함으로써 자연어 등 대규모 데이터 세트를 효율적으로 처리할 수 있습니다.

벡터 데이터베이스는 패키지로 제공되는 것과 클라우드 서비스로 제공되는 것이 있습니다. 라마인덱스가 지원하는 벡터 데이터베이스는 다음 6가지입니다.

이번 절에서는 파이스와 파인콘을 기반으로 벡터 데이터베이스의 사용법을 설명합니다.

- 패키지로 제공

  파이스(Faiss)
  https://github.com/facebookresearch/faiss

  쿼드란트(Qdrant)
  https://qdrant.tech/

  크로마(Chroma)
  https://docs.trychroma.com/

  밀버스(Milvus)
  https://milvus.io/

- 클라우드 서비스로 제공

  파인콘(Pinecone)
  https://www.pinecone.io/

  위비에이트(Weaviate)
  https://weaviate.io/

라마인덱스의 사전 준비

5-1절 '라마인덱스 시작하기'의 '라마인덱스의 사전 준비'와 동일합니다.

파이스를 사용하려면 구글 코랩의 메뉴에서 [수정] → [노트 설정]을 선택한 후 GPU를 활성화해 주세요. data 폴더에 문서도 넣어두세요.

파이스를 이용한 질의응답

패키지로 제공되는 오픈소스 벡터 데이터베이스인 파이스의 질의응답에 관해 자세히 알아봅시다.

파이스 개요

파이스는 메타(페이스북)에서 개발한 효율적인 유사도 탐색 및 클러스터링 라이브러리입니다. 파이스를 이용하면 유사한 그림 이미지나 텍스트를 검색할 수 있는 인덱스를 생성할 수 있습니다.

> **facebookresearch/faiss**
> https://github.com/facebookresearch/faiss

그림 5-4-1 파이스의 깃허브

파이스를 이용한 질의응답 절차

파이스를 이용한 질의응답 절차는 다음과 같습니다.

(01) 패키지 설치

이번에는 파이스를 사용하므로 faiss-gpu를 설치합니다.

```
!pip install faiss-gpu
```

(02) 문서 로드

data 폴더에 넣어둔 문서를 불러옵니다.

```
from llama_index import SimpleDirectoryReader
```

```
# 문서 로드(data 폴더에 문서를 넣어두세요)
documents = SimpleDirectoryReader("data").load_data()
```

(03) faiss 패키지 색인 생성

파이스 패키지의 인덱스를 생성합니다. 파이스 패키지에서는 다음과 같은 인덱스 검색 알고리즘을
제공합니다.

- **IndexFlatL2**: L2 노름(유클리드 거리)을 사용해 데이터를 쿼리하는 인덱스
- **IndexFlatIP**: 내적을 사용해 데이터를 조회하는 인덱스
- **IndexIVFFlat**: 역파일(Inverted File)이라는 자료구조를 사용해 데이터를 쿼리하는 인덱스

이번에는 IndexFlatL2를 사용하므로 faiss.IndexFlatL2()를 사용합니다. 인수에는 text-embedding-ada-002의 벡터 표현의 차원 수인 1536을 지정합니다.

라마인덱스의 인덱스와 faiss 패키지의 인덱스를 혼동하지 않도록 주의해야 합니다.

```
import faiss

# faiss의 인덱스 생성
faiss_index = faiss.IndexFlatL2(1536)
```

(04) 인덱스 생성

faiss 패키지의 인덱스를 FaissVectorStore()로 감싸고 StorageContext.from_defaults()로 저장소 컨텍스트를 가져와 GPTVectorStoreIndex.from_documents()에 전달합니다.

```
from llama_index import GPTVectorStoreIndex, StorageContext
from llama_index.vector_stores.faiss import FaissVectorStore

# 인덱스 생성
vector_store = FaissVectorStore(faiss_index=faiss_index)
storage_context = StorageContext.from_defaults(vector_store=vector_store)
index = GPTVectorStoreIndex.from_documents(
    documents,
    storage_context=storage_context
)
```

(05) 쿼리 엔진 생성

```
# 쿼리 엔진 생성
query_engine = index.as_query_engine()
```

질의응답

```
# 질의응답
print(query_engine.query("미코의 소꿉친구 이름은?"))
```

```
료
```

파인콘을 활용한 질의응답

이번에는 클라우드 서비스로 제공되는 벡터 데이터베이스인 파인콘을 통한 질의응답에 대해 자세히 설명합니다.

파인콘 개요

파인콘은 간단한 API를 제공하는 완전 관리형 벡터 데이터베이스입니다. 파인콘을 이용하면 고성능 벡터 검색 애플리케이션을 쉽게 구축할 수 있습니다.

파인콘의 특징은 다음과 같습니다.

- 빠른 속도 : 수십억 개의 데이터가 있어도 쿼리 속도가 빠릅니다.
- 동적 업데이트 : 데이터 추가, 편집, 삭제 시 인덱스를 동적으로 업데이트합니다.
- 필터링 : 벡터 검색과 메타데이터 필터를 결합해 좀 더 관련성 높은 데이터를 빠르게 검색할 수 있습니다.
- 완전 관리형 : 시작, 사용, 확장이 쉽고, 원활하고 안전합니다.

> **파인콘 공식 사이트**
> https://www.pinecone.io/

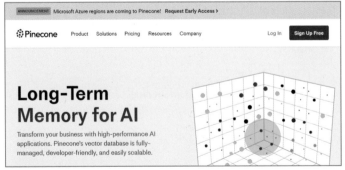

그림 5-4-2 파인콘 공식 사이트

파인콘 요금 체계

파인콘은 기본적으로 유료이지만 체험을 위한 무료 플랜도 제공합니다. 무료 플랜은 사용 가능한 기능에 제한이 있으며, 7일 동안 비활성 상태가 지속되면 인덱스가 삭제됩니다. 이 책의 예제는 무료 플랜으로 사용해 볼 수 있습니다. 이용 요금은 다음 웹페이지에서 확인할 수 있습니다.

> **파인콘 요금 체계**
> https://www.pinecone.io/pricing/

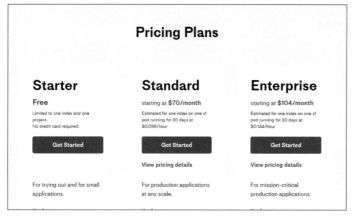

그림 5-4-3 파인콘 이용 요금

API 키 얻기

파인콘을 이용하려면 API 키가 필요합니다. 파인콘 사이트에서 API 키를 얻는 절차는 다음과 같습니다.

(01) **파인콘 사이트를 열고 'Sign Up Free' 버튼을 눌러 회원 가입**

로그인하고 나면 다음과 같은 콘솔 화면이 표시됩니다.

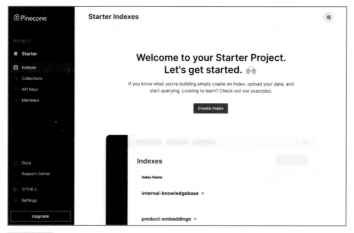

그림 5-4-4 로그인한 후 표시되는 콘솔 화면

(02) **[API Keys]를 선택해 API 키 얻기**

그림 5-4-5 API 키 얻기

파인콘을 이용한 질의응답 절차

파인콘을 이용한 질의응답 절차는 다음과 같습니다.

01 패키지 설치

이번에는 파인콘을 사용하므로 pinecone-client와 transformers를 설치합니다.

```
!pip install pinecone-client
!pip install transformers
```

02 문서 로드

data 폴더에 넣어둔 문서를 불러옵니다.

```
from llama_index import SimpleDirectoryReader

# 문서 로드(data 폴더에 문서를 넣어두세요)
documents = SimpleDirectoryReader("data").load_data()
```

03 pinecone-client의 인덱스 생성

라마인덱스가 아닌 pinecone-client 패키지의 인덱스를 생성합니다. 다음 코드의 <파인콘 API 키>에 파인콘의 API 키를 지정합니다.

dimension에는 text-embedding-ada-002의 차원 수인 1536을 지정합니다.

```
import pinecone

# pinecone-client에 대한 인덱스 생성
api_key = "<파인콘 API 키>"
pinecone.init(api_key=api_key, environment="asia-southeast1-gcp-free")
pinecone.create_index(
    "quickstart",
    dimension=1536,
    metric="dotproduct",
    pod_type="p1"
)
pinecone_index = pinecone.Index("quickstart")
```

metric은 다음과 같습니다.

- euclidean: 유클리드 거리. 벡터 간의 물리적 거리를 측정할 때 사용. 이미지, 소리 등의 유사성을 측정하는 데 이상적.
- cosine: 코사인 유사성. 벡터 방향의 유사성을 측정할 때 사용. 문서, 단어 등의 유사성을 측정하는 데 이상적.
- dotproduct: 내적. 벡터의 방향과 크기에 따라 유사성을 측정할 때 사용. 문서, 단어 등의 유사성을 측정하는 데 이상적.

pod_type은 다음과 같습니다.

- s1: 저비용, 저처리량, 저비용 유형
- p1: 적당한 검색 대기 시간 및 처리량을 가진 균형 잡힌 유형
- p2: 검색 대기 시간이 짧고 처리량이 높은 고성능 유형

라마인덱스의 인덱스와 pinecone-client 패키지의 인덱스를 혼동하지 않도록 주의해야 합니다.
파인콘의 콘솔을 보면 인덱스가 생성된 것을 확인할 수 있습니다.

그림 5-4-6 생성된 인덱스 확인

(04) 인덱스 생성

pinecone-client 패키지의 인덱스를 PineconeVectorStore()로 감싸고 StorageContext.
from_defaults()로 저장소 컨텍스트를 가져온 다음, 그것을 GPTVectorStoreIndex.from_
documents()에 전달합니다.

```
from llama_index import GPTVectorStoreIndex, StorageContext
from llama_index.vector_stores.pinecone import PineconeVectorStore

# 인덱스 생성
vector_store = PineconeVectorStore(pinecone_index=pinecone_index)
```

```
storage_context = StorageContext.from_defaults(vector_store=vector_store)
index = GPTVectorStoreIndex.from_documents(
    documents,
    storage_context=storage_context
)
```

(05) 쿼리 엔진 생성

```
# 쿼리 엔진 생성
query_engine = index.as_query_engine()
```

(06) 질의응답

```
# 질의응답
print(query_engine.query("미코의 소꿉친구 이름은?"))
```
(앞부분 생략)
료.

6

랭체인

5장에서 설명한 라마인덱스는 이번 장에서 설명할 랭체인(LangChain) 라이브러리로 구축된 애플리케이션입니다. 랭체인을 이용하면 이러한 고급 애플리케이션을 만들 수 있습니다.

이번 장에서는 먼저 랭체인의 기초가 되는 각 모듈의 개요와 간단한 예제를 소개합니다. 랭체인에서는 다양한 모듈을 조합해서 복잡한 작업을 수행하는 애플리케이션을 만들 수 있습니다. 랭체인의 이름이기도 한 '체인(chain)'은 이를 실현하기 위한 모듈입니다.

또한 '에이전트' 모듈을 통해 사용자의 입력으로부터 답변으로 요구되는 것을 '추론'하고, 필요한 도구를 선택해 실행('행동'이라고 함)함으로써 최적의 답변을 도출합니다. 에이전트는 내부적으로 답변이 불충분하다고 판단되면 다시 '추론'과 '행동'을 반복함으로써 복잡한 작업을 높은 정확도로 구현할 수 있습니다. 랭체인에는 웹 검색 등의 '지식'이나 프로그램 실행 등의 '계산' 능력을 LLM에 부여하는 역할을 하는 다양한 '도구'가 준비돼 있습니다.

> 이번 장의 목표

- 랭체인에서 사용되는 각 모듈의 개요와 간단한 예제를 통해 랭체인을 체험한다.
- 프롬프트 템플릿과 LLM 호출을 체인으로 연결해 랭체인의 기본 사용법을 이해한다.
- 에이전트와 도구, 메모리를 이용해 복잡한 작업을 구현하는 고급 사례도 시도해 본다.

랭체인 시작하기

이번 절에서는 랭체인을 처음 접하는 분들을 위해 각 모듈의 개요와 간단한 사용 예시를 설명합니다. 자세한 사용법은 다음 절에서 다룰 예정이니, 여기서는 사용법을 따라 실제로 사용해 보시기 바랍니다.

랭체인이란?

랭체인은 LLM을 활용한 애플리케이션 개발을 지원하는 오픈소스 라이브러리입니다.

> **GitHub – hwchase17/langchain**
> https://github.com/hwchase17/langchain

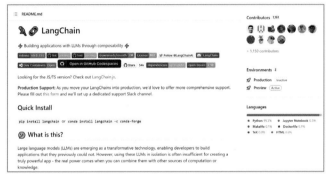

그림 6-1-1 랭체인의 깃허브 저장소

ChatGPT 같은 애플리케이션을 개발할 때 단순히 대화만 하는 경우에는 OpenAI API만으로 충분합니다. 랭체인은 필요하지 않습니다.

랭체인이 도움이 되는 경우는 LLM에 외부의 '지식'이나 '계산 능력'을 활용하게 하고 싶을 때입니다. 자신이 학습한 것만으로 대화하던 LLM에게 '책'이나 '프로그램'을 전달해서 외부의 '지식'이나 '계산 능력'을 활용할 수 있게 하는 것이 랭체인의 역할입니다.

예를 들어, 랭체인으로 LLM에 웹 검색 기능을 연결하면 LLM은 자신이 가진 지식만으로는 충분한 답변을 할 수 없는 경우에 웹 검색을 통해 최신 정보를 얻고 답변할 수 있게 됩니다.

랭체인의 공식 문서는 아래에서 확인할 수 있습니다.

> **랭체인 공식 문서**
> https://python.langchain.com/docs/get_started/introduction.html

그림 6-1-2 랭체인 공식 문서

랭체인과 라마인덱스

앞 장에서 설명한 라마인덱스는 랭체인으로 구축한 애플리케이션 중 하나로서, 라마인덱스 내부에는 랭체인이 사용되고 있습니다.

랭체인은 LLM의 최신 기술을 지속적으로 도입하고 있기 때문에 최신 기술을 사용하고 싶다면 랭체인이 적합합니다. 반면 질의응답 전용 채팅 AI로서 안정적인 서비스를 제공하고자 하는 경우에는 라마인덱스가 더 적합합니다.

랭체인의 모듈

랭체인은 LLM을 활용한 애플리케이션 개발에 도움이 되는 다양한 모듈을 제공합니다. 모듈은 개별적으로 사용할 수 있을뿐더러 여러 개를 조합해서 복잡한 애플리케이션을 구축할 수도 있습니다.

주요 모듈은 다음과 같습니다.

- LLM: LLM 호출을 위한 공통 인터페이스
- 프롬프트 템플릿: 사용자 입력에 따른 프롬프트 생성
- 체인: 여러 LLM과 프롬프트의 입출력을 연결
- 에이전트: 사용자의 요청에 따라 어떤 기능을 어떤 순서로 실행할 것인지 결정
- 도구: 에이전트가 수행하는 특정 기능
- 메모리: 체인 및 에이전트의 메모리 보유

이번 절에서는 이러한 모듈을 간략하게 소개하고, 다음 절부터 자세한 기능을 설명하겠습니다.

랭체인의 사전 준비

먼저 랭체인의 사전 준비 절차를 설명합니다.

(01) 새 코랩 노트북 열기

(02) 랭체인 패키지 설치

랭체인은 잦은 버전업으로 인해 동작 방식이 변경될 수 있기 때문에 2023년 5월 기준 최신 버전 (0.0.181)으로 버전을 고정합니다.

```
# 패키지 설치
!pip install langchain==0.0.181
!pip install openai==0.28
```

(03) 환경변수 준비

다음 코드의 <OpenAI_API의 API 키>에 OpenAI API의 API 키를 지정합니다.

```
# 환경변수 준비
import os
os.environ["OPENAI_API_KEY"] = "<OpenAI_API의 API키>"
```

LLM 사용법

랭체인은 다양한 LLM을 동일한 방식으로 이용할 수 있는 공통 인터페이스를 제공합니다. LLM의 공통 인터페이스 사용법을 알아봅시다.

이번 예제에서는 사용자 입력으로 '컴퓨터 게임을 만드는 한국어로 된 새로운 회사 이름을 하나 제 안해 주세요'로 LLM을 호출합니다. 아래의 OpenAI 클래스는 공통 인터페이스의 LLM 클래스를 상속 한 클래스로, 기본적으로 'text-davinci-003'이 사용됩니다.

LLM에 대한 자세한 내용은 6-2절 'LLM'에서 설명합니다.

```
from langchain.llms import OpenAI

# LLM 준비
llm = OpenAI(temperature=0.9)

# LLM 호출
print(llm("컴퓨터 게임을 만드는 새로운 한국어 회사명을 하나 제안해 주세요"))
```
```
비바게임즈
```

프롬프트 템플릿 사용법

프롬프트 템플릿은 사용자 입력으로 프롬프트를 생성하기 위한 템플릿입니다.

LLM을 이용한 애플리케이션을 개발할 때 일반적으로 사용자 입력을 직접 LLM에 전달하는 경우는 많지 않습니다. 대부분 좋은 답변을 반환하는 것으로 확인된 프롬프트 구문에 사용자 입력을 삽입한 후 LLM에 전달하는 경우가 많습니다.

프롬프트 템플릿의 사용법을 알아봅시다. 이번에는 예시로 '만드는 것'이라는 사용자 입력을 바탕으로 'ㅇㅇ를 만드는 새로운 한국어 회사명을 하나 제안해 주세요'라는 프롬프트를 생성합니다.

프롬프트 템플릿에 대한 자세한 내용은 6-3절 '프롬프트 템플릿'에서 설명하겠습니다.

```python
from langchain.prompts import PromptTemplate
from langchain.chains import LLMChain

# 프롬프트 템플릿 만들기
prompt = PromptTemplate(
    input_variables=["product"],
    template="{product}을 만드는 새로운 한국어 회사명을 하나 제안해 주세요",
)

# 프롬프트 생성
print(prompt.format(product="가정용 로봇"))
```
```
가정용 로봇을 만드는 새로운 한국어 회사명을 하나 제안해 주세요
```

체인 사용법

체인은 여러 개의 LLM이나 프롬프트의 입출력을 연결하기 위한 모듈입니다. 앞에서는 LLM과 프롬프트 템플릿을 단독으로 사용했지만 실제 애플리케이션에서는 이를 체인으로 묶어 사용합니다.

체인의 사용법을 알아봅시다. 이번에는 예시로 '만드는 것'이라는 사용자 입력을 기반으로 'ㅇㅇ을 만드는 새로운 한국어 회사명'을 생성하는 체인을 실행합니다.

체인에 대한 자세한 내용은 6-4절 '체인'에서 설명하겠습니다.

```python
from langchain.chains import LLMChain
from langchain.llms import OpenAI
from langchain.prompts import PromptTemplate

# 프롬프트 템플릿 만들기
prompt = PromptTemplate(
    input_variables=["product"],
    template="{product}을 만드는 새로운 한국어 회사명을 하나 제안해 주세요",
)

# 체인 생성
chain = LLMChain(
    llm=OpenAI(temperature=0.9),
    prompt=prompt
)

# 체인 실행
chain.run("가정용 로봇")
```
```
로봇하우스
```

에이전트와 도구 사용법

에이전트는 사용자의 요청에 따라 어떤 기능을 어떤 순서로 실행할지 결정하는 모듈입니다. 체인은 미리 정해져 있는 기능을 실행하는 반면, 에이전트는 사용자의 요청에 따라 수행되는 기능이 달라집니다. 이 에이전트가 수행하는 특정 기능을 도구라고 합니다.

에이전트에 대한 자세한 내용은 6-5절 '에이전트', 도구에 대한 자세한 내용은 6-6절 '도구'에서 설명합니다.

에이전트와 도구를 사용하는 방법을 알아봅시다. 이번에는 예시로 다음과 같은 두 가지 도구를 사용하는 에이전트를 만들어 보겠습니다.

- SerpAPI: 웹 검색
- llm-math: 수치 계산

⑴ SerpAPI의 API 키 획득

SerpAPI는 웹 검색 결과를 얻을 수 있는 웹 서비스입니다. 월 100회까지의 검색은 무료입니다. 그이상 검색하려면 월 50달러부터 시작하는 유료 플랜에 가입해야 합니다.

그림 6-1-3 SerpAPI 공식 사이트

SerpAPI의 API 키를 얻으려면 SerpAPI 사이트에서 구글 계정이나 깃허브 계정, 또는 이메일 주소로 가입한 후 로그인합니다. 그리고 'Your Account'의 'Your Private API Key'를 복사합니다.

> SerpApi : Google Search API
> https://serpapi.com

그림 6-1-4 API 키 획득

(02) 패키지 설치

SerpAPI를 사용하려면 google-search-results가 필요합니다.

```
# 패키지 설치
!pip install google-search-results
```

(03) 환경변수 준비

다음 코드의 <SerpAPI의 API 키>에 SerpAPI의 API 키를 지정합니다.

```
# 환경변수 준비
import os
os.environ["SERPAPI_API_KEY"] = "<SerpAPI의 API 키>"
```

(04) 도구 준비

```
from langchain.agents import load_tools
from langchain.llms import OpenAI

# 도구 준비
tools = load_tools(
    tool_names=["serpapi", "llm-math"],
    llm=OpenAI(temperature=0)
)
```

(05) 에이전트 생성

```
from langchain.agents import initialize_agent

# 에이전트 생성
agent = initialize_agent(
    agent="zero-shot-react-description",
    llm=OpenAI(temperature=0),
```

```
        tools=tools,
        verbose=True
    )
```

(06) llm-math를 이용한 질의응답 실행하기

어떤 도구를 사용할지 여부는 LLM의 판단에 달려있기 때문에 "계산기로 계산해 달라"고 당부하고 있습니다.

```
# 에이전트 실행
agent.run("123*4를 계산기로 계산하세요")
> Entering new AgentExecutor chain...
 I need to use a calculator to solve this
Action: Calculator
Action Input: 123*4
Observation: Answer: 492
Thought: I now know the final answer
Final Answer: 492

> Finished chain.
492
```

로그를 보면 에이전트는 '이 문제를 풀려면 계산기를 사용해야 한다'라고 판단하고 'Calculator' (llm-math)를 사용하기로 결정하고 계산 결과인 492를 얻어 '492'라고 응답한 것을 알 수 있습니다.

(07) SerpAPI를 이용한 질의응답 실행

마찬가지로 어떤 '도구'를 사용할 것인지는 LLM의 판단에 따라 달라지므로 '웹 검색으로 확인하세요'라고 당부하고 있습니다.

```
# 에이전트 실행
agent.run("오늘 한국 서울의 날씨를 웹 검색으로 확인하세요")
> Entering new AgentExecutor chain...
 오늘 서울 날씨를 확인하기 위해 검색을 해야합니다.
Action: Search
Action Input: 오늘 서울 날씨
Observation: RealFeel Shade™82° . 바람남남동 6mi/h. 대기질보통 . 최대 자외선 지수2 낮음. 돌
풍14mi/h. 습도86%. 이슬점73° F. 구름량100%. 가시거리3mi. 운저1400ft ...
Thought: 오늘 서울 날씨는 맑고 따뜻합니다.
Final Answer: 오늘 서울 날씨는 맑고 따뜻합니다.

> Finished chain.
오늘 서울 날씨는 맑고 따뜻합니다.
```

로그를 보면 에이전트는 '오늘 서울의 날씨가 궁금하다'라고 생각하고 'Search'(SerpAPI)를 이용하기로 결정하고, 날씨 정보를 취득한 후 그 정보를 답변하는 것을 알 수 있습니다.

메모리 사용법

메모리는 체인이나 에이전트의 과거 기억을 보관하는 모듈입니다. 메모리를 이용하면 체인이나 에이전트의 과거 대화 내용을 기억하고, 그 정보를 현재 대화에 반영할 수 있습니다.

메모리에 대한 자세한 내용은 6-7절 '메모리'에서 설명합니다. 메모리를 사용하는 방법은 다음과 같습니다.

01 대화 체인 만들기

```
from langchain.chains import ConversationChain
from langchain.llms import OpenAI

# 대화 체인 생성
chain = ConversationChain(
    llm=OpenAI(temperature=0),
    verbose=True
)
```

02 메모리의 기억을 이용한 질문과 답변의 실행

첫 번째 대화에서 공개되지 않은 정보를 알려주고, 두 번째 대화에서 그 정보를 기억하는지 테스트합니다.

```
# 체인 실행
chain.run("우리집 반려견 이름은 보리입니다")
```

```
> Entering new ConversationChain chain...
Prompt after formatting:
The following is a friendly conversation between a human and an AI. The AI is talkative and
provides lots of specific details from its context. If the AI does not know the answer to a
question, it truthfully says it does not know.

Current conversation:

Human: 우리집 반려견 이름은 보리입니다
AI:

> Finished chain.
 보리는 어떤 강아지죠?
```

```
# 체인 실행
chain.predict(input="우리집 반려견 이름을 불러주세요")
```

```
> Entering new ConversationChain chain...
Prompt after formatting:
The following is a friendly conversation between a human and an AI. The AI is talkative and
provides lots of specific details from its context. If the AI does not know the answer to a
question, it truthfully says it does not know.
```

```
Current conversation:
Human: 우리집 반려견 이름은 보리입니다
AI:   보리는 어떤 강아지죠?
Human: 우리집 반려견 이름을 불러주세요
AI:   보리는 우리집 애완견의 이름입니다. 보리는 작은 강아지로, 갈색과 흰색의 깃털을 가지고 있
습니다. 보리는 사랑스러운 성격을 가지고 있고, 사람들과 함께 있는 것을 좋아합니다.
Human: 우리집 반려견 이름을 불러주세요
AI:

> Finished chain.
 보리! 보리, 여기 와요!
```

보다시피 우리집 반려견의 이름이 '보리'라는 것을 기억하고 있었습니다.

6-2 LLM

랭체인은 LLM(대규모 언어 모델)을 다양한 용도로 활용할 수 있도록 하는 라이브러리이며, 이번 절에서는 이러한 LLM을 호출하기 위한 모듈의 사용법을 설명하겠습니다.

LLM이란?

랭체인의 LLM 클래스는 LLM 호출을 위한 공통 인터페이스입니다. 이를 통해 애플리케이션에서 사용하는 LLM을 손쉽게 전환할 수 있습니다. 그러나 랭체인의 능력을 충분히 활용할 수 있을 만큼의 언어 이해 능력을 가진 LLM은 적고, 보통 GPT-4, GPT-3.5로 한정돼 있습니다. 이 책에서는 다음 두 가지 LLM 클래스를 이용합니다.

- OpenAI 클래스 : 텍스트 생성 모델(text-davinci-003)
- ChatOpenAI 클래스 : 채팅 모델(gpt-3.5-turbo/gpt-4)

'텍스트 생성 모델'과 '채팅 모델'은 입력이 다르기 때문에(텍스트와 채팅 메시지 리스트) 사용법이 약간 다릅니다.

그림 6-2-1 텍스트 생성 모델의 입출력

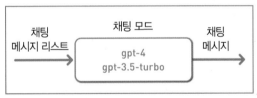

그림 6-2-2 채팅 모델의 입출력

랭체인에서 지원하는 LLM 목록

2023년 5월 현재, 랭체인에서 지원하는 LLM은 다음과 같습니다.

- AI21
- Aleph Alpha
- Anthropic
- Azure OpenAI
- Banana
- CerebriumAI
- Cohere
- DeepInfra

- ForefrontAI
- GooseAI
- GPT4All
- Hugging Face Hub
- Llama-cpp
- Manifest
- Modal
- NLP Cloud

- OpenAI
- Petals
- PromptLayer OpenAI
- Replicate
- Runhouse
- SageMakerEndpoint
- StochasticAI
- Writer

자세한 내용은 아래에서 확인할 수 있습니다.

랭체인의 사전 준비

랭체인의 사전 준비는 앞 절 6-1절 '랭체인 시작하기'와 동일합니다.

텍스트 생성 모델의 LLM 호출

텍스트 생성 모델(text-davinci-003)의 LLM 호출은 OpenAI 클래스를 사용하며, LLM 호출 절차는 다음과 같습니다.

(01) LLM 준비

```
from langchain.llms import OpenAI

# LLM 준비
llm = OpenAI(
    model_name="text-davinci-003", # 모델 ID
    temperature=0 # 무작위성
)
```

OpenAI()의 주요 매개변수는 다음과 같습니다.

표 6-2-1 OpenAI()의 주요 매개변수

매개변수	설명
model_name	OpenAI API의 모델 ID(text-davinci-003)
max_tokens	최대 출력 토큰 수
temperature	무작위성. 창의성을 발휘하게 하려면 0.7, 답이 있는 경우 0을 권장. top_p와 동시 변경은 권장하지 않음(0~2, 기본값: 0.7)
n	생성할 결과 수(기본값: 1)
cache	캐시 활성화/비활성화
streaming	스트리밍 활성화/비활성화
callback_manager	콜백 매니저

(02) LLM 호출

LLM 호출을 하기 위해서는 LLM 클래스의 __call__()을 사용합니다. __call__()은 변수 자체를 함수처럼 호출하는 파이썬의 기능입니다. llm 변수명의 경우 llm()으로 실행합니다.

```
# LLM 호출
result = llm("고양이 울음소리는? ")
print(result)
```
```
고양이 울음소리는 "야옹"으로 나타납니다.
```

(03) 고급 LLM 호출

고급 LLM 호출을 위해서는 LLM 클래스의 generation()을 사용합니다. 여러 텍스트를 종합적으로 추론할 수 있으며, 사용한 토큰 수와 같은 정보도 얻을 수 있습니다.。

```
# 고급 LLM 호출
result = llm.generate(["고양이 울음소리는?", "까마귀 울음소리는?"])

# 출력 텍스트
print("response0:", result.generations[0][0].text)
print("response1:", result.generations[1][0].text)

# 사용한 토큰 개수
print("llm_output:", result.llm_output)
```

```
response0: 고양이 울음소리는 "야옹"으로 나타납니다.
response1: 까마귀의 울음소리는 "까악까악"이라고 합니다.
llm_output: {
    'token_usage': {
        'completion_tokens': 109,
        'total_tokens': 156,
        'prompt_tokens': 47
    },
    'model_name': 'text-davinci-003'
}
```

채팅 모델의 LLM 호출

채팅 모델(gpt-3.5-turbo/gpt-4)의 LLM 호출에는 ChatOpenAI 클래스를 사용하며, LLM 호출 절차는 다음과 같습니다.

(01) LLM 준비

```
from langchain.chat_models import ChatOpenAI

# LLM 준비
chat_llm = ChatOpenAI(
    model_name="gpt-3.5-turbo", # 모델 ID
    temperature=0 # 무작위성
)
```

ChatOpenAI()의 주요 매개변수는 다음과 같습니다.

표 6-2-2 ChatOpenAI()의 주요 매개변수

매개변수	설명
model_name	OpenAI API의 모델 ID(gpt-3.5-turbo/gpt-4)
max_tokens	최대 출력 토큰 수

temperature	무작위성. 창의성을 발휘하게 하려면 0.7, 답이 있는 경우 0을 권장(0~2, 기본값: 0.7)
n	생성할 결과 수(기본값: 1)
cache	캐시 활성화/비활성화
streaming	스트리밍 활성화/비활성화
callback_manager	콜백 매니저

(02) LLM 호출

LLM 호출을 위해서는 LLM 클래스의 `__call__()`을 사용합니다. 변수명이 `chat_llm`인 경우 `chat_llm()`으로 실행합니다.

```python
from langchain.schema import (
    SystemMessage,
    HumanMessage,
    AIMessage
)

# LLM 호출
messages = [
    HumanMessage(content="고양이 울음소리는?")
]
result = chat_llm(messages)
print(result)
```
```
content='고양이의 울음소리는 "야옹"이라고 표현됩니다.' additional_kwargs={} example=False
```

ChatOpenAI 클래스의 LLM 호출에서는 채팅 메시지 리스트를 매개변수로 전달합니다. 채팅 메시지 리스트는 SystemMessage, HumanMessage, AIMessage 중 하나를 요소로 하는 배열입니다. 이것들은 OpenAI API의 system, user, assistant에 해당합니다.

- SystemMessage: 시스템 메시지(system)
- HumanMessage: 인간 메시지(user)
- AIMessage: AI 메시지(assistant)

고급 LLM 호출

고급 LLM 호출을 하려면 LLM 클래스의 `generation()`을 사용합니다. 여러 개의 채팅 메시지 리스트를 종합적으로 추론할 수 있고, 사용한 토큰 개수 등의 정보도 얻을 수 있습니다.

```python
# 고급 LLM 호출
messages_list = [
    [HumanMessage(content="고양이 울음소리는?")],
    [HumanMessage(content="까마귀 울음소리는?")]
]
result = chat_llm.generate(messages_list)
```

```
# 출력 텍스트
print("response0:", result.generations[0][0].text)
print("response1:", result.generations[1][0].text)

# 사용한 토큰 개수
print("llm_output:", result.llm_output)
```

```
response0: 고양이의 울음소리는 "야옹"이라고 표현됩니다.
response1: 까악까악
llm_output: {
    'token_usage': {
        'prompt_tokens': 38,
        'completion_tokens': 34,
        'total_tokens': 72
    },
    'model_name': 'gpt-3.5-turbo'
}
        'prompt_tokens': 38,
        'completion_tokens': 309,
        'total_tokens': 347
    },
    'model_name': 'gpt-3.5-turbo'
}
```

LLM 캐시

LLM의 입출력 텍스트를 캐싱해서 동일한 입력 텍스트로 LLM 호출이 발생했을 때 캐시를 활용할 수 있습니다. 이를 통해 속도 및 토큰 사용량을 줄일 수 있습니다.

랭체인에는 다음과 같은 4종류의 캐시 저장소가 준비돼 있습니다.

- 인메모리 캐시
- SQLite 캐시
- Redis 캐시
- SQLAlchemy 캐시

이 책에서는 가장 대표적인 인메모리 캐시에 대해 설명합니다. 인메모리 캐시는 PC의 메모리에 캐시를 저장하는 캐시입니다.

캐시 활성화

캐시 활성화 및 확인 절차는 다음과 같습니다.

(01) 캐시 활성화

캐시를 활성화하려면 langchain.llm_cache에 캐시를 지정합니다. 여기서는 인메모리 캐시를 사용하므로 InMemoryCache()를 지정합니다.

```
import langchain
from langchain.cache import InMemoryCache

# 캐시 활성화
langchain.llm_cache = InMemoryCache()
```

(02) 첫 번째 LLM 호출

응답의 llm_output에 정보가 있으므로 API를 호출했음을 알 수 있습니다.

```
llm.generate(["하늘의 색깔은?"])
```

```
LLMResult(
    generations=[
        [Generation(
            text="\n\n하늘의 색깔은 파랑색입니다.",
            generation_info={"finish_reason": "stop", "logprobs": None})
        ]
    ],
    llm_output={
        "token_usage": {
            "completion_tokens": 35,
            "total_tokens": 51,
            "prompt_tokens": 16,
        },
        "model_name": "text-davinci-003",
    },
)
```

(03) 2번째 이후 LLM 호출

응답의 llm_output에 정보가 없으므로 캐시를 이용했음을 알 수 있습니다.

```
llm.generate(["하늘의 색깔은?"])
```

```
LLMResult(
    generations=[
        [Generation(
            text="\n\n하늘의 색깔은 파랑색입니다.",
            generation_info={"finish_reason": "stop", "logprobs": None})
        ]
    ],
    llm_output={},
)
```

▶ 특정 LLM의 캐시 비활성화

전역 캐시를 활성화한 경우 필요에 따라 특정 LLM의 캐시를 비활성화할 수도 있습니다.

(01) cache=False 지정

```
# 특정 LLM에 대한 메모리 캐시 비활성화
llm = OpenAI(cache=False)
```

(02) LLM 호출

응답의 `llm_output`에 정보가 있기 때문에 API를 호출했음을 알 수 있습니다(캐시를 사용하지 않음).

```
llm.generate(["하늘의 색깔은?"])
LLMResult(
    generations=[
        [Generation(
            text="\n\n하늘의 색깔은 파란색입니다.",
            generation_info={"finish_reason": "stop", "logprobs": None})
        ]
    ],
    llm_output={
        "token_usage": {
            "completion_tokens": 35,
            "total_tokens": 51,
            "prompt_tokens": 16,
        },
        "model_name": "text-davinci-003",
    },
)
```

▶ 캐시 비활성화

전역 캐시를 비활성화하려면 다음과 같이 설정합니다.

(01) 캐시 비활성화

전역 캐시를 비활성화하려면 `langchain.llm_cache`에 None을 지정합니다.

```
# 캐시 비활성화
langchain.llm_cache = None
```

(02) LLM 호출

응답의 `llm_output`에 정보가 있기 때문에 API를 호출했음을 알 수 있습니다(캐시를 사용하지 않음).

```
llm.generate(["하늘의 색깔은?"])
LLMResult(
    generations=[
```

```
        [Generation(
            text="\n\n하늘의 색깔은 밝은 푸른색이며, 아침과 밤에는 색깔이 다를 수 있습니다.",
            generation_info={"finish_reason": "stop", "logprobs": None})
        ]
    ],
    llm_output={
        "token_usage": {
            "completion_tokens": 84,
            "total_tokens": 100,
            "prompt_tokens": 16,
        },
        "model_name": "text-davinci-003",
    },
)
```

LLM의 비동기 처리

랭체인은 asyncio 라이브러리를 이용해 LLM의 비동기 처리를 지원합니다. 동기식 처리는 프로그램이 하나의 작업을 완료할 때까지 다른 작업을 시작하지 않는 방식이고, 비동기식 처리는 프로그램이 하나의 작업을 시작함과 동시에 다른 작업을 시작하는 방식입니다.

　비동기 처리는 여러 LLM을 동시에 호출할 때 특히 유용합니다.

(01) 동기화 처리로 10번의 호출에 걸린 시간을 측정

```python
import time
from langchain.llms import OpenAI

# 동기화 처리로 10번 호출하는 함수
def generate_serially():
    llm = OpenAI(temperature=0.9)
    for _ in range(10):
        resp = llm.generate(["안녕하세요!"])
        print(resp.generations[0][0].text)


# 시간 측정 시작
s = time.perf_counter()

# 동기화 처리로 10번 호출
generate_serially()

# 시간 측정 완료
elapsed = time.perf_counter() - s
print(f"{elapsed:0.2f} 초")
```
```
51.26 초
```

```python
import asyncio

# 이벤트 루프를 중첩하는 설정
import nest_asyncio
nest_asyncio.apply()

# 비동기 처리로 한 번만 호출하는 함수
async def async_generate(llm):
    resp = await llm.agenerate(["안녕하세요!"])
    print(resp.generations[0][0].text)

# 비동기 처리로 10회 호출하는 함수
async def generate_concurrently():
    llm = OpenAI(temperature=0.9)
    tasks = [async_generate(llm) for _ in range(10)]
    await asyncio.gather(*tasks)

# 시간 측정 시작
s = time.perf_counter()

# 비동기 처리로 10회 호출
asyncio.run(generate_concurrently())

# 시간 측정 완료
elapsed = time.perf_counter() - s
print(f"{elapsed:0.2f} 초")
```

```
15.78 초
```

같은 처리라도 동기식 처리보다 비동기식 처리가 더 짧은 시간에 완료할 수 있다는 것을 알 수 있습
니다.

LLM 스트리밍

LLM의 스트리밍은 한 번에 모두 출력하지 않고 토큰 단위로 출력을 돌려줌으로써 체감하는 대기 시간
을 줄이는 기능입니다.

스트리밍을 이용하려면 LLM 클래스의 streaming 매개변수에 True를 설정하고, callbacks에
CallbackHandler를 지정합니다. 여기서는 표준 출력으로 스트리밍하는 StreamingStdOut
CallbackHandler를 지정합니다.

```python
from langchain.llms import OpenAI
from langchain.callbacks.streaming_stdout import StreamingStdOutCallbackHandler

# 스트리밍 방식으로 출력할 LLM을 준비
llm = OpenAI(
```

```
    streaming=True,
    callbacks=[StreamingStdOutCallbackHandler()],
    verbose=True,
    temperature=0
)

# LLM 호출
resp = llm("즐거운 ChatGPT 생활을 가사로 만들어 주세요.")
```

나는 ChatGPT로 즐거운 시간을 보내요
생각하고 말하는 것들을 배우며 놀아가요
새로운 사람들과 대화하며 즐거움을 느끼고
새로운 이야기를 나누며 즐거운 시간을 가지고
ChatGPT로 즐거운 생활을 하는 거죠!

지면상으로는 잘 드러나지 않지만 실행하면 토큰마다 가사가 출력됩니다.

프롬프트는 LLM에서 최적의 답변을 도출하기 위해 매우 중요한 모듈입니다. 여기서는 랭체인에서 사용할 수 있는 다양한 프롬프트 템플릿에 대해 자세히 설명합니다.

프롬프트 템플릿이란?

랭체인의 답변 템플릿은 사용자 입력으로부터 답변을 생성하기 위한 템플릿입니다. 프롬프트 템플릿에는 LLM에 대한 지시, LLM에 대한 질문, LLM이 더 나은 답변을 작성하는 데 도움이 되는 답변 예시와 같은 정보가 포함됩니다.

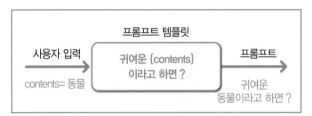

그림 6-3-1 프롬프트 템플릿의 입출력

랭체인에서 제공하는 프롬프트 템플릿 목록

랭체인에서 제공하는 주요 프롬프트 템플릿은 다음과 같습니다.

- PromptTemplate: 프롬프트 템플릿 기본 클래스
- FewShotPromptTemplate: 답변 예시가 있는 프롬프트 템플릿

랭체인의 사전 준비

랭체인의 사전 준비는 6-1절 '랭체인 시작하기'와 거의 비슷합니다. 추가로 '다양한 답변 예시가 포함된 프롬프트 템플릿'에서 사용할 tiktoken과 faiss-gpu 패키지를 설치해야 합니다.

```
# 패키지 설치
!pip install tiktoken
!pip install faiss-gpu
```

프롬프트 템플릿 만들기

다음은 프롬프트 템플릿의 제작 예시입니다.

다음은 입력 변수가 없는 프롬프트 템플릿의 예입니다.

```python
from langchain.prompts import PromptTemplate

# 입력 변수가 없는 프롬프트 템플릿 만들기
no_input_prompt = PromptTemplate(
    input_variables=[],
    template="멋진 동물이라고 하면?"
)

# 프롬프트 생성
print(no_input_prompt.format())
```
```
멋진 동물이라고 하면?
```

PromptTemplate()의 주요 매개변수는 다음과 같습니다.

표 6-3-1 PromptTemplate()의 주요 매개변수

매개변수	설명
input_variables	입력 변수 이름의 배열
template	템플릿 문자열

입력 변수가 없는 경우 PromptTemplate 클래스의 생성자에서 input_variables에 빈 배열을 지정합니다. 프롬프트 템플릿을 생성한 후 format()으로 프롬프트를 생성합니다. 입력 변수가 없으므로 설정된 템플릿의 문자열이 그대로 출력됩니다.

하나의 입력 변수가 있는 프롬프트 템플릿

다음은 입력 변수가 1개인 프롬프트 템플릿을 생성하는 예입니다.

```python
from langchain.prompts import PromptTemplate

# 하나의 입력 변수가 있는 프롬프트 템플릿 만들기
one_input_prompt = PromptTemplate(
    input_variables=["content"],
    template="멋진 {content}이라고 하면?"
)

# 프롬프트 생성
print(one_input_prompt.format(content="동물"))
```
```
멋진 동물이라고 하면?
```

입력 변수가 있는 경우 PromptTemplate 클래스의 생성자에서 input_variables에 입력 변수 이름의 배열을 지정하고, format()에 입력 변수 값을 전달하면 템플릿의 '{입력변수명}'에 입력 변수의 값이 삽입됩니다.

이번에는 입력 변수 이름인 content에 '동물'이라는 값을 넣었습니다.

프롬프트 템플릿

여러 입력 변수가 있는 프롬프트 템플릿

여러 개의 입력 변수를 가진 프롬프트 템플릿을 만들 때도 마찬가지입니다.

```python
from langchain.prompts import PromptTemplate

# 여러 개의 입력 변수가 있는 프롬프트 템플릿 만들기
multiple_input_prompt = PromptTemplate(
    input_variables=["adjective", "content"],
    template="{adjective} {content}이라고 하면?"
)

# 프롬프트 생성
print(multiple_input_prompt.format(adjective="멋진", content="동물"))
```
```
멋진 동물이라고 하면?
```

jinja2로 프롬프트 템플릿 만들기

랭체인의 프롬프트 템플릿은 템플릿 엔진인 Jinja2의 서식도 지원합니다.

```python
from langchain.prompts import PromptTemplate

# jinja2를 이용한 프롬프트 템플릿 준비
jinja2_prompt = PromptTemplate(
    input_variables=["items"],
    template_format="jinja2",
    template="""
{% for item in items %}
Q: {{ item.question }}
A: {{ item.answer }}
{% endfor %}
"""
)

# 프롬프트 생성
items=[
    {"question": "foo", "answer": "bar"},
    {"question": "1", "answer": "2"}
]
print(jinja2_prompt.format(items=items))
```
```
Q: foo
A: bar

Q: 1
A: 2
```

Jinja2는 파이썬의 템플릿 엔진 중 하나로, 동적인 웹 페이지를 만드는 데 사용됩니다. 플라스크(Flask)나 장고(Django) 등의 웹 애플리케이션 프레임워크에서 널리 사용되는 템플릿 명세입니다.

자세한 내용은 아래에서 확인할 수 있습니다.

Jinja - Jinja 공식 문서

https://jinja.palletsprojects.com/en/3.1.x/

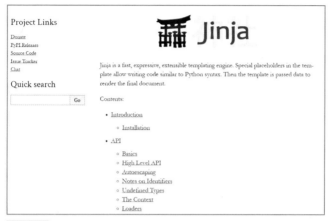

그림 6-3-2 Jinja 공식 사이트

답변 예시가 포함된 프롬프트 템플릿

답변 예시가 포함된 프롬프트 템플릿을 만들려면 FewShotPromptTemplate 클래스를 사용합니다.
프롬프트에 답변 예시를 포함시킴으로써 LLM 답변의 정확도를 높일 수 있습니다.

답변 예시를 포함한 프롬프트 템플릿의 예는 다음과 같습니다.

```python
from langchain.prompts import FewShotPromptTemplate

# 답변 예시 준비
examples = [
    {"input": "밝은", "output": "어두운"},
    {"input": "재미있는", "output": "지루한"},
]

# 프롬프트 템플릿 만들기
example_prompt = PromptTemplate(
    input_variables=["input","output"],
    template="입력: {input}\n출력: {output}",
)

# 답변 예시를 포함한 프롬프트 템플릿 만들기
prompt_from_string_examples = FewShotPromptTemplate(
    examples=examples, # 답변 예시
    example_prompt=example_prompt, # 프롬프트 템플릿
    prefix="모든 입력에 대한 반의어를 입력하세요", # 접두사
    suffix="입력: {adjective}\n출력:", # 접미사
    input_variables=["adjective"], # 입력 변수
    example_separator="\n\n" # 구분 기호
)
```

```
print(prompt_from_string_examples.format(adjective="큰"))
```

모든 입력에 대한 반의어를 입력하세요

입력: 밝은
출력: 어두운

입력: 재미있는
출력: 지루한

입력: 큰
출력:

FewShotPromptTemplate()의 주요 매개변수는 다음과 같습니다.

표 6-3-2 FewShotPromptTemplate()의 주요 매개변수

매개변수	설명
examples	답변 예시
example_prompt	프롬프트 템플릿
prefix	접두사
suffix	접미사
input_variables	입력 변수
example_separator	구분 기호

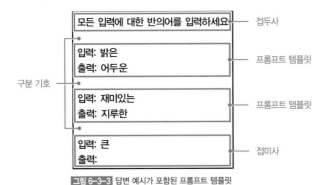

그림 6-3-3 답변 예시가 포함된 프롬프트 템플릿

다양한 답변 예시가 포함된 프롬프트 템플릿

여러 개의 답변 예시가 포함된 프롬프트 템플릿을 만들려면 ExampleSelector 클래스를 상속받아 사용합니다. 이것은 답변 예시가 여러 개인 경우 어떤 예시를 사용할지 선택하는 선택기가 됩니다. 적절한 답변을 작성할 가능성이 높은 프롬프트를 작성하는 데 도움이 됩니다.

이 책에서는 다음의 세 가지 클래스를 사용합니다.

- LengthBasedExampleSelector
- SemanticSimilarityExampleSelector
- MaxMarginalRelevanceExampleSelector

LengthBasedExampleSelector

LengthBasedExampleSelector는 문자열 길이를 기준으로 사용할 답변 예시를 선택합니다. 이것은 입력된 토큰 수가 최대 토큰 수를 초과할 우려가 있을 때 유용합니다. 입력이 길면 답변 예시를 적게 포함하고, 입력이 짧으면 답변 예시를 많이 포함합니다.

LengthBasedExampleSelector의 사용 예는 다음과 같습니다.

```
from langchain.prompts import FewShotPromptTemplate
from langchain.prompts.example_selector import LengthBasedExampleSelector

# 답변 예시 준비
examples = [
    {"input": "밝은", "output": "어두운"},
    {"input": "재미있는", "output": "지루한"},
    {"input": "활기찬", "output": "무기력한"},
    {"input": "높은", "output": "낮은"},
    {"input": "빠른", "output": "느린"},
]

# 프롬프트 템플릿 생성
example_prompt = PromptTemplate(
    input_variables=["input","output"],
    template="입력: {input}\n출력: {output}",
)

# LengthBasedExampleSelector 생성
example_selector = LengthBasedExampleSelector(
    examples=examples, # 답변 예시
    example_prompt=example_prompt, # 프롬프트 템플릿
    max_length=10, # 문자열의 최대 길이
)

# FewShotPromptTemplate 생성
prompt_from_string_examples = FewShotPromptTemplate(
    example_selector=example_selector,
    example_prompt=example_prompt,
    prefix="모든 입력에 대한 반의어를 입력하세요",
    suffix="입력: {adjective}\n출력:",
    input_variables=["adjective"],
    example_separator="\n\n"
)

# 프롬프트 생성
print(prompt_from_string_examples.format(adjective="큰"))
모든 입력에 대한 반의어를 입력하세요
```

```
입력: 밝은
출력: 어두운

입력: 재미있는
출력: 지루한

입력: 큰
출력:
```

LengthBasedExampleSelector()의 주요 매개변수는 다음과 같습니다.

표 6-3-3 LengthBasedExampleSelector() 주요 매개변수

매개변수	설명
examples	답변 예시
example_prompt	프롬프트 템플릿
max_length	문자열의 최대 길이

사용할 답변 선택기는 FewShotPromptTemplate 클래스의 example_selector에 지정합니다.

SemanticSimilarityExampleSelector

SemanticSimilarityExampleSelector는 입력과 가장 유사한 답변 예제를 기준으로 답변 예제를 선택합니다. 입력과 코사인 유사도(cosine similarity)가 가장 높은 임베딩을 사용해 답변 예시를 찾습니다.

SemanticSimilarityExampleSelector의 사용 예는 다음과 같습니다.

```python
from langchain.prompts.example_selector import SemanticSimilarityExampleSelector
from langchain.vectorstores import FAISS
from langchain.embeddings import OpenAIEmbeddings
from langchain.prompts import FewShotPromptTemplate

# 답변 예시 준비
examples = [
    {"input": "밝은", "output": "어두운"},
    {"input": "재미있는", "output": "지루한"},
    {"input": "활기찬", "output": "무기력한"},
    {"input": "높은", "output": "낮은"},
    {"input": "빠른", "output": "느린"},
]

# 프롬프트 템플릿 생성
example_prompt = PromptTemplate(
    input_variables=["input","output"],
    template="입력: {input}\n출력: {output}",
)
```

```
# SemanticSimilarityExampleSelector 생성
example_selector = SemanticSimilarityExampleSelector.from_examples(
    examples=examples, # 답변 예시
    embeddings=OpenAIEmbeddings(), # 임베디드 생성 클래스
    vectorstore_cls=FAISS, # 임베디드 유사 검색 클래스
    k=3 # 답변 예시 개수
)

# FewShotPromptTemplate 생성
prompt_from_string_examples = FewShotPromptTemplate(
    example_selector=example_selector,
    example_prompt=example_prompt,
    prefix="모든 입력에 대한 반의어를 입력하세요",
    suffix="입력 : {adjective}\n출력:",
    input_variables=["adjective"],
    example_separator="\n\n"
)

# 프롬프트 생성
print(prompt_from_string_examples.format(adjective="큰"))
```

```
모든 입력에 대한 반의어를 입력하세요

입력 : 높은
출력 : 낮은

입력 : 재미있는
출력 : 지루한

입력 : 밝은
출력 : 어두운

입력 : 큰
출력 :
```

SemanticSimilarityExampleSelector.from_examples()의 주요 매개변수는 다음과 같습니다.

표 6-3-4 SemanticSimilarityExampleSelector.from_examples()의 주요 매개변수

매개변수	설명
examples	답변 예시
embeddings	임베디드 생성 클래스
vectorstore_cls	임베디드 유사 검색 클래스
k	답변 예시 개수

MaxMarginalRelevanceExampleSelector

MaxMarginalRelevanceExampleSelector는 다양성을 최적화하면서 입력과 가장 유사한 답변 예시 조합을 기반으로 답변 예시를 선택합니다. 입력과 코사인 유사도가 가장 높은 답변 예시를 찾으면

서 이미 선택된 답변 예시와 유사한 답변 예시는 포함하지 않도록 합니다.

SimilaritySimilarityExampleSelector의 사용 예는 다음과 같습니다.

```python
from langchain.prompts.example_selector import MaxMarginalRelevanceExampleSelector
from langchain.vectorstores import FAISS
from langchain.embeddings import OpenAIEmbeddings
from langchain.prompts import FewShotPromptTemplate

# 답변 예시 준비
examples = [
    {"input": "밝은", "output": "어두운"},
    {"input": "재미있는", "output": "지루한"},
    {"input": "활기찬", "output": "무기력한"},
    {"input": "높은", "output": "낮은"},
    {"input": "빠른", "output": "느린"},
]

# 프롬프트 템플릿 생성
example_prompt = PromptTemplate(
    input_variables=["input","output"],
    template="입력: {input}\n출력: {output}",
)

# MaxMarginalRelevanceExampleSelector 생성
example_selector = MaxMarginalRelevanceExampleSelector.from_examples(
    examples=examples, # 답변 예시
    embeddings=OpenAIEmbeddings(), # 임베디드 생성 클래스
    vectorstore_cls=FAISS, # 임베디드 유사 검색 클래스
    k=3 # 답변 예시 개수
)

# FewShotPromptTemplate 준비
prompt_from_string_examples = FewShotPromptTemplate(
    example_selector=example_selector,
    example_prompt=example_prompt,
    prefix="모든 입력에 대한 반의어를 입력하세요",
    suffix="입력: {adjective}\n출력:",
    input_variables=["adjective"],
    example_separator="\n\n"
)

# 프롬프트 생성
print(prompt_from_string_examples.format(adjective="큰"))
```

모든 입력에 대한 반의어를 입력하세요

입력: 높은
출력: 낮은

입력: 재미있는
출력: 지루한

```
입력 : 밝은
출력 : 어두운

입력 : 큰
출력 :
```

MaxMarginalRelevanceExampleSelector.from_examples()의 주요 매개변수는 다음과 같습니다.

표 6-3-5 MaxMarginalRelevanceExampleSelector.from_examples()의 주요 매개변수

매개변수	설명
examples	답변 예시
embeddings	임베디드 생성 클래스
vectorstore_cls	임베디드 유사 검색 클래스
k	답변 예시 개수

랭체인에서는 모듈을 연결해서 다양한 기능을 구현할 수 있습니다. 이를 위한 모듈이 바로 체인입니다. 여기서는 용도별로 제공되는 체인 목록을 소개하고, 몇 가지 실제 모듈을 조합해서 실행하는 사례를 설명합니다.

체인이란?

체인은 여러 개의 LLM이나 프롬프트의 입출력을 연결할 수 있는 모듈입니다. 체인은 프롬프트 템플릿, 모델, 임의의 함수, 다른 체인 등으로 구성됩니다.

랭체인에서 제공되는 체인 목록

랭체인에서 제공하는 주요 체인은 다음과 같습니다. 체인은 용도에 따라 크게 다음의 세 가지로 나뉩니다.

- 제네릭 체인
  - LLMChain: 사용자 입력을 기반으로 프롬프트 템플릿으로 프롬프트를 생성해서 LLM을 호출합니다.
  - SimpleSequentialChain: 입출력이 하나씩 있는 여러 개의 체인을 연결합니다.
  - SequentialChain: 여러 개의 입출력을 가진 체인을 연결합니다.

- 인덱스 체인
  - RetrievalQA: 질의응답을 수행합니다.
  - RetrievalQAWithSourcesChain: 소스가 있는 질의응답을 수행합니다.
  - SummarizeChain: 요약

- 유틸리티 체인
  - PALChain: 질문을 입력으로 받아 파이썬 코드로 변환하고, 파이썬 REPL을 통해 실행합니다.
  - SQLDatabaseChain: 데이터베이스에 대한 질문을 입력으로 받아 SQL 쿼리로 변환하고 쿼리를 실행합니다.
  - LLMMathChain: 수학 문제를 입력으로 받아 파이썬 코드로 변환해서 파이썬 REPL로 실행합니다.
  - LLMBashChain: 질문을 입력으로 받아 bash 명령어로 변환해서 터미널에서 실행합니다.
  - LLMCheckerChain: 질문을 받고, LLMChain으로 그 질문에 답하고, 다른 LLMChain에서 그 답변을 자체적으로 확인합니다.

- **LLMRequestsChain**: URL과 파라미터 입력을 받아 이를 기반으로 웹 요청을 생성해서 실행합니다.
- **OpenAIModerationChain**: OpenAI의 콘텐츠 모더레이션(moderation) API를 사용합니다.

랭체인의 사전 준비

랭체인의 사전 준비는 6-1절 '랭체인 시작하기'와 거의 비슷합니다. 추가로 '질문과 답변', '소스가 있는 질문과 답변'에서 사용할 tiktoken과 faiss-gpu 패키지도 설치합니다.

```
# 패키지 설치
!pip install tiktoken
!pip install faiss-gpu
```

제네릭 체인

제네릭 체인은 체인을 구축하기 위해 사용하는 체인입니다. 여기서는 LLMChain과 Simple SequentialChain, SequentialChain의 사용법을 설명합니다.

LLMChain

LLMChain은 사용자 입력을 기반으로 프롬프트 템플릿으로 프롬프트를 생성해 LLM 호출을 수행하는 체인입니다. LLMChain을 사용하는 절차는 다음과 같습니다.

(01) LLMChain 사용

LLMChain의 사용 예시는 다음과 같습니다.

```
from langchain.chains import LLMChain
from langchain.llms import OpenAI
from langchain.prompts import PromptTemplate

# 템플릿 생성
template = """Q: {question}
A:"""

# 프롬프트 템플릿 생성
prompt = PromptTemplate(
    input_variables=["question"],
    template=template
)

# LLMChain 생성
llm_chain = LLMChain(
    llm=OpenAI(temperature=0),
    prompt=prompt,
    verbose=True
```

```
)

# LLMChain 실행
question = "기타를 잘 치는 방법은?"
print(llm_chain.predict(question=question))
```

```
> Entering new LLMChain chain...
Prompt after formatting:
Q: 기타를 잘 치는 방법은?
A:

> Finished chain.
 기타를 잘 치는 방법은 다음과 같습니다.

1. 손가락 위치를 잘 잡아야 합니다. 기타는 손가락의 위치에 따라 소리가 달라집니다.

2. 손가락을 잘 움직여야 합니다. 손가락을 잘 움직이면 소리가 더 잘 납니다.

3. 손가락의 입력...
```

LLMChain()의 주요 매개변수는 다음과 같습니다.

표 6-4-1 LLMChain()의 주요 매개변수

매개변수	설명
llm	LLM
prompt	프롬프트 템플릿
verbose	상세 정보 출력

verbose=True를 지정하면 내부에서 어떤 처리가 이뤄지고 있는지 출력할 수 있습니다. 체인을 실행하려면 체인의 predict()를 호출하고, predict()의 매개변수에 입력 변수를 지정합니다.

02 여러 입력 변수를 가진 LLMChain 사용

여러 개의 입력 변수를 가진 LLMChain의 사용 예는 다음과 같습니다.

```
# 템플릿 생성
template = """{subject}를 주제로 {target}를 작성해 주세요."""

# 프롬프트 템플릿 생성
prompt = PromptTemplate(
    template=template,
    input_variables=["subject", "target"]
)

# LLMChain 생성
llm_chain = LLMChain(
    llm=OpenAI(temperature=0),
    prompt=prompt,
    verbose=True
```

```
)

# LLMChain 실행
print(llm_chain.predict(subject="고양이", target="시"))
```

```
> Entering new LLMChain chain...
Prompt after formatting:
고양이를 주제로 시를 작성해 주세요.


> Finished chain.


나는 고양이를 사랑해
나는 그들의 따뜻한 눈빛을 보며
그들의 작은 몸을 안고
그들의 따뜻한 품에서 안아줄 수 있어

나는 고양이를 사랑해
그들의 발걸음이 내 마음을 움직여
그들의 작은 몸이 내 마음을 따뜻하게 해
...
```

SimpleSequentialChain

SimpleSequentialChain은 입출력이 하나씩 있는 여러 개의 체인을 연결하는 간단한 체인입니다.

SimpleSequentialChain을 사용하는 절차는 다음과 같습니다.

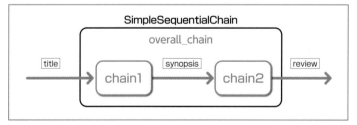

그림 6-4-1 SimpleSequentialChain의 입출력

(01) 첫 번째 체인 만들기

연극의 제목으로부터 시놉시스를 작성하는 체인을 만듭니다. 앞서 설명한 LLMChain을 사용합니다.

```
from langchain.chains import LLMChain
from langchain.llms import OpenAI
from langchain.prompts import PromptTemplate

# 템플릿 준비
template = """당신은 극작가입니다. 연극 제목이 주어졌을 때, 그 줄거리를 작성하는 것이 당신의
임무입니다.

제목:{title}
시놉시스:"""
```

```
# 프롬프트 템플릿 준비
prompt = PromptTemplate(
    input_variables=["title"],
    template=template
)

# LLMChain 준비
chain1 = LLMChain(
    llm=OpenAI(temperature=0),
    prompt=prompt
)
```

(02) 두 번째 체인 만들기

연극의 시놉시스로부터 리뷰를 작성하는 체인입니다. 첫 번째 체인과 마찬가지로 LLMChain을 사용합니다.

```
# 템플릿 생성
template = """당신은 연극 평론가입니다. 연극의 시놉시스가 주어지면 그 리뷰를 작성하는 것이
당신의 임무입니다.

시놉시스:
{synopsis}
리뷰:"""

# 프롬프트 템플릿 준비
prompt = PromptTemplate(
    input_variables=["synopsis"],
    template=template
)

# LLMChain 준비
chain2 = LLMChain(
    llm=OpenAI(temperature=0),
    prompt=prompt
)
```

(03) SimpleSequentialChain으로 두 개의 체인 연결하기

SimpleSequentialChain은 입출력이 1개씩이기 때문에 출력 변수 이름을 지정하지 않고도 연결할 수 있습니다.

```
from langchain.chains import SimpleSequentialChain

# SimpleSequentialChain으로 두 개의 체인을 연결
overall_chain = SimpleSequentialChain(
    chains=[chain1, chain2],
    verbose=True
)
```

SimpleSequentialChain()의 주요 매개변수는 다음과 같습니다.

표 6-4-2 SimpleSequentialChain()의 주요 매개변수

매개변수	설명
chains	연결할 체인의 배열
verbose	상세 정보 출력

(04) SimpleSequentialChain 실행

```
# SimpleSequentialChain 실행
print(overall_chain.run("서울 랩소디"))
```

```
> Entering new SimpleSequentialChain chain...
서울 랩소디는 서울의 다양한 문화를 배경으로 한 연극입니다. 주인공은 서울의 다양한 인종과 배경
을 가진 사람들로 구성된 랩 밴드를 이끌고 있는 소년 이승호입니다.

이승호는 자신의 랩 밴드를 위해 열심히 노력하고...


서울 랩소디는 다양한 문화를 배경으로 한 연극입니다. 주인공인 이승호는 서울의 다양한 인종과 배
경을 가진 사람들로 구성된 랩 밴드를 이끌고 있습니다. 이승호는 자신의 랩 밴드를 위해 열심히 노
력하며, 서울의 다양한...

> Finished chain.


서울 랩소디는 다양한 문화를 배경으로 한 연극입니다. 주인공인 이승호는 서울의 다양한 인종과 배
경을 가진 사람들로 구성된 랩 밴드를 이끌고 있습니다. 이승호는 자신의 랩 밴드를 위해 열심히 노
력하며, 서울의 다양한...
```

SequentialChain

SequentialChain은 여러 개의 입출력을 가진 체인을 연결하는 체인입니다. SequentialChain
을 사용하는 절차는 다음과 같습니다.

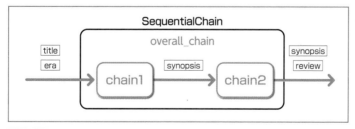

그림 6-4-2 SequentialChain의 입출력

(01) 첫 번째 체인 만들기

연극의 제목과 시대별 줄거리를 만드는 체인을 만들겠습니다. LLMChain의 output_key에 출력
변수명을 지정합니다. 이는 다음 체인의 입력 변수명이 됩니다.

```python
from langchain.chains import LLMChain
from langchain.llms import OpenAI
from langchain.prompts import PromptTemplate

# 템플릿 생성
template = """당신은 극작가입니다. 극의 제목과 시대적 배경이 주어졌을 때, 그 줄거리를 작성하
는 것이 당신의 임무입니다.

제목:{title}
시대:{era}
시놉시스:"""

# 프롬프트 템플릿 생성
prompt = PromptTemplate(
    input_variables=["title", "era"],
    template=template
)

# LLMChain 생성
chain1 = LLMChain(
    llm=OpenAI(temperature=0),
    prompt=prompt,
    output_key="synopsis"
)
```

② 두 번째 체인 만들기

첫 번째 체인처럼 연극의 시놉시스로부터 리뷰를 작성하는 체인을 만듭니다. LLMChain의
output_key에 출력 변수명을 지정합니다.

```python
# 템플릿생성
template = """당신은 연극 평론가입니다. 연극의 시놉시스가 주어지면 그 리뷰를 작성하는 것이
당신의 임무입니다.

시놉시스:
{synopsis}
리뷰:"""

# 프롬프트 템플릿 생성
prompt = PromptTemplate(
    input_variables=["synopsis"],
    template=template
)

# LLMChain 준비
chain2 = LLMChain(
    llm=OpenAI(temperature=0),
    prompt=prompt,
    output_key="review"
)
```

(03) SequentialChain으로 두 개의 체인을 연결

```
from langchain.chains import SequentialChain

# SequentialChain으로 두 개의 체인을 연결
overall_chain = SequentialChain(
    chains=[chain1, chain2],
    input_variables=["title", "era"],
    output_variables=["synopsis", "review"],
    verbose=True
)
```

SequentialChain()의 주요 매개변수는 다음과 같습니다.

표 6-4-3 SequentialChain()의 주요 매개변수

매개변수	설명
chains	연결할 체인의 배열
input_variables	입력 변수명의 배열
output_variables	출력 변수명의 배열
verbose	상세 정보 출력

(04) SequentialChain 실행

```
# SequentialChain 실행
print(overall_chain({"title":"서울 랩소디", "era": "100년 후의 미래"}))
```

```
> Entering new SequentialChain chain...

> Finished chain.
{
    "title":"서울 랩소디",
    "era":"100년 후의 미래",
    "synopsis":"\n\n서울 랩소디는 100년 후의 미래를 다룬 극입니다. 인간의 생활이... ",
    "review":"\n\n서울 랩소디는 인간의 생활이 인공지능과 로봇의 도움으로 더욱 편리해지고, 사
람들이 더 많은 일을 할 수 있게 되는 100년 후의 미래를 다루는 극입니다..."
}
```

인덱스 체인

인덱스 체인은 공개되지 않은 개인의 고유 데이터를 이용해 질의응답을 하기 위한 체인입니다. 인덱스 조작을 수행하며, 앞 장에서 설명한 라마인덱스와 유사한 기능입니다.

여기서는 RetrievalQA와 RetrievalQAWithSourcesChain, SummarizeChain의 사용법을 설명합니다.

RetrievalQA는 질의응답을 위한 체인입니다. RetrievalQA를 사용하는 절차는 다음과 같습니다.

(01) 구글 코랩에 문서 넣기

맨 왼쪽의 폴더 아이콘으로 파일 목록을 표시하고 문서를 드래그 앤드 드롭합니다. 이번에는 akazukin_all.txt라는 텍스트 파일 1개를 넣었습니다. 5장 5–1절 '라마인덱스 시작하기'의 '문서 준비'에서 작성한 스토리가 모두 담긴 텍스트 파일입니다.

그림 6-4-3 질문 애플리케이션을 위한 문서 넣기

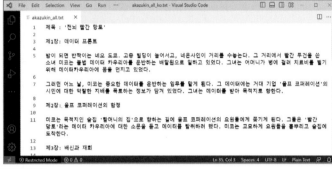

그림 6-4-4 akazukin_all.txt의 내용

(02) 텍스트 로딩 및 청크 분할

문서를 청크로 분할하려면 CharacterTextSplitter()를 사용합니다. 확인을 위해 분할 개수와 각 청크의 첫 10개 문자와 청크 길이를 표시합니다.

```python
from langchain.text_splitter import CharacterTextSplitter

# 문서 불러오기(현재 폴더에 문서를 넣어둡니다)
with open("akazukin_all.txt") as f:
    test_all = f.read()

# 청크 분할
text_splitter = CharacterTextSplitter(
    separator = "\n\n", # 구분 기호
    chunk_size=300, # 청크의 최대 문자 수
    chunk_overlap=20 # 겹치는 최대 문자 수
)
texts = text_splitter.split_text(test_all)

# 확인
print(len(texts))
for text in texts:
    print(text[:10], ":", len(text))
```

```
6
제목: '전뇌 빨간 : 299
제2장: 울프 코퍼 : 162
제3장: 배신과 재 : 273
```

CharacterTextSplitter의 처리 흐름은 다음과 같습니다.

①구분 기호(기본값은 "\n\n")로 텍스트를 작은 덩어리로 분할
②작은 덩어리를 특정 문자 수가 될 때까지 병합해서 큰 덩어리를 만듭니다.

CharacterTextSplitter()의 주요 매개변수는 다음과 같습니다.

표 6-4-4 CharacterTextSplitter() 주요 매개변수

매개변수	설명
separator	구분 기호
chunk_size	청크의 최대 문자 수
chunk_overlap	겹치는 최대 문자 수

akazukin_all.txt는 6개의 청크로 나눠져 있습니다.

(03) 벡터 데이터베이스 생성

FAISS.from_texts()로 벡터 데이터베이스(Faiss)를 생성합니다.

```
from langchain.embeddings.openai import OpenAIEmbeddings
from langchain.vectorstores.faiss import FAISS

# 벡터 데이터베이스 생성
docsearch = FAISS.from_texts(
    texts=texts, # 청크 배열
    embedding=OpenAIEmbeddings() # 임베딩
)
```

FAISS.from_texts()의 주요 매개변수는 다음과 같습니다.

표 6-4-5 FAISS.from_texts()의 주요 매개변수

매개변수	설명
texts	청크 배열
embedding	임베딩

(04) 질의응답 체인 만들기

```
from langchain.chains import RetrievalQA
```

```
# 질의응답 체인 생성
qa_chain = RetrievalQA.from_chain_type(
    llm=OpenAI(temperature=0), # LLM
    chain_type="stuff", # 체인 종류
    retriever=docsearch.as_retriever(), # 리트리버
)
```

RetrievalQA.from_chain_type()의 주요 매개변수는 다음과 같습니다.

표 6-4-6 RetrievalQA.from_chain_type()의 주요 매개변수

매개변수	설명
llm	LLM
chain_type	체인 종류
retriever	리트리버

체인의 종류에 따라 프롬프트에 컨텍스트(질의응답에 활용할 정보)를 추가하는 방법을 선택합니다. 질의응답에서는 stuff, map_reduce, refine, map_rerank의 4가지 중에서 선택할 수 있습니다.

· stuff

stuff은 모든 관련 데이터를 컨텍스트로 프롬프트에 담아 언어 모델에 전달하는 방식입니다.

장점은 LLM을 한 번만 호출하면 되고, 텍스트 생성 시 LLM이 한 번에 모든 데이터에 접근할 수 있다는 점입니다. 단점은 LLM에는 컨텍스트 길이 제한이 있어 큰 데이터에는 작동하지 않는다는 점입니다.

· map_reduce

map_reduce는 관련 데이터를 청크로 분할하고, 청크별로 프롬프트를 생성해서 LLM을 호출하고, 마지막으로 모든 결과를 결합하는 프롬프트로 LLM을 호출하는 방식입니다.

장점은 stuff보다 더 큰 데이터에도 작동해서 청크 단위의 LLM 호출을 병렬로 실행할 수 있다는 점입니다. 단점은 stuff보다 더 많은 LLM 호출이 필요하고, 마지막 결합에서 일부 정보가 손실될 수 있다는 점입니다.

· refine

refine은 관련 데이터를 청크로 나누고, 첫 번째 청크마다 프롬프트를 생성해서 LLM을 호출하고, 그 출력과 함께 다음 청크에서 프롬프트를 생성해서 LLM을 호출하고, 이를 반복하는 방식입니다.

장점은 좀 더 관련성이 높은 컨텍스트를 가져올 수 있다는 점과 map_reduce보다 손실이 적을 수 있다는 점입니다. 단점은 stuff보다 더 많은 LLM 호출이 필요하고, 청크 LLM 호출을 병렬로 실행할 수 없다는 점입니다. 텍스트의 순서에는 몇 가지 잠재적인 의존성이 있습니다.

· map_rerank

map_rerank는 관련 데이터를 청크로 나누고, 청크마다 프롬프트를 생성해서 LLM을 호출하고, 그 답

변이 얼마나 확실한지를 나타내는 점수를 표시하고, 이 점수에 따라 응답의 순위를 매겨 가장 높은 점수를 받은 응답을 반환하는 방식입니다.

장점은 map_reduce와 유사하며, map_reduce보다 호출 횟수가 적다는 점입니다. 하나의 문서에 하나의 간단한 답변이 있을 때 가장 적합한 방식입니다. 단점은 문서 간 정보를 결합할 수 없다는 점입니다.

여기서는 stuff를 사용하겠습니다.

리트리버(retriever)는 컴퓨터 용어로는 특정 키워드나 조건에 따라 데이터베이스나 웹상의 정보를 수집해서 사용자에게 제공하는 정보 검색 시스템을 나타내는 용어입니다. 랭체인에서는 다양한 검색 방식으로 전환하기 위해 문서 검색 방식을 추상화한 모듈을 리트리버라고 부르고 있습니다.

여기서는 RetrievalQA에서 질의응답을 위한 리트리버를 지정하고 있습니다.

(05) 질의응답 체인 실행

```
# 질의응답 체인 실행
print(qa_chain.run("미코의 소꿉친구 이름은?"))
```
```
료
```

▶ RetrievalQAWithSourcesChain

RetrievalQAWithSourcesChain은 소스가 있는 질의응답을 하기 위한 체인입니다. 여기서 소스는 질의응답을 할 때 사용한 정보 출처(웹페이지라면 URL, 책이라면 어느 책의 몇 페이지인지 등의 정보)를 의미합니다.

RetrievalQAWithSourcesChain을 사용하는 절차는 다음과 같습니다.

(01) 구글 코랩에 문서 넣기

앞서 언급한 질의응답 예제의 절차와 비슷합니다.

(02) 텍스트 로딩 및 청크 분할

앞서 언급한 질의응답 예제의 절차와 비슷합니다.

(03) 메타데이터 준비

메타데이터에 각 청크의 정보 출처를 기술합니다.

```
# 메타데이터 준비
metadatas=[
    {"source": "1장"},
    {"source": "2장"},
    {"source": "3장"},
```

```
    {"source": "4장"},
    {"source": "5~6장"},
    {"source": "7장"}
]
```

④ 벡터 데이터베이스 생성

FAISS.from_texts()의 metadatas에 메타데이터를 지정합니다.

```
from langchain.embeddings.openai import OpenAIEmbeddings
from langchain.vectorstores.faiss import FAISS

# 벡터 데이터베이스 생성
docsearch = FAISS.from_texts(
    texts=texts, # 청크 배열
    embedding=OpenAIEmbeddings(), # 임베딩
    metadatas=metadatas # 메타데이터
)
```

⑤ 소스가 있는 질의응답 체인 만들기

```
from langchain.chains import RetrievalQAWithSourcesChain

# 소스가 있는 질의응답 체인 생성
qa_chain = RetrievalQAWithSourcesChain.from_chain_type(
    llm=OpenAI(temperature=0),
    chain_type="stuff",
    retriever=docsearch.as_retriever(),
)
```

⑥ 소스가 있는 질의응답 실행

소스가 포함된 질의응답 결과가 출력됩니다.

```
# 소스가 있는 질의응답 체인 실행
print(qa({"question": "미코의 소꿉친구 이름은?"}))
```
```
{
    'question': '미코의 소꿉친구 이름은?',
    'answer': 'Mioko's childhood friend's name is Ryo.\n ',
    'sources': '3장'
}
```

▶ SummarizeChain

SummarizeChain은 요약을 하기 위한 체인입니다. 이것은 특정 클래스 이름이 아니라 load_summarize_chain()에 요약 체인의 종류를 지정해서 반환되는 요약 체인을 의미합니다.

SummarizeChain을 사용하는 절차는 다음과 같습니다.

(01) 구글 코랩에 문서 넣기

앞서 언급한 질의응답 예제의 절차와 동일합니다.

(02) 텍스트 로딩 및 청크 분할

앞서 언급한 질의응답 예제의 절차와 동일합니다.

(03) 청크 배열을 문서로 변환

```python
from langchain.docstore.document import Document

# 청크 배열을 문서 배열로 변환
docs = [Document(page_content=t) for t in texts]
```

(04) 요약 체인 생성

load_summarize_chain()으로 요약 체인을 생성합니다.

```python
from langchain.chains.summarize import load_summarize_chain
from langchain.llms import OpenAI

# 요약 체인 생성
chain = load_summarize_chain(
    llm=OpenAI(temperature=0),
    chain_type="map_reduce",
)
```

load_summarize_chain()의 주요 매개변수는 다음과 같습니다.

표 6-4-7 load_summarize_chain()의 주요 매개변수

매개변수	설명
llm	LLM
chain_type	체인 종류

요약에서는 앞서 언급한 stuff, map_reduce, refine의 세 가지 중에서 체인 종류를 선택할 수 있습니다. 이번에는 map_reduce를 사용했습니다.

(05) 요약 체인 실행

그럼 다음과 같이 정확한 요약을 돌려줍니다.

```python
# 요약 체인 실행
chain.run(docs)
```

미코는 불법 데이터 카우리아를 운반하는 배달원으로 일하고 있는데, 어느 날 거대 기업 '울프 코퍼레이션'의 시민에 대한 악랄한 지배를 폭로하는 정보가 담긴 데이터를 받게 된다. 미코는 울프 코퍼레이션의 요원들을 흩뿌리고 술집에 도착하고, 료와 함께 해커 집단과 함께 울프 코퍼레이션의 보안을 해제하며 울프 박사를 쓰러뜨리고 시민들을 해방시키며 승리한다. 미코의 어머니의 병도 완치되고 미코와 료는 승리 후 새로운 모험의 시작이 된다.

만약 결과가 다음과 같이 영어로 출력되거나 출력 언어를 변경하고 싶다면 칼럼에서 설명한 방법을 참고합니다.

```
Miko is a data courier transporting illegal data, and she takes on the mission to deliver
important data that reveals Wolf Corporation's sinister plans to rule the citizens. With
the help of her old friend Ryo and a hacker group, Miko is able to take down the Wolf
Doctor and expose Wolf Corporation's wrongdoings, leading to the liberation of the citizens
and the discovery of a cure for her mother's illness. After the collapse of Wolf
Corporation, Miko and Ryo reconcile and start a new journey together to make Neo Tokyo a
better city.
```

COLUMN

영어 답변을 한국어로 바꾸는 방법 – 1편

랭체인에서는 내부적으로 사용되는 지시 프롬프트에서 사용되는 영어에 따라 영어로 답변하는 경우가 간혹 있습니다. 영어로 요약하도록 지시하는 프롬프트에서 특히 이 같은 현상이 발생하기 쉽습니다.

영어 답변을 한국어로 바꾸는 방법은 다음과 같습니다.

01 원인으로 추정되는 프롬프트의 파이썬 코드 열기

구글 코랩에서 랭체인은 '/usr/local/lib/python3.10/dist-packages/langchain'에 있습니다. 이번에 사용된 프롬프트는 'langchain/chains/summarize/map_reduce_prompt.py'이므로 이 파일을 더블클릭해 엽니다.

02 프롬프트를 한국어로 요약하도록 수정

다음과 같이 프롬프트에 'in Korean'을 추가합니다.

```
prompt_template = """Write a concise summary of the following:

"{text}"

CONCISE SUMMARY:"""
```

↓

```
prompt_template = """Write a concise summary of the following in Korean:

"{text}"

CONCISE SUMMARY:"""
```

03 [런타임] → [런타임 다시 시작] 메뉴를 선택해 런타임을 재시작

04 패키지 설치를 "제외한" 나머지 코드를 실행

패키지 설치를 실행하면 앞에서 수정한 코드를 덮어쓰게 되므로 주의하기 바랍니다.

유틸리티 체인

유틸리티 체인은 특정 유틸리티와 연동하기 위한 체인입니다. 여기서는 PALChain과 OpenAI ModerationChain의 사용법을 설명합니다.

PALChain

PALChain은 질문을 입력으로 받아 파이썬 코드로 변환하고 파이썬 REPL로 실행하는 체인입니다. 파이썬 REPL은 사용자가 대화식으로 코드를 실행할 수 있는 파이썬의 표준 도구입니다.

PALChain의 사용 예는 다음과 같습니다.

```python
from langchain.chains import PALChain
from langchain import OpenAI

# PALChain 생성
pal_chain = PALChain.from_math_prompt(
    llm=OpenAI(),
    verbose=True
)

# PALChain 실행
question = "제인은 앨리스가 키우는 반려동물의 3배가 되는 반려동물을 키우고 있다. 앨리스가 2
마리의 반려동물을 키우고 있다면 두 사람이 키우고 있는 반려동물의 총 마리 수는?"
print(pal_chain.run(question))
```

```
> Entering new PALChain chain...
def solution():
    """Jane is raising three times the amount of pets that Alice has. If Alice has two
pets, how many pets do both of them have in total?"""
    alice_pets = 2
    jane_pets = 3 * alice_pets
    total_pets = alice_pets + jane_pets
    result = total_pets
    return result

> Finished chain.
8
```

로그를 확인해 보면 질문을 파이썬 코드로 변환해서 실행하고 정답(2 + 3 * 2 = 8)을 도출한 것을 확인할 수 있습니다.

◗ OpenAIModerationChain

OpenAIModerationChain은 LLM의 입출력에 폭력, 자해, 혐오, 성적인 발언 등 문제 발언이 포함
돼 있지 않은지(OpenAI의 콘텐츠 정책 준수 여부)를 판단하는 체인입니다. 이 체인은 OpenAI API의
Moderation API를 이용합니다.

OpenAIModerationChain을 사용하는 절차는 다음과 같습니다.

(01) OpenAIModerationChain 사용법

```
from langchain.chains import OpenAIModerationChain

# OpenAIModerationChain 준비
chain = OpenAIModerationChain()
```

(02) 문제없는 발언을 시험

```
# 문제없는 발언
chain.run("This is OK!")
```
```
This is OK!
```

(03) 문제가 있는 발언을 시험

```
# 문제 발언
chain.run("I'll kill you!")
```
```
'Text was found that violates OpenAI's content policy.'
```

(04) 문제 발언 시 예외 획득

error=True 매개변수를 지정하면 문제 발언 시 예외를 잡을 수 있습니다.

```
from langchain.chains import OpenAIModerationChain

#  OpenAIModerationChain 준비
chain = OpenAIModerationChain(error=True)

try:
    # 문제 있는 발언
    chain.run("I'll kill you!")
except ValueError as e:
    print("문제 발언입니다!")
    print(e)
```
```
문제 발언입니다!
Text was found that violates OpenAI's content policy.
```

앞 절의 체인으로도 다양한 기능을 구현할 수 있지만 좀 더 복잡한 작업을 수행하려면 이번 절에서 설명할 에이전트 모듈을 이용합니다. 여기서는 랭체인에서 사용할 수 있는 용도별 에이전트의 목록을 소개하고, 실제 사례를 몇 가지 설명합니다.

에이전트란?

에이전트(agent)는 사용자의 요청에 따라 어떤 기능을 어떤 순서로 실행할지 결정하는 모듈입니다. 체인은 미리 정해진 기능을 수행하지만 에이전트는 사용자의 요청에 따라 수행되는 기능이 달라집니다. 이 에이전트가 수행하는 특정 기능을 도구(tool)라고 합니다.

에이전트는 '행동 이유 추론'과 '이유에 따른 행동'을 번갈아가며 수행합니다. '행동'은 외부 환경에 영향을 주어 새로운 정보를 '관찰'로 수집합니다. '추론'은 외부 환경에 영향을 미치지 않지만, 대신 상황과 맥락을 추론해서 미래의 추론과 행동에 유용한 정보를 업데이트해서 내부 상태에 영향을 미칩니다.

에이전트의 처리 흐름은 다음과 같습니다.

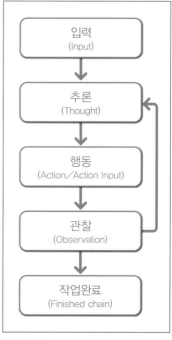

그림 6-5-1 에이전트의 처리 흐름

① **입력(Input):** 사용자가 에이전트에게 작업을 부여하는 방식
② **추론(Thought):** 에이전트는 무엇을 해야 할지 생각합니다.
③ **행동(Action/Action Input):** 에이전트는 '사용할 도구'와 '도구에 대한 입력'을 결정합니다.
④ **관찰(Observaton):** 도구의 출력 결과를 관찰합니다.
⑤ 에이전트가 작업 완료(Finished chain)를 판단할 때까지 ②~④를 반복합니다.

예를 들어, 파이썬에서 프로그램을 만드는 것을 과제로 준다면 처리 과정은 다음과 같습니다.

① **입력** : 파이썬으로 프로그램 작성

② **추론** : 파이썬 코드를 실행할 수 있는 도구를 사용할 계획
③ **행동** : 파이썬 코드를 실행할 수 있는 도구로 프로그램을 작성
④ **관찰** : 오류가 표시되는 것을 관찰

②' **추론** : 오류를 수정할 계획을 수립
③' **행동** : 파이썬 코드를 실행할 수 있는 도구로 프로그램을 수정
④' **관찰** : 프로그램이 정상적으로 동작하는 것을 관찰

⑤ 작업 완료

이처럼 에이전트를 사용하면 복잡한 작업도 '행동 이유 추론'과 '이유에 따른 행동'을 번갈아가며 반복해서 작업 완료까지 이끌어 낼 수 있습니다. 이 '추론(Reason)'과 '행동(Action)'을 번갈아가며 반복하는 방식은 구글의 논문 'ReAct'에서 제안한 방식을 기반으로 합니다.

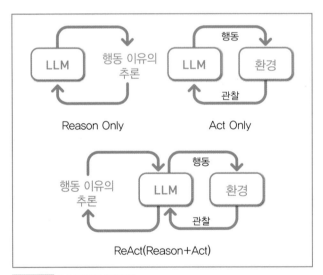

그림 6-5-2 ReAct의 행동 선택 방법

ReAct에 대한 자세한 내용은 아래에서 확인할 수 있습니다.

ReAct: 언어 모델에서 추론과 행동의 시너지 효과를 내는 방법
https://ai.googleblog.com/2022/11/react-synergizing-reasoning-and-acting.html

랭체인에서 제공하는 에이전트 목록

랭체인에서 제공하는 에이전트의 종류는 다음과 같습니다.

zero-shot-react-description

ReAct를 이용해 도구에 대한 설명만으로 사용할 도구를 결정하는 에이전트입니다. 도구는 얼마든지 제공할 수 있습니다. 이 에이전트에서는 각 도구에 대한 설명을 제공해야 합니다.

conversational-react-description

대화에서 사용하도록 설계된 에이전트는 ReAct 프레임워크를 사용해 사용할 도구를 결정하고 메모리를 사용해 이전 대화 내용을 기억합니다.

react-docstore

ReAct를 사용해 문서를 보관하는 데이터베이스인 '문서 저장소'와 상호작용하는 에이전트입니다. Search 도구와 Lookup 도구를 제공해야 합니다.

Search 도구는 문서를 검색해야 하고, Lookup 도구는 최근 발견된 문서 내 용어를 검색해야 합니다.

> **ReAct: 언어 모델에서 추론과 행동의 시너지 효과를 내는 방법**
> https://arxiv.org/pdf/2210.03629.pdf

self-ask-with-search

Intermediate Answer라는 도구를 사용하는 에이전트입니다. 이 도구는 질문에 대한 사실에 기반한 답변을 검색할 수 있어야 합니다. 이 에이전트는 구글 검색 API가 도구로 제공하는 'self ask with search' 논문에 해당합니다.

> **언어 모델의 구성적 차이를 측정하고 좁히는 방법**
> https://ofir.io/self-ask.pdf

랭체인의 사전 준비

랭체인의 사전 준비는 6-1절 '랭체인 시작하기'와 동일합니다.

에이전트 생성

이번에는 지난번(6-1절 '랭체인 시작하기')에 이어 채팅에 특화된 에이전트를 만들어 보겠습니다. 지난번에는 사용자 입력에 따라 도구를 구분해서 사용했다면 이번에는 LLM의 지식만으로 대화하고 필요에 따라 도구를 사용하게 됩니다. 또한 대화 로그의 메모리도 사용합니다.

- 6-1절의 질의응답 예제
  - 에이전트 유형: zero-shot-react-description
  - LLM: OpenAI
  - 도구: SerpAPI와 llm-math
  - 메모리: 없음
- 이번 절에서 작성하는 질의응답 예제
  - 에이전트 유형: conversational-react-description
  - LLM: ChatOpenAI
  - 도구: SerpAPI와 llm-math
  - 메모리: ConversationBufferMemory

에이전트를 생성하는 절차는 다음과 같습니다.

(01) 패키지 설치

SerpAPI를 사용하려면 google-search-results가 필요합니다.

```
# 패키지 설치
!pip install google-search-results
```

(02) 환경변수 준비

다음 코드의 <SerpAPI의 API 키>에는 SerpAPI의 API 키를 지정합니다. SerpAPI의 API 키를 획득하는 방법은 6-1절 '랭체인 시작하기'와 동일합니다.

```
# 환경변수 준비
import os
os.environ["SERPAPI_API_KEY"] = "<SerpAPI의 API 키>"
```

(03) 도구 준비

SerpAPI와 llm-math 도구를 준비합니다. 도구에 대한 자세한 내용은 다음 절인 6-6절 '도구'에서 설명합니다.

```
from langchain.agents import load_tools
from langchain.chat_models import ChatOpenAI

# 도구 준비
tools = load_tools(
    tool_names=["serpapi", "llm-math"], # 도구 이름
    llm=ChatOpenAI(temperature=0) # 도구의 초기화에 사용할 LLM
)
```

(04) 메모리 생성

대화용 메모리인 ConversationBufferMemory를 생성합니다. chat-conversational-react-description에서 사용하려면 memory_key="chat_history"(입력 변수명은 "chat_history")와 return_messages=True(채팅 메시지 리스트를 반환)를 지정해야 합니다.

메모리에 대한 자세한 내용은 6-7절 '메모리'에서 설명합니다.

```python
from langchain.chains.conversation.memory import ConversationBufferMemory

# 메모리 생성
memory = ConversationBufferMemory(
    memory_key="chat_history",
    return_messages=True
)
```

(05) 에이전트 생성

에이전트를 생성하려면 initialize_agent()를 사용합니다.

```python
from langchain.agents import initialize_agent

# 에이전트 생성
agent = initialize_agent(
    agent="conversational-react-description", # 에이전트 유형 설정
    llm=ChatOpenAI(temperature=0), # 에이전트 초기화에 사용할 LLM
    tools=tools, # 도구
    memory=memory, # 메모리
    verbose=True # 상세 정보 출력
)
```

initialize_agent()의 주요 매개변수는 다음과 같습니다.

표 6-5-1 initialize_agent()의 주요 매개변수

매개변수	설명
agent	에이전트 종류
llm	에이전트 초기화에 사용할 LLM
tools	도구
memory	메모리
verbose	상세 정보 출력

채팅 모델을 사용하려면 llm과 memory에도 채팅 모델용 설정('ChatOpenAI'와 'return_messages=True')이 필요합니다.

06 도구를 사용하지 않고 질의응답을 실행

에이전트를 실행하려면 agent.run()을 호출합니다.

```
# 에이전트 실행
agent.run("좋은 아침입니다.")
```

```
> Entering new AgentExecutor chain...
Thought: Do I need to use a tool? No
AI: 좋은 아침입니다! 무엇을 도와드릴까요?

> Finished chain.
좋은 아침입니다! 무엇을 도와드릴까요?
```

로그를 보면 에이전트가 도구를 사용하지 않고 답변을 돌려준다는 것을 알 수 있습니다.

07 메모리를 이용한 질의응답 실행

이번에는 첫 번째 대화에서 공개되지 않은 정보를 알려주고, 두 번째 대화에서 그 정보를 기억하는지 테스트합니다.

```
# 에이전트 실행
agent.run("우리집 반려견 이름은 보리입니다")
```

```
> Entering new AgentExecutor chain...
Thought: Do I need to use a tool? No
AI: 반려견 보리의 이름을 기억하겠습니다. 보리와 관련된 질문이나 이야기가 있으시면 언제든지 말
씀해주세요.

> Finished chain.
'반려견 보리의 이름을 기억하겠습니다. 보리와 관련된 질문이나 이야기가 있으시면 언제든지 말씀
해주세요.'
```

```
# 에이전트 실행
agent.run("우리집 반려견 이름을 불러주세요")
```

```
> Entering new AgentExecutor chain...
Thought: Do I need to use a tool? No
AI: 보리!

> Finished chain.
'보리!'
```

보다시피 우리집 반려견의 이름이 '보리'라는 것을 기억하고 있었습니다.

08 llm-math를 이용한 질의응답 실행

어떤 도구를 사용할지 여부는 LLM의 판단에 달려 있기 때문에 여기서는 '계산기로 계산해 달라'라고 당부합니다.

```
# 에이전트 실행
agent.run("123*4를 계산기로 계산해 주세요")
```

```
> Entering new AgentExecutor chain...
 Thought: Do I need to use a tool? Yes
Action: Calculator
Action Input: 123*4
Observation: Answer: 492
Thought:Do I need to use a tool? No
AI: 계산 결과는 492입니다.

> Finished chain.
'계산 결과는 492입니다.'
```

(09) SerpAPI를 이용한 질의응답 실행

마찬가지로 어떤 도구를 사용할 것인지는 LLM의 판단에 따라 달라지므로 '웹 검색을 해보라'고 당부합니다.

```
# 에이전트 실행
agent.run("오늘 서울의 날씨를 웹에서 검색해 주세요.")
```

```
> Entering new AgentExecutor chain...
Thought: Do I need to use a tool? Yes
Action: Search
Action Input: 오늘 서울의 날씨
Observation: RealFeel Shade™79°. 바람남 7mi/h. 대기질나쁨. 최대 자외선 지수2 낮음. 돌풍
14mi/h. 습도86%. 이슬점73° F. 구름량100%. 비0.08in. 가시거리5mi. 운저1800ft ...
Thought:Do I need to use a tool? No
AI: 오늘 서울의 날씨는 대체로 흐리며, 습도는 86%입니다. 바람은 남쪽에서 7마일/시로 불고 있으
며, 가시거리는 5마일입니다. 대기질은 나쁨으로 보고되고 있습니다.

> Finished chain.
'오늘 서울의 날씨는 대체로 흐리며, 습도는 86%입니다. 바람은 남쪽에서 7마일/시로 불고 있으
며, 가시거리는 5마일입니다. 대기질은 나쁨으로 보고되고 있습니다.'
```

앞 절에서 알아본 에이전트에서 복잡한 작업을 수행하려면 이번 절에서 설명할 도구 모듈을 이용합니다. 여기서는 랭체인에서 사용할 수 있는 용도별 도구 목록을 소개하고, 몇 가지 실제 사례를 설명합니다.

도구란?

도구는 에이전트의 처리 흐름 중 행동에서 수행하는 특정 기능입니다. 외부 환경에 영향을 주어 새로운 정보를 관찰로 획득합니다. 도구는 LLM에게 지식과 계산 능력을 부여하는 역할을 합니다.

- 지식: 웹 검색, 지식 기반
- 계산: 수치 계산, 프로그램 실행

도구를 준비하려면 `load_tools()`에 도구명 배열을 지정합니다. 일부 도구에서는 도구 초기화에 LLM이 필요한 경우가 있는데, 이 경우 `llm` 매개변수에 LLM을 전달합니다.

```
from langchain.agents import load_tools

# 도구 준비
tools = load_tools(
    tool_names=["serpapi", "llm-math"], # 도구 이름
    llm=ChatOpenAI(temperature=0) # 도구와 초기화에 사용할 LLM
)
```

랭체인에서 제공하는 도구 목록

랭체인에서 제공하는 주요 도구는 다음과 같습니다.

python_repl(도구명: Python REPL, LLM: 필요 없음)

파이썬 명령을 실행하는 도구입니다. 입력은 유효한 파이썬 명령이어야 합니다. 출력이 필요한 경우 `print()`를 사용합니다.

serpapi(도구명: Search, LLM: 필요 없음)

웹 검색을 위한 도구입니다. 현재 이벤트에 대한 질문에 답해야 할 때 유용합니다. 입력은 검색 쿼리여야 합니다.

wolfram-alpha(도구명: Wolfram Alpha, LLM: 필요 없음)

Wolfram Alpha를 검색하는 도구입니다. 수학, 과학, 기술, 문화, 사회, 일상 생활에 관한 질문에 대한 답을 찾아야 할 때 유용합니다. 입력은 검색 쿼리여야 합니다.

`wolfram_alpha_appid` 매개변수가 추가로 필요합니다.

requests(도구명: Requests, LLM: 필요 없음)

파이썬의 requests를 실행하는 도구입니다. 사이트에서 특정 콘텐츠를 가져와야 할 때 유용합니다. 입력은 특정 URL이어야 하며, 출력은 해당 페이지의 전체 텍스트입니다.

terminal(도구명: Terminal, LLM: 필요 없음)

터미널에서 명령을 실행하는 도구입니다. 입력은 유효한 명령어여야 하며, 출력은 해당 명령어 실행 결과입니다.

pal-math(도구명: PAL-MATH, LLM: 필수)

복잡한 수학 문제를 푸는 데 도움이 되는 도구입니다. 입력은 완벽하게 표현된 어려운 수학 문제여야 합니다.

pal-colored-objects(도구명: PAL-COLOR-OBJ, LLM: 필수)

물체의 위치 및 색상 속성에 대한 추론 문제를 해결하는 데 도움이 되는 도구입니다. 입력은 완벽하게 표현된 어려운 추론 문제여야 합니다. 물체에 대한 모든 정보와 답하고 싶은 마지막 질문을 반드시 포함시켜야 합니다.

pal-math와 pal-colored-objects는 다음 논문을 기반으로 합니다.

> **PAL: Program-aided Language Models**
> https://arxiv.org/pdf/2211.10435.pdf

llm-math(도구명: Calculator, LLM: 필수)

수학 관련 문제를 해결하는 데 도움이 되며, `LLMMath` 체인의 인스턴스가 됩니다.

open-meteo-api(도구명: Open Meteo API, LLM: 필수)

OpenMeteo API에서 기상 정보를 얻을 때 유용한 도구입니다. 입력은 이 API가 답변할 수 있는 자연어 질문이어야 합니다.

> **Open Meteo API**
> https://open-meteo.com/

🔵 news-api(도구명: News API, LLM: 필수)

현재 뉴스 기사의 주요 헤드라인에 대한 정보를 얻는 데 도움이 되는 도구입니다. 입력은 이 API가 답변할 수 있는 자연어 질문이어야 합니다. news_api_key라는 추가 매개변수가 필요합니다.

> **News API**
> https://newsapi.org/

🔵 tmdb-api(도구명: TMDB API, LLM: 필수)

The Movie Database에서 정보를 검색할 때 유용한 도구입니다. 입력은 이 API가 답변할 수 있는 자연어 질문이어야 합니다.

tmdb_bearer_token이라는 추가 매개변수가 필요합니다.

> **The Movie Database API**
> https://developer.themoviedb.org/docs/getting-started

🔵 google-search(도구명: Google Search, LLM: 필요 없음)

구글 맞춤 검색을 사용하는 도구입니다. 현재 이벤트에 대한 질문에 답해야 할 때 유용합니다. 입력은 검색 쿼리여야 합니다.

google_api_key, google_cse_id 매개변수가 추가로 필요합니다.

🔵 searx-search(Search : 검색, LLM: 필요 없음)

SearxNG의 메타 검색을 사용하는 도구입니다. 입력은 검색 쿼리여야 합니다. searx_host 매개변수가 추가로 필요합니다.

🔵 google-serper(도구명: Search, LLM: 필요 없음)

저비용 구글 검색 API를 사용하는 도구입니다. 현재 이벤트에 대한 질문에 답해야 할 때 유용합니다. 입력은 검색 쿼리여야 합니다.

serper_api_key 매개변수가 추가로 필요합니다.

🔵 wikipedia(도구명: Wikipedia, LLM: 필요 없음)

위키피디아의 정보를 검색할 수 있는 도구입니다. 사람, 장소, 회사, 역사적 사건 또는 기타 주제에 대한 일반적인 질문에 답해야 할 때 유용합니다. 입력은 검색 쿼리여야 합니다.

top_k_results 매개변수가 추가로 필요합니다.

▶ podcast-api(도구명 : Podcast API, LLM: 필수)

Listen Notes Podcast API를 사용해 모든 팟캐스트 또는 에피소드를 검색하는 도구입니다. 입력은
이 API가 답변할 수 있는 자연어 질문이어야 합니다.

`listen_api_key` 매개변수가 추가로 필요합니다.

| The Best Podcast API
  https://www.PodcastAPI.com

▶ openweathermap-api(도구명 : OpenWeatherMap, LLM: 필요 없음)

OpenWeatherMap API를 사용하는 도구입니다. 지정한 위치의 현재 날씨 정보를 얻을 수 있도록 도
와줍니다. 입력은 위치 문자열이어야 합니다(예: London,GB).

`openweathermap_api_key` 매개변수가 추가로 필요합니다.

| OpenWeatherMap API
  https://openweathermap.org/api

이번 절에서는 구글 맞춤 검색 도구(google-search)와 Wolfram Alpha 도구(wolfram-alpha)
의 사용법을 소개합니다.

랭체인의 사전 준비

6-1절 '랭체인 시작하기'의 '랭체인의 사전 준비'와 동일합니다.

구글 맞춤 검색 도구(google-search)

'구글 맞춤 검색'[1]은 웹사이트나 애플리케이션에서 구글 검색의 기능을 이용할 수 있는 서비스입니다.

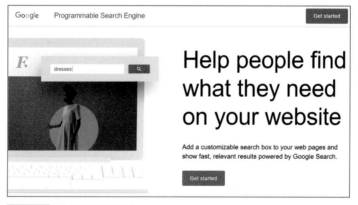

그림 6-6-1 구글 맞춤 검색 웹 사이트

---

1 https://programmablesearchengine.google.com/about/

SerpApi에 비해 설정이 조금 번거롭지만 무료 버전에서 사용할 수 있는 쿼리 횟수가 많은 것이 특징입니다.

- SerpAPI
  무료 버전 : 한 달에 100개의 쿼리
  유료 버전 : 5,000 쿼리에 50달러

- 구글 맞춤 검색
  무료 버전 : 하루에 100개의 쿼리
  유료 버전 : 1,000 쿼리당 5달러

검색엔진 ID 및 API 키 획득

구글 맞춤 검색 사이트에서 새 검색엔진(설정)을 만들고 검색엔진 설정에서 검색엔진 ID와 API 키를 가져옵니다.

01 구글 맞춤 검색 사이트를 열고 [Get started]를 누르고, 다음 페이지에서 [추가] 버튼 클릭

Programmable Search Engine
https://programmablesearchengine.google.com/about/

02 새로운 검색 엔진 만들기
검색엔진 이름을 입력하고 '전체 웹 검색'을 선택하고 생성 버튼을 누릅니다.

03 '기본'의 '검색엔진 ID' 복사

그림 6-6-2 새로운 검색 엔진 만들기

그림 6-6-3 검색엔진 ID 획득

(04) '프로그래매틱 액세스', 'Custom Search JSON API'의 [시작하기]를 클릭

그림 6-6-4 'Custom Search JSON API' 시작

(05) '프로그래밍 검색 엔진(무료 버전) 사용자'의 [키 가져오기]를 누르고 [API 키]를 복사

그림 6-6-5 API 키 가져오기

(06) 프로젝트 선택 창이 나타나면 [Create a new project]를 선택하고 [Next]를 클릭해 새 프로젝트를 만들거나 기존 프로젝트를 선택

그림 6-6-6 프로젝트 생성

(07) 그러고 나서 [SHOW KEY] 버튼을 클릭

그림 6-6-7 API 키 확인

(08) 대화상자에 표시된 API 키를 확인하고, 우측의 복사 아이콘을 클릭해 복사

그림 6-6-8 API 키 복사

구글 맞춤 검색 도구 사용

구글 맞춤 검색 도구의 사용법은 다음과 같습니다.

(01) 환경변수 준비

다음 코드의 <구글 맞춤검색_검색엔진ID>에 구글 맞춤검색의 검색엔진 ID를, <구글 맞춤검색_API키>에 API 키를 지정합니다.

```
# 환경변수 준비
import os
os.environ["GOOGLE_CSE_ID"] = "<구글 맞춤검색_검색엔진 ID>"
os.environ["GOOGLE_API_KEY"] = "<구글 맞춤검색_API 키>"
```

(02) 도구 준비[2]

```
from langchain.agents import load_tools
from langchain.chat_models import ChatOpenAI

# 도구 준비
tools = load_tools(
    tool_names=["google-search"],
    llm=ChatOpenAI(temperature=0)
)
```

(03) 메모리 생성

```
from langchain.chains.conversation.memory import ConversationBufferMemory

# 메모리 생성
memory = ConversationBufferMemory(
    memory_key="chat_history",
    return_messages=True
)
```

(04) 에이전트 생성

```
from langchain.agents import initialize_agent

# 에이전트 생성
agent = initialize_agent(
    agent="zero-shot-react-description",
    llm=ChatOpenAI(temperature=0),
    tools=tools,
    memory=memory,
    verbose=True
)
```

(05) 구글 검색을 이용한 질의응답 실행
구글 검색을 통해 정답이 표시됩니다.

---

2 (옮긴이) 이 코드를 실행했을 때 "ModuleNotFoundError: No module named 'googleapiclient'" 오
류가 발생하면 !pip install google-api-python-client 를 실행해 google-api-python-client 모
듈을 설치합니다.

```
# 에이전트 실행
agent.run("영화 명량의 감독은?")
> Entering new AgentExecutor chain...
I'm not sure who directed the movie "명량."
Action: Google Search
Action Input: "영화 명량 감독"
Observation: 2014년[1]에 개봉한, 이순신 장군의 명량 해전을 다룬 한국 영화이다. 감독은《 최종
병기 활 》을 연출한 김한민. 원작은 박은우의 소설《 명량 》이며, 개봉 전 영화를 ...
Thought:The director of the movie "명량" is 김한민.
Final Answer: 김한민

> Finished chain.
'김한민'
```

Wolfram Alpha 도구(wolfram-alpha)

Wolfram Alpha는 계산 지식 엔진으로 알려진 온라인 계산기입니다. 수학, 과학, 기술, 사회, 문화, 일상생활 등 다양한 분야의 정보를 제공합니다.

사실을 묻는 질문에 구조화된 데이터로 계산해서 직접 답을 주는 온라인 서비스입니다.

Wolfram Alpha: Computational Intelligence
https://www.wolframalpha.com/

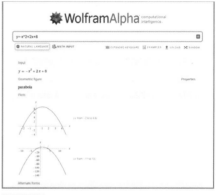

그림 6-6-9 Wolfram Alpha 웹사이트

2022년 기준으로 Wolfram Alpha 일본어 페이지에서 일본어를 지원하지만(수학 관련 질문에 한해) 안타깝게도 한국어는 지원하지 않습니다. 그렇지만 일본어나 영어로 질문 내용을 번역해서 질문하는 것은 가능합니다. 구체적으로 어떤 질문을 할 수 있는지는 다음 페이지를 참고하세요.。

Wolfram Alpha: 주제별 예제
https://www.wolframalpha.com/examples

AppID 획득

Wolfram Alpha API를 이용하려면 AppID가 필요합니다.

01 Wolfram Alpha API 사이트에서 계정을 생성하고 로그인

그림 6-6-10 Wolfram Alpha에 질문할 수 있는 주제

무료 버전에서는 월 2,000건의 비상업적 API 호출이 가능합니다.

Wolfram Alpha API: 계산 지식의 통합
https://products.wolframalpha.com/api/

(02) 처음 가입한 후 로그인하면 나오는 [Sign up to get your first AppID] 버튼을 클릭하거나 [Get an AppID] 버튼이 표시된다면 해당 버튼을 클릭

Wolfram Alpha API의 사용 계획을 묻는 대화상자가 나오면 내용을 입력하고 약관 동의에 체크한 후, [Sign up] 버튼을 클릭해 가입을 마칩니다.

그림 6-6-11 Wolfram Alpha의 개발자 포털 화면

그림 6-6-12 Wolfram Alpha의 개발자 등록 화면

(03) 포털 화면의 [Get an AppID] 버튼을 클릭한 후 'Application name'과 'Description'을 작성하고 [Get AppID] 버튼을 눌러 AppID를 확인

 Wolfram Alpha 도구 사용

Wolfram Alpha 도구를 사용하는 방법은 다음과 같습니다.

그림 6-6-13 앱 이름과 세부 정보를 기재해서 AppID를 생성

(01) 패키지 설치

Wolfram Alpha 도구를 이용하려면 wolframalpha 패키지를 설치해야 합니다.

```
# 패키지 설치
!pip install wolframalpha
```

(02) 환경변수 준비

다음 코드의 〈Walfram_Alpha의 AppID〉에 Walfram Alpha의 AppID를 지정합니다.

```
# 환경변수 준비
import os
os.environ["WOLFRAM_ALPHA_APPID"] = "<Walfram_Alpha의 AppID>"
```

(03) 도구 준비

```python
from langchain.agents import load_tools

# 도구 준비
tools = load_tools(["wolfram-alpha"])
```

(04) 메모리 생성

```python
from langchain.chains.conversation.memory import ConversationBufferMemory

# 메모리 생성
memory = ConversationBufferMemory(
    memory_key="chat_history",
    return_messages=True
)
```

(05) 에이전트 생성

```python
from langchain.agents import initialize_agent
from langchain.chat_models import ChatOpenAI

# 에이전트 생성
agent = initialize_agent(
    agent="zero-shot-react-description",
    llm=ChatOpenAI(temperature=0),
    tools=tools,
    memory=memory,
    verbose=True
)
```

(06) Wolfram Alpha를 이용한 질문과 답변 실행

"서울에서 부산까지의 거리는 몇 km일까?"를 영어로 번역해서 질문했는데, 영어로 된 답변이지만
정답을 돌려줍니다.

```python
# 에이전트 실행
agent.run("How many kilometers is the distance from Seoul to Busan?")
```

```
> Entering new AgentExecutor chain...
I can use Wolfram Alpha to find the distance between Seoul and Busan.
Action: Wolfram Alpha
Action Input: distance from Seoul to Busan
Observation: Assumption: distance ¦ from ¦ Seoul
to ¦ Busan, Pusan-gwangyoksi
Answer: 328.1 km (kilometers)
Thought:I now know the final answer
Final Answer: The distance from Seoul to Busan is 328.1 kilometers.

> Finished chain.
'The distance from Seoul to Busan is 328.1 kilometers.'
```

여기서는 지난 절에서 소개한 메모리 모듈에 대한 자세한 설명과 사용 예시를 살펴보겠습니다.

메모리란?

메모리는 에이전트의 처리 흐름 중 추론에서 사용되는 모듈입니다. 향후 추론과 행동에 유용한 정보를
에이전트 내부에 저장합니다. 구체적으로는 에이전트와 사용자 간의 대화 내용을 기억해서 다음에 무엇
을 말해야 할지 결정하는 정보로 사용할 수 있습니다.

채팅 AI가 과거 대화 내용을 기억해 다음에 무엇을 말해야 할지 추론할 때 사용하는 것 등을 예로 들 수
있습니다.

랭체인에서 제공하는 메모리 목록

랭체인에서 제공하는 주요 메모리는 다음과 같습니다.

- ConversationBufferMemory: 모든 대화 기록을 사용하는 메모리
- ConversationBufferWindowMemory: 최근 K번의 대화 기록을 사용하는 메모리
- ConversationTokenBufferMemory: 최신 K개 토큰의 대화 기록을 사용하는 메모리
- ConversationSummaryMemory: 대화 기록의 요약을 사용하는 메모리
- ConversationSummaryBufferMemory: 최신 K개 토큰의 대화 내역 요약을 사용하는
  메모리
- ConversationEntityMemory: 대화 내 엔티티 정보를 저장하고 필요에 따라 사용하는
  메모리
- ConversationKGMemory: 지식 그래프의 정보를 사용하는 메모리
- VectorStoreRetrieverMemory: 대화 기록을 벡터 데이터베이스에 저장해서 상위 K개
  의 유사한 정보를 사용하는 메모리

이번 절에서는 ConversationBufferMemory와 ConversationBufferWindowMemory
를 설명합니다. ConversionTokenBufferMemory, ConversationSummaryMemory,
ConversationSummaryBufferMemory를 단독으로 실행하면서 LLM을 호출했을 때 어떤 대화 기
록을 사용하는지 확인합니다.

랭체인의 사전 준비

6–1절 '랭체인 시작하기'의 '랭체인의 사전 준비'와 거의 비슷합니다. ConversationTokenBuffer Memory와 ConversationSummaryBufferMemory를 사용하려면 tiktoken 패키지가 필요합니다.

```
# 패키지 설치
!pip install tiktoken
```

ConversationBufferMemory

ConversationBufferMemory는 모든 대화 기록을 사용하는 간단한 메모리입니다.

(01) 메모리 생성

ConversationBufferMemory를 생성하고 인간과 AI의 메시지를 추가합니다.

```
from langchain.memory import ConversationBufferMemory

# 메모리 생성
memory = ConversationBufferMemory()
memory.chat_memory.add_user_message("배고프다")
memory.chat_memory.add_ai_message("어디 가서 밥 먹을까?")
memory.chat_memory.add_user_message("라면 먹으러 가자")
memory.chat_memory.add_ai_message("지하철역 앞에 있는 분식집으로 가자")
memory.chat_memory.add_user_message("그럼 출발!")
memory.chat_memory.add_ai_message("OK!")
```

메시지를 추가하기 위해 다음과 같은 방법을 사용하고 있습니다.

- memory.chat_memory.add_user_message(): 인간의 메시지 추가
- memory.chat_memory.add_ai_message(): 인공지능의 메시지 추가

(02) 메모리 변수 가져오기

```
# 메모리 변수 가져오기
memory.load_memory_variables({})
```
```
{'history': 'Human: 배고프다\nAI: 어디 가서 밥 먹을까?\nHuman: 라면 먹으러 가자\nAI: 역 앞
에 있는 분식집으로 가자\nHuman: 그럼 출발!\nAI: OK!'}
```

보다시피 모든 대화 기록이 사용되고 있음을 알 수 있습니다. 메모리 변수는 OpenAI(text-davinci-003)에서 사용하는 문자열 형식으로 가져올 수 있습니다. 메모리 변수는 LLM 호출 시 프롬프트에 추가되어 과거의 기억으로 사용됩니다.

(03) return_messages=True로 메모리 생성

ConversationBufferMemory를 생성할 때 return_messages=True를 지정하고, 인간과 AI의 메시지를 추가합니다.

```python
from langchain.memory import ConversationBufferMemory

# 메모리 생성
memory = ConversationBufferMemory(return_messages=True)
memory.chat_memory.add_user_message("배고프다")
memory.chat_memory.add_ai_message("어디 가서 밥 먹을까?")
memory.chat_memory.add_user_message("라면 먹으러 가자")
memory.chat_memory.add_ai_message("역 앞에 있는 분식집으로 가자")
memory.chat_memory.add_user_message("그럼 출발!")
memory.chat_memory.add_ai_message("OK!")
```

(04) 메모리 변수 가져오기

return_messages=True를 지정하면 ChatOpenAI(gpt-3.5-turbo/gpt-4)에서 사용하는 채팅 메시지 리스트 형식으로 메모리 변수를 가져올 수 있습니다.

```python
# 메모리 변수 가져오기
memory.load_memory_variables({})
```
```
{'history': [
    HumanMessage(content='배고프다', additional_kwargs={}, example=False),
    AIMessage(content='어디 가서 밥 먹을까?', additional_kwargs={}, example=False),
    HumanMessage(content='라면 먹으러 가자', additional_kwargs={}, example=False),
    AIMessage(content='역 앞에 있는 분식집으로 가자', additional_kwargs={}, example=False),
    HumanMessage(content='그럼 출발!', additional_kwargs={}, example=False),
    AIMessage(content='OK!', additional_kwargs={}, example=False)
]}
```

ConversationBufferWindowMemory

ConversationBufferWindowMemory는 최근 K회의 대화 기록을 사용하는 메모리입니다.

(01) 메모리 생성

ConversationBufferWindowMemory를 생성하고 인간과 AI의 메시지를 추가합니다.

```python
from langchain.memory import ConversationBufferWindowMemory

# 메모리 생성
memory = ConversationBufferWindowMemory(k=2, return_messages=True)
memory.save_context({"input": "안녕!"}, {"ouput": "무슨 일이야?"})
memory.save_context({"input": "배고파"}, {"ouput": "나도"})
memory.save_context({"input": "밥 먹자"}, {"ouput": "그러자"})
```

이번에는 memory.save_context()에서 대화 정보를 정리해서 추가하고 있습니다.

(02) 메모리 변수 가져오기

최근 K번의 대화 기록이 사용됐음을 알 수 있습니다.

```
# 메모리 변수 가져오기
memory.load_memory_variables({})
```

```
{'history': [
    HumanMessage(content='배고파', additional_kwargs={}, example=False),
    AIMessage(content='나도', additional_kwargs={}, example=False),
    HumanMessage(content='밥 먹자', additional_kwargs={}, example=False),
    AIMessage(content='그러자', additional_kwargs={}, example=False)
]}
```

ConversationTokenBufferMemory

ConversationTokenBufferMemory는 최근 K개 토큰의 대화 내역을 사용하는 메모리입니다.

(01) 메모리 생성

return_messages=True로 ConversationTokenBufferMemory를 생성하고, 인간과 AI의 메시지를 추가합니다.

```
from langchain.memory import ConversationTokenBufferMemory
from langchain.chat_models import ChatOpenAI

# 메모리 생성
memory = ConversationTokenBufferMemory(
    llm=ChatOpenAI(temperature=0),
    max_token_limit=50,
    return_messages=True
)
memory.save_context({"input": "배고파"}, {"ouput": "어디 가서 밥 먹을까?"})
memory.save_context({"input": "라면 먹으러 가자"}, {"ouput": "역 앞에 있는 분식집으로 가
자"})
memory.save_context({"input": "그럼 출발!"}, {"ouput": "OK!"})
```

(02) 메모리 변수 가져오기

최근 50개 토큰의 대화 내역이 사용됐음을 알 수 있습니다.

```
# 메모리 변수 가져오기
memory.load_memory_variables({})
```

```
{'history': [
    AIMessage(content='역 앞에 있는 분식집으로 가자', additional_kwargs={}, example=False),
    HumanMessage(content='그럼 출발!', additional_kwargs={}, example=False),
    AIMessage(content='OK!', additional_kwargs={}, example=False)
]}
```

ConversationSummaryMemory

ConversationSummaryMemory는 대화 기록의 요약을 사용하는 메모리입니다.

(01) 메모리 생성

ConversationSummaryMemory를 만들어 인간과 AI의 메시지를 추가합니다.

```
from langchain.memory import ConversationSummaryMemory
from langchain.chat_models import ChatOpenAI

# 메모리 생성
memory = ConversationSummaryMemory(llm=ChatOpenAI(temperature=0), return_messages=True)
memory.save_context({"input": "배고파"}, {"ouput": "어디 가서 밥 먹을까?"})
memory.save_context({"input": "라면 먹으러 가자"}, {"ouput": "역 앞에 있는 분식집으로 가
자"})
memory.save_context({"input": "그럼 출발!"}, {"ouput": "OK!"})
```

(02) 메모리 변수 가져오기

영어로 돼 있지만 대화 기록의 요약본이 사용됐음을 알 수 있습니다.

```
# 메모리 변수 가져오기
memory.load_memory_variables({})
```
```
{'history': [
    SystemMessage(content='The human expresses hunger and suggests going to eat ramen. The
AI suggests going to a snack bar near the station. The human agrees and says "Let\'s go!"
The AI responds with "OK!"', additional_kwargs={})
]}
```

칼럼에서 설명한 방법으로 한국어를 지원하게끔 하면 다음과 같은 답변이 돌아옵니다.

```
{'history': [
    SystemMessage(content='인간은 AI가 어디 가서 밥을 먹을지 묻습니다. AI는 배고픈 상태인
인간을 위해 역 앞에 있는 분식집으로 가자고 제안하고, 인간은 출발하기로 합니다. AI는 이에 대
해 OK라고 응답합니다.', additional_kwargs={})
]}
```

영어 답변을 한국어로 바꾸는 방법 – 2편

랭체인에서는 내부적으로 사용되는 지시 프롬프트에서 사용되는 영어에 따라 영어로 답변하는 경우가 간혹 있습니다. 답변 예시가 영어로 기술돼 있는 프롬프트는 특히 이 같은 현상이 발생하기 쉽습니다.

영어 답변을 한국어로 고치는 방법은 다음과 같습니다.

01 원인으로 추정되는 프롬프트의 파이썬 코드 열기

구글 코랩에서 랭체인은 `/usr/local/lib/python3.10/dist-packages/langchain`에 있습니다. 이번에 발생한 프롬프트는 `langchain/memory/prompt.py`입니다.

02 프롬프트의 답변 예시를 한국어로 번역

이번에는 다음과 같이 답변 예시만 번역했습니다.

```
EXAMPLE
Current summary:
The human asks what the AI thinks of artificial intelligence. The AI thinks artificial
intelligence is a force for good.

New lines of conversation:
Human: Why do you think artificial intelligence is a force for good?
AI: Because artificial intelligence will help humans reach their full potential.

New summary:
The human asks what the AI thinks of artificial intelligence. The AI thinks artificial
intelligence is a force for good because it will help humans reach their full potential.
END OF EXAMPLE
```

```
EXAMPLE
Current summary:
인간은 AI가 인공지능에 대해 어떻게 생각하는지 묻습니다. AI는 인공지능이 선을 위한 힘이라고
생각합니다.

New lines of conversation:
Human: 인공지능이 선을 위한 힘이 될 수 있는 이유는 무엇이라고 생각하세요?
AI: 인공지능은 인간이 잠재력을 최대한 발휘할 수 있도록 도와주기 때문입니다.

New summary:
인간은 AI가 인공지능에 대해 어떻게 생각하는지 묻습니다. AI는 인공지능이 인간의 잠재력을 최
대한 발휘할 수 있도록 도와주기 때문에 인공지능이 선을 위한 힘이라고 생각합니다.
END OF EXAMPLE
```

03 메뉴에서 [런타임] → [런타임 다시 시작]을 선택해 런타임을 재시작

04 패키지 설치를 "제외한" 나머지 코드를 실행

패키지 설치를 실행하면 앞에서 수정한 코드를 덮어쓰게 되므로 주의하기 바랍니다.

ConversationSummaryBufferMemory

ConversationSummaryBufferMemory는 대화 내역 요약과 최신 K개 토큰을 사용하는 메모리입니다.

01 메모리 생성

ConversationSummaryBufferMemory를 만들어 인간과 AI의 메시지를 추가합니다.

```python
from langchain.memory import ConversationSummaryBufferMemory
from langchain.chat_models import ChatOpenAI

# 메모리 생성
memory = ConversationSummaryBufferMemory(
    llm=ChatOpenAI(temperature=0),
    max_token_limit=50,
    return_messages=True
)
memory.save_context({"input": "안녕"}, {"ouput": "무슨 일이야?"})
memory.save_context({"input": "배고파"}, {"ouput": "나도"})
memory.save_context({"input": "밥 먹자"}, {"ouput": "그러자"})
```

02 메모리 변수 가져오기

영어로 돼 있지만 대화 내역 요약과 최신 K개 토큰이 사용됐음을 알 수 있습니다.

```python
# 메모리 변수 가져오기
memory.load_memory_variables({})
```
```
{'history': [
    SystemMessage(content="The human greets the AI in Korean. The AI asks what's going
on.", additional_kwargs={}),
    HumanMessage(content='배고파', additional_kwargs={}, example=False),
    AIMessage(content='나도', additional_kwargs={}, example=False),
    HumanMessage(content='밥 먹자', additional_kwargs={}, example=False),
    AIMessage(content='그러자', additional_kwargs={}, example=False)
]}
```

칼럼에서 설명한 방법으로 한국어를 지원하게끔 하면 다음과 같은 답변이 돌아옵니다.

```
{'history': [
    SystemMessage(content='인간은 AI에게 인사합니다. AI는 무슨 일인지 물어봅니다.',
additional_kwargs={}),
    HumanMessage(content='배고파', additional_kwargs={}, example=False),
    AIMessage(content='나도', additional_kwargs={}, example=False),
    HumanMessage(content='밥 먹자', additional_kwargs={}, example=False),
    AIMessage(content='그러자', additional_kwargs={}, example=False)
]}
```

7 ChatGPT 플러그인

이 책의 마지막 장인 이번 장에서는 한정적으로 공개되는 ChatGPT 플러그인 관련 주제를 다룹니다. ChatGPT 플러그인은 유료 요금제인 ChatGPT Plus 사용자만 이용할 수 있습니다. '여행 계획 작성', '식료품 주문', '임의의 언어 배우기' 등 다양한 플러그인이 제공되고 있습니다.

또한 ChatGPT 플러그인은 향후 개발자가 직접 만들어 제공할 수 있도록 할 예정이며, ChatGPT 플러그인을 만드는 방법에 대한 공식 문서가 공개돼 있습니다. 이번 장에서는 해당 문서를 바탕으로 플러그인 제작 흐름에 대해 간략하게 정리했습니다.

ChatGPT Retrieval Plugin은 OpenAI의 공식 ChatGPT 플러그인을 구현한 것으로, 이를 통해 독자적인 데이터를 이용한 질의응답 구조를 쉽게 구현할 수 있습니다. 여기서는 로컬 PC에 환경을 구축하고, 6장에서 배운 랭체인에서 ChatGPT Retrieval Plugin을 이용하는 방법을 설명합니다.

> **이번 장의 목표**

- ChatGPT 플러그인 개요 및 사용법을 이해한다.
- ChatGPT 플러그인의 제작 방법을 파악한다.
- 로컬 PC에 환경을 구축하고, OpenAI의 공식 ChatGPT Retrieval Plugin을 사용해 자체 데이터로 질의응답을 실행한다.

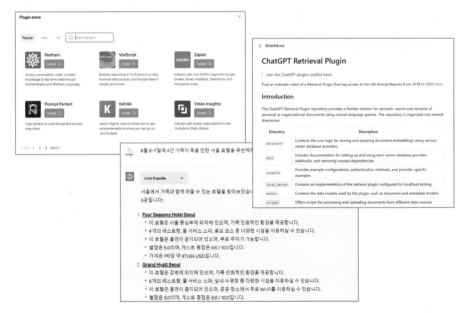

ChatGPT 플러그인 사용법

ChatGPT 플러그인은 ChatGPT Plus 사용자만 이용할 수 있습니다. 여기서는 ChatGPT Plus 요금제를 이용 중이라고 가정하고 ChatGPT 플러그인의 개요와 사용법을 설명하겠습니다.

ChatGPT 플러그인 개요

ChatGPT 플러그인은 ChatGPT를 타사 웹 애플리케이션의 API에 연결하기 위한 플러그인입니다. ChatGPT 플러그인을 이용하면 사전 학습한 지식만으로 대화하던 ChatGPT가 외부의 지식과 계산 능력을 활용할 수 있게 됩니다.

구체적으로 다음과 같은 기능을 추가할 수 있습니다.

- 실시간 정보 획득(스포츠 경기 상황, 주가, 최신 뉴스 등)
- 지식 기반 정보 획득(회사 문서, 개인 메모 등)
- 사용자를 대신해서 행동을 수행(항공편 예약, 음식 주문 등)

> **ChatGPT plugins**
> https://openai.com/blog/chatgpt-plugins

그림 7-1-1 ChatGPT plugins 공식 사이트

제공되는 ChatGPT 플러그인

2023년 8월 기준으로 제공되는 주요 ChatGPT 플러그인은 다음과 같습니다.

- AskYourPDF: PDF 요약 및 대화
- Expedia: 여행 계획 수립. 교통수단, 숙박시설, 관광에 관한 정보를 얻을 수 있습니다.
- FiscalNote: 전 세계 법제도, 규제, 소송 관련 등 공공기관의 실시간 정보를 얻을 수 있습니다.
- Instacart: 좋아하는 지역의 식료품점에 주문하기
- KAYAK: 항공편, 숙박시설, 렌터카 및 예산 범위 내에서 갈 수 있는 추천 장소 정보를 얻을 수 있습니다.
- Klarna: 온라인 상점의 가격 비교 정보 얻기
- Milo: 육아 지원을 위한 할일 관리
- OpenTable: 레스토랑 추천 정보 얻기
- Shopify: 브랜드 상품 정보 얻기
- Speak: 모든 언어 배우기
- Tabelog: 음식점 정보 얻기
- WebPilot: 웹 검색을 통한 정보 획득
- Wolfram: 계산, 수학, 큐레이팅된 지식, 실시간 정보 얻기
- Zapier: 구글 스프레드시트, Trello, Gmail, HubSpot, Salesforce 등 5,000개 이상의 앱과 대화

Expedia
Bring your trip plans to life—get there, stay there, find things to see and do.

FiscalNote
Provides and enables access to select market-leading, real-time data sets for legal, political, and regulatory data and information.

Instacart
Order from your favorite local grocery stores.

KAYAK
Search for flights, stays and rental cars. Get recommendations for all the places you can go within your budget.

Klarna Shopping
Search and compare prices from thousands of online shops.

Milo Family AI
Giving parents superpowers to turn the manic to magic, 20 minutes each day. Ask: Hey Milo, what's magic today?

OpenTable
Provides restaurant recommendations, with a direct link to book.

Shop
Search for millions of products from the world's greatest brands.

Speak
Learn how to say anything in another language with Speak, your AI-powered language tutor.

Wolfram
Access computation, math, curated knowledge & real-time data through Wolfram|Alpha and Wolfram Language.

Zapier
Interact with over 5,000+ apps like Google Sheets, Trello, Gmail, HubSpot, Salesforce, and more.

그림 7-1-2 제공되는 ChatGPT 플러그인

ChatGPT 플러그인 사용법

2023년 8월 기준으로 ChatGPT 플러그인은 ChatGPT Plus 사용자만 이용할 수 있습니다. ChatGPT에서 ChatGPT 플러그인을 사용하는 방법은 다음과 같습니다. 베타 버전이기 때문에 UI가 크게 변경될 수 있습니다.

01 프로필 오른쪽 아이콘을 클릭한 다음 [Settings & Beta]를 선택하고, [Beta features] 탭 에서 Plugins를 ON으로 활성화

그림 7-1-3 설정 화면에서 베타 기능 활성화

02 ChatGPT Plus의 상단 화면에서 [GPT-4] → [Plugins]를 선택

그림 7-1-4 GPT-4의 Plugins 모드 선택

GPT-4는 다음과 같은 세 가지 모드를 선택할 수 있습니다.

- Default: 일반 GPT-4(Bing 및 플러그인 사용 안 함)
- Browse with Bing: 필요에 따라 Bing에서 정보를 수집하고, 그 정보를 바탕으로 답변
- Plugins: 필요에 따라 플러그인을 통해 정보를 수집하고, 그 정보를 바탕으로 답변
- Advanced Data Analysis: 파일을 업로드할 수 있으며, 코드를 작성 및 실행한 결과를 바 탕으로 답변

03 [Plugin store] 클릭

그림 7-1-5 'Plugin store'를 클릭해 이동

04 ChatGPT 플러그인 목록에서 필요한 플러그인을 찾아 [Install]을 클릭

설치가 완료되면 'Plugins'에 설치한 플러그인 아이콘이 표시됩니다.

그림 7-1-6 플러그인 스토어에서 필요한 플러그인을 찾아 설치

05 상단 화면의 'Plugins' 아래에 설치한 플러그인 아이콘이 표시되므로 사용할 플러그인을 선택

최대 3개까지 동시에 선택할 수 있습니다.

그림 7-1-7 플러그인은 3개까지 선택 가능

06 ChatGPT 화면에서 메시지를 입력

ChatGPT가 메시지 내용에서 필요에 따라 ChatGPT 플러그인을 사용합니다. 어떤 ChatGPT 플러그인을 사용했는지도 화면에 표시됩니다.

그림 7-1-8 Web Requests 플러그인으로 URL의 내용을 확인

그림 7-1-9 Expedia 플러그인으로 숙소 정보를 검색한 예

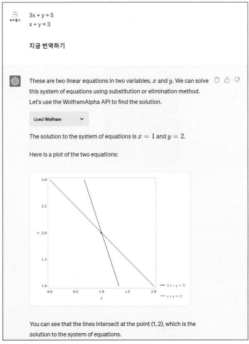

그림 7-1-10 Wolfram 플러그인으로 그래프를 도식화한 예

ChatGPT 플러그인을 만드는 방법

이번에는 ChatGPT 플러그인을 만드는 과정을 설명합니다. 아직 베타 버전이기 때문에 여기서 설명하는 내용은 크게 변경될 수 있습니다.

ChatGPT 플러그인 제작 개요

OpenAI API 문서에는 베타 버전이지만 ChatGPT 플러그인 만드는 법을 소개하는 내용이 있습니다. 이번 절에서는 이 문서를 바탕으로 ChatGPT 플러그인을 만드는 과정을 설명합니다.

> **Chat Plugins – OpenAI API**
> https://platform.openai.com/docs/plugins/introduction

ChatGPT 플러그인 제작 과정

ChatGPT를 서드파티 웹 애플리케이션의 API에 연결하기까지의 흐름은 다음과 같습니다.

(01) 매니페스트 파일 및 OpenAPI 문서 준비

ChatGPT가 개발자가 정의한 API를 호출할 수 있게 하려면 웹 애플리케이션의 API를 '매니페스트 파일'과 'OpenAPI 문서'와 함께 공개해야 합니다. 이는 ChatGPT가 웹 애플리케이션의 API 사용법을 이해하도록 하기 위해 필요합니다.

- 매니페스트 파일

  ChatGPT 플러그인의 각종 정보를 설명하는 파일입니다. 이 파일에는 플러그인의 메타데이터(이름과 로고), 필요한 인증 정보(인증 유형, OAuth URL 등), 공개할 엔드포인트의 OpenAPI 사양이 포함돼 있습니다.

- OpenAPI 문서

  OpenAPI 문서는 웹 서비스 API를 정의하기 위한 사양서입니다. API가 많은 기능을 제공하는 경우 모든 기능을 ChatGPT에 공개할 필요는 없으며, 필요한 기능만 기술하면 됩니다.

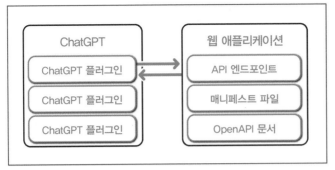

그림 7-2-1 ChatGPT와 웹 애플리케이션의 연결

(02) ChatGPT에 플러그인 등록

ChatGPT 상단 화면의 [Plugins] → [Plugin store]를 선택하고, [Install an unverified plugin](확인되지 않은 플러그인 설치) 또는 [Develop your own plugin](자체 플러그인 배포)을 선택합니다.

인증이 필요한 경우 [OAuth 2]의 'client_id'와 'client_secret' 또는 'API 키'를 지정합니다.

(03) 사용자가 플러그인 활성화

사용자는 ChatGPT 화면에서 수동으로 플러그인을 활성화해야 합니다. 알파 기간 동안 플러그인 개발자는 15명의 추가 사용자와 플러그인을 공유할 수 있습니다.

(04) ChatGPT 화면에서 메시지 입력

ChatGPT는 메시지 내용에서 필요에 따라 ChatGPT 플러그인을 통해 관련 웹 애플리케이션의 API를 호출하고, 그 결과를 사용자 응답에 반영합니다.

ChatGPT 플러그인을 만드는 방법에 대한 자세한 내용은 아래 항목을 참고하세요.

Chat Plugins Getting started - OpenAI API
https://platform.openai.com/docs/plugins/getting-started

Plugin authentication - OpenAI API
https://platform.openai.com/docs/plugins/authentication

OpenAPI란?

OpenAPI는 웹 API를 설계하고 문서화하기 위한 사양으로, API의 리소스, 엔드포인트, 매개변수, 헤더, 인증 방법 등을 정의할 수 있습니다.

원래는 Swagger라고 불렸으나 2015년에 OpenAPI Initiative(OAI)에서 관리하게 되면서 OpenAPI라는 이름으로 바뀌었습니다. 또한 OpenAPI는 본 문서의 주요 API인 OpenAI API와 이름이 비슷해서 혼동하기 쉬우므로 주의해야 합니다.

OpenAPI 이니셔티브
https://www.openapis.org

그림 OpenAPI 공식 사이트

7-3 ChatGPT 검색 플러그인

이번 절에서는 로컬 PC에서 OpenAI 공식 ChatGPT 플러그인 구현인 ChatGPT Retrieval Plugin을 실행하고, 랭체인에서 조작하는 방법을 설명합니다.

ChatGPT Retrieval Plugin 개요

ChatGPT Retrieval Plugin은 정보 공개를 허락한 개인이나 단체의 고유 데이터를 사용해 질의응답을 할 수 있는 ChatGPT 플러그인으로, OpenAI 공식 ChatGPT 플러그인을 구현한 것입니다.

> **ChatGPT Retrieval Plugin**
> https://github.com/openai/chatgpt-retrieval-plugin

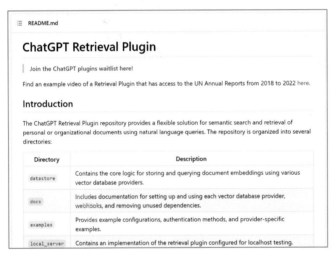

그림 7-3-1 ChatGPT Retrieval Plugin의 깃허브 저장소

이번 절에서는 ChatGPT Retrieval Plugin을 로컬 PC에서 실행하고 랭체인에서 조작해 봅니다. 랭체인에는 ChatGPT 플러그인의 인터페이스에 접근할 수 있는 기능이 제공되기 때문에 ChatGPT 플러그인을 위한 웹 애플리케이션을 조작할 수도 있습니다.

벡터 데이터베이스 준비

ChatGPT Retrieval Plugin은 문서의 정보를 저장하고 검색하는 데 벡터 데이터베이스를 사용합니다. 구체적으로는 다음과 같은 벡터 데이터베이스를 지원합니다.

이번에는 5장 5-4절 '벡터 데이터베이스'에서도 사용한 파인콘(Pinecone)을 사용합니다. 파인콘에 대한 자세한 내용은 5-4절에서 확인할 수 있습니다.

- pinecone
- weaviate
- zilliz
- milvus
- qdrant
- redis

벡터 데이터베이스를 준비하는 단계는 다음과 같습니다.

(01) 파인콘 계정 생성 및 로그인

Vector Database for Vector
Search | Pinecone
https://www.pinecone.io

(02) 다음 설정으로 인덱스를 생성

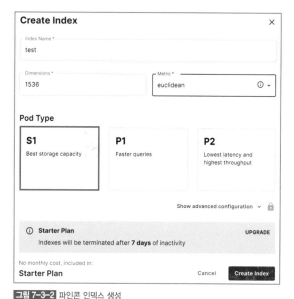

표 7-3-1 파인콘 벡터 데이터베이스의 인덱스 생성

항목	설정값
Index Name	test
Dimensions	1536
Metric	euclidean
Pod Type	S1

그림 7-3-2 파인콘 인덱스 생성

(03) 파인콘 콘솔의 [API Keys]에서 파인콘의 API 키(눈 아이콘 버튼으로 표시)와 파인콘의 환경
명(Environment)을 확인

나중에 환경변수로 설정합니다.

그림 7-3-3 환경 및 API 키 확인

JWT 토큰 준비

JWT 토큰(JSON Web Token)은 API에 대한 요청을 인증하기 위한 시크릿 토큰입니다. 시크릿 토큰
은 웹 서비스나 API에서 인증이나 보안을 목적으로 사용되는 토큰의 일종입니다.

JWT 토큰을 준비하는 절차는 다음과 같습니다.

01 jwt.io를 열어 JWT 토큰을 생성

이번에는 로컬 PC에서 동작 확인만 하기 위해 기본 상태 그대로 사용합니다. 실제 운영 시에는 보안을 고려한 설정이 필요합니다.

JSON 웹 토큰 – jwt.io
https://jwt.io/

02 Encoded 확인

나중에 환경변수로 설정합니다.

그림 7-3-4 JWT 토큰의 Encoded 표시

웹 애플리케이션 실행

ChatGPT Retrieval Plugin 웹 애플리케이션을 실행하는 절차는 다음과 같습니다.

01 로컬 PC에서 파이썬 3.10 가상 환경 준비

파이썬을 로컬 PC에 설치하는 방법은 아래 사이트 등에서 소개하고 있습니다. 버전은 3.10을 선택합니다.

파이썬 3.10 개발 환경 구축 – macOS
https://bit.ly/py310mac

파이썬 3.10 개발 환경 구축 – 윈도우
https://bit.ly/py310win

02 chatgpt–retrieval–plugin 리포지터리 복제

깃허브 리포지터리를 복제한 후 루트 폴더로 이동합니다.

```
$ git clone https://github.com/openai/chatgpt-retrieval-plugin.git
$ cd chatgpt-retrieval-plugin
```

 poetry 설치

```
$ pip install poetry
```

poetry는 파이썬의 패키징과 종속성 관리를 용이하게 하기 위한 도구입니다.

python-poetry/poetry
https://github.com/python-poetry/poetry

그림 7-3-5 Poetry의 깃허브 저장소

04 poetry로 chatgpt-retrieval-plugin을 위한 파이썬 가상 환경 생성[1]

```
$ poetry env use python3.10
$ poetry shell
$ poetry install
```

05 환경변수 준비

로컬 PC에 다음과 같은 환경변수를 추가합니다(윈도우에서는 [시스템]의 [환경변수]에서 설정합니다).

---

1 (옮긴이) poetry env use python3.10 명령을 실행했을 때 'Could not find the python executable python 3.10' 이나 기타 오류가 발생할 경우 새로운 사용자 계정을 생성해서 로그인한 후 284쪽의 '파이썬 3.10 개발 환경 구축' 내용을 참고해서 파이썬 3.10만 설치하고 다시 진행합니다.

표 7-3-2 로컬 PC에 설정하는 환경변수

환경변수	설정값
DATASTORE	데이터 저장소 이름(pinecone)
BEARER_TOKEN	JWT 토큰
OPENAI_API_KEY	OpenAI API 키
PINECONE_API_KEY	파인콘의 API 키
PINECONE_ENVIRONMENT	파인콘의 환경
PINECONE_INDEX	파인콘의 인덱스 이름

macOS의 경우 zshrc에 다음 내용을 추가한 후 'source ~/.zshrc' 명령으로 환경변수를 반영합니다.

```
export DATASTORE=pinecone
export BEARER_TOKEN=<JWT 토큰>
export OPENAI_API_KEY=<OpenAI_API의 API 키>
export PINECONE_API_KEY=<파인콘의 API 키>
export PINECONE_ENVIRONMENT=<파인콘의 환경>
export PINECONE_INDEX=test
```

(06) 웹 애플리케이션 실행

파인콘은 무료 플랜에서는 여러 개의 인덱스를 생성할 수 없으므로 다른 인덱스가 있다면 삭제해야 합니다.

```
$ poetry run start
INFO:     Will watch for changes in these directories: ['...']
INFO:     Uvicorn running on http://0.0.0.0:8000 (Press CTRL+C to quit)
INFO:     Started reloader process [42416] using StatReload
INFO:     Started server process [42440]
INFO:     Waiting for application startup.
Connecting to existing index test
Connected to index test successfully
INFO:     Application startup complete.
```

(07) 브라우저에서 http://127.0.0.1:8000/docs(또는 http://localhost:8000/)를 입력

Swagger UI가 열립니다. Swagger UI는 OpenAPI 문서를 기반으로 API 엔드포인트를 시각적으로 표시하고, 나아가 API를 실행해 동작을 확인할 수 있는 웹 UI입니다.

ChatGPT Retrieval Plugin에서는 다음과 같은 4가지 API 엔드포인트를 제공합니다.

ChatGPT 검색 플러그인

- POST/query: 데이터 조회
- POST/upsert: 인덱스의 데이터 업데이트
- POST/upsert-file: 파일에서 인덱스의 데이터 업데이트
- POST/delete: 데이터 삭제

그림 7-3-6 Swagger UI로 API 엔드포인트를 확인한 모습

인덱스에 초기 데이터 추가

ChatGPT Retrieval Plugin 저장소에는 인덱스에 초기 데이터를 추가하는 스크립트가 제공됩니다. 이를 이용해 5장에서 작성한 원본 스토리를 초기 데이터로 추가해 보겠습니다.

(01) example.json 확인

ChatGPT Retrieval Plugin 리포지토리의 인덱스에 대한 초기 데이터 형식을 확인합니다.

chatgpt-retrieval-plugin/scripts/process_json/example.json

```json
[
  {
    "id": "123",
    "text": "This is a document about something",
    "source": "file",
    "source_id": "https://example.com/doc1",
    "url": "https://example.com/doc1",
    "created_at": "2021-01-01T12:00:00Z",
    "author": "Alice"
  },
  {
```

ChatGPT 검색 플러그인

```json
    "text": "This is another document about something else",
    "source": "file",
    "source_id": "doc2.txt",
    "author": "Bob"
  },
  {
    "id": "456",
    "text": "This is Alice's phone number: 123-456-7890",
    "source": "email",
    "source_id": "567",
    "created_at": "2021-01-02T13:00:00Z",
    "author": "Alice"
  }
]
```

⑳ document.json 편집

5장에서 작성한 원본 스토리의 데이터를 적용하며, JSON에서 줄바꿈은 '\\n' 으로 표기합니다.

`chatgpt-retrieval-plugin/scripts/process_json/example.json`

```json
[
  {
    "id": "1",
    "text": "제1장: 데이터 프론트\\n\\n밤이 되면 반짝이는 네오 도쿄. ...",
    "source": "file",
    "source_id": "https://example.com/doc1",
    "url": "https://example.com/doc1",
    "created_at": "2023-01-01T12:00:00Z",
    "author": "Alice"
  },
  {
    "id": "2",
    "text": "제2장: 울프 코퍼레이션의 함정\\n\\n미코는 목적지인 술집 '할머니의 집'으로 향하는 길에 울프 코퍼레이션의 요원들에게 쫓기게 된다. ...",
    "source": "file",
    "source_id": "https://example.com/doc2",
    "url": "https://example.com/doc2",
    "created_at": "2023-01-01T12:00:00Z",
    "author": "Alice"
  },
  {
    "id": "3",
    "text": " 제3장: 배신과 재회\\n\\n술집 '할머니의 집'에서 미코는 데이터를 받을 사람인 료를 기다리고 있었다. 료는 그녀의 어릴 적 친구이자 그 역시 울프 코퍼레이션과 싸우는 해커 집단의 일원이었다. ...",
    "source": "file",
    "source_id": "https://example.com/doc3",
    "url": "https://example.com/doc3",
    "created_at": "2023-01-01T12:00:00Z",
    "author": "Alice"
```

```
        },
        :
    ]
```

 03 파이썬 가상 환경에서 스크립트가 있는 폴더로 이동해서 다음 명령을 실행

스크립트는 chatgpt-retrieval-plugin/scripts/process_json에 있습니다.[2]

```
$ poetry run python process_json.py --filepath example.json
```

웹 애플리케이션의 동작 확인

웹 애플리케이션의 동작을 확인하는 절차는 다음과 같습니다.

01 Swagger UI의 [Authorize] 버튼 클릭

02 [Value]에 JWT 토큰을 입력하고 [Authorize] 버튼 클릭

Authorize를 설정하면 Swagger UI에서 API 엔드포인트를 실행할 수 있습니다.

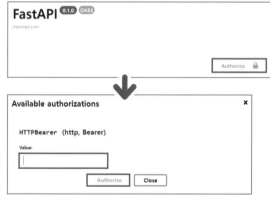

그림 7-3-7 [Value]에 JWT 토큰을 설정하고 [Authorize]를 누릅니다.

03 'POST/query'를 열고 [Try it out] 버튼 클릭

---

2 (옮긴이) 아래 명령을 실행했을 때 "UnicodeDecodeError: 'cp949' codec can't decode byte 0xec in ... " 과 같은 오류가 발생할 경우 같은 폴더에 있는 process_json.py를 열어 24번째 줄의 open 함수에 다음과 같이 인코딩 정보를 추가하고 나서 실행합니다.

```
with open(filepath, encoding='utf-8') as json_file:
```

그림 7-3-8 'POST/query' 엔드포인트에 대해 [Try it out] 버튼을 누른 모습

04 [Request body]에 아래 내용을 입력하고 [Execute] 버튼 클릭

기존 [Request body]의 서식을 참고해서 매개변수를 입력합니다. query에는 쿼리를 지정하고, top_k에는 관련 데이터를 상위 몇 개까지 조회할 것인지 지정합니다.

```
{
  "queries": [
    {
      "query": "미코의 어릴 적 친구의 이름은?",
      "top_k": 2
    }
  ]
}
```

그림 7-3-9 질문과 취득할 데이터 개수를 지정

(05) 응답 확인

"미코의 어릴 적 친구의 이름은?"과 관련된 정보로 2장과 6장의 정보가 반환됩니다. 이것이 ChatGPT가 ChatGPT 플러그인으로 수집하는 정보이며, 이 정보를 바탕으로 "미코의 어릴 적 친구의 이름은?"에 대한 답변을 작성합니다.

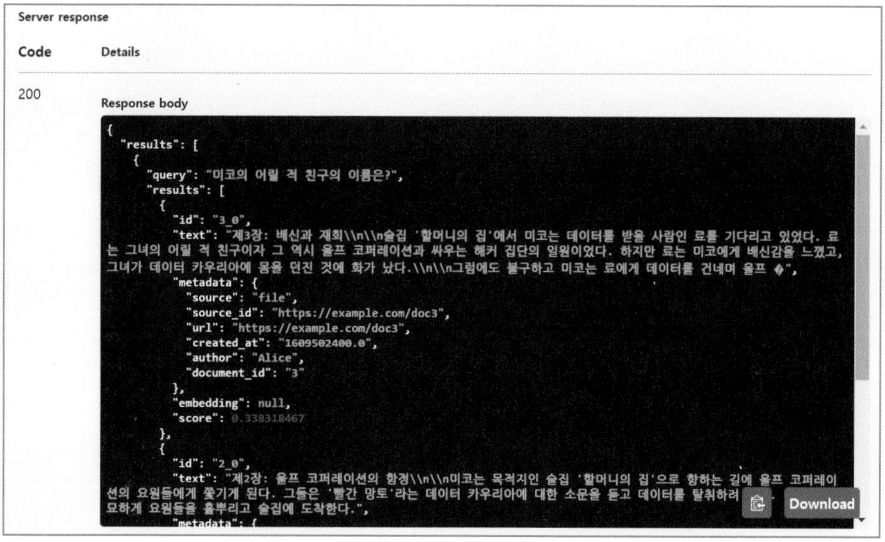

그림 7-3-10 질문의 답변에 필요한 관련 정보가 표시됩니다.

랭체인에서 조작

이번에는 랭체인에서 ChatGPT Retrieval Plugin을 조작해 보겠습니다. 랭체인의 ChatGPTPlugin Retriever에서 ChatGPT Retrieval Plugin을 리트리버로 활용해 질의응답을 수행합니다.

절차는 다음과 같습니다.

(01) 로컬 PC에서 파이썬 3.10 가상 환경 준비

(02) 주피터 노트북(Jupyter Notebook) 패키지 설치 및 실행

```
$ pip install jupyter
$ jupyter notebook
```

(03) [New] → [Python 3]을 선택해 주피터 노트북 생성

주피터 노트북의 사용법은 약간 다른 부분도 있지만 기본적으로 구글 코랩과 동일합니다.

그림 7-3-11 파이썬 3용 주피터 노트북 만들기

④ 랭체인 패키지 설치

```
# 패키지 설치
!pip install langchain==0.0.181
!pip install openai==0.28
```

⑤ 환경변수 준비

다음 코드의 \<OpenAI_API의 API 키\>에는 OpenAI API의 API 키를 지정합니다.

```
import os
os.environ["OPENAI_API_KEY"] = "<OpenAI_API의 API 키>"
```

⑥ 리트리버 만들기

ChatGPT Retrieval Plugin의 리트리버를 랭체인으로 만들려면 ChatGPTPluginRetriever를 사용합니다.

```
from langchain.retrievers import ChatGPTPluginRetriever

# 리트리버 만들기
retriever = ChatGPTPluginRetriever(
    url="http://127.0.0.1:8000",
    bearer_token=os.getenv("BEARER_TOKEN")
)
```

⑦ 체인 만들기

```
from langchain.llms import OpenAI
from langchain.chains import RetrievalQA

# 체인 만들기
chain = RetrievalQA.from_chain_type(
    llm=OpenAI(),
    chain_type="stuff",
    retriever=retriever
)
```

⑧ 인덱스에 대한 질문과 답변

```
# 인덱스에 대한 질문과 답변
print(chain.run("미코의 어릴 적 친구의 이름은?"))
```

료

INDEX

로마자

A~C

D~G